县域生态产品价值实现的
理论与实践探索

靳　诚　魏璐瑶　曹天邦　张增峰　著

可持续发展大数据国际研究中心(CBAS2022GSP08)
国家自然科学基金(42271235)
国家自然科学基金(42201212)　　　　　　　　联合资助
江苏高校"青蓝工程"

科学出版社
北　京

内 容 简 介

本书探索生态产品价值实现基础理论、评估核算方法、市场配置和交易机制等重大理论和实践问题，界定了生态产品基本特征，建立了生态产品分类体系，开展了县域生态产品调查，核算了生态产品价值，探索了以生态券为重点的生态产品价值实现路径，构建了促进生态产品价值实现的制度体系，初步搭建了生态产品价值实现的理论框架和研究体系。本书深化了对生态产品价值实现的认知，为推动县域尺度生态产品价值实现机制的建立提供了强有力的理论技术支撑，对完善生态产品研究理论框架、推动生态文明建设具有重要的参考意义。

本书可供政府管理与决策部门，以及地理学、管理学、经济学等相关学科的科研、教学人员参考。

审图号：苏 B（2024）001 号

图书在版编目（CIP）数据

县域生态产品价值实现的理论与实践探索/靳诚等著. —北京：科学出版社，2024.3
ISBN 978-7-03-077775-1

Ⅰ. ①县⋯　Ⅱ. ①靳⋯　Ⅲ. ①县–生态经济–研究–中国　Ⅳ. ①F124.5

中国国家版本馆 CIP 数据核字（2023）第 253038 号

责任编辑：周　丹　沈　旭/责任校对：郝璐璐
责任印制：赵　博/封面设计：许　瑞

科学出版社 出版
北京东黄城根北街 16 号
邮政编码：100717
http://www.sciencep.com

北京富资园科技发展有限公司印刷
科学出版社发行　各地新华书店经销
*

2024 年 3 月第 一 版　开本：720×1000　1/16
2025 年 1 月第二次印刷　印张：16
字数：320 000

定价：169.00 元
（如有印装质量问题，我社负责调换）

前　言

　　改革开放 40 多年来,中国新型城镇化、工业化快速推进,国民经济快速发展,粗放式的经济发展方式造成了严重的生态破坏和环境污染,优美的生态环境变得越来越稀缺,保护和修复生态环境的成本越来越高,人类经济活动的高强度与自然生态系统的低承载力导致人地矛盾、人与生态的矛盾日益凸显,许多地区的生态环境容量已到达临界状态。深层次理解人和自然之间的协调可持续发展问题,满足人民群众对优美生态环境的需求,实现人与自然的和谐共生,成为亟待解决的重要理论和现实问题。

　　"绿水青山就是金山银山"是习近平生态文明思想的核心组成部分,"两山"理论有力地阐述了自然环境保护和社会经济发展之间的辩证统一关系,保护自然环境、留住绿水青山就是保护了促进地方经济健康发展的能力,改善生态环境质量就是提升了地区的生产力,能够有力地推进社会经济可持续发展。推动生态产品价值实现是贯彻落实习近平生态文明思想、着力践行"两山"理论的重要举措。立足中国式现代化建设的新征程,必须多措并举积极探索生态产品价值实现路径。生态产品价值实现研究业已成为地理学、环境学、资源学、管理学等多个学科的研究热点,也成为政府推进生态文明建设的重要抓手。在当前"双碳"目标和美丽中国建设的背景下,生态产品价值实现研究也更具有现实意义。

　　县域是国家治理的基本单元,是区域发展的基石,是推进高质量发展的关键环节,更是推动生态文明建设、推进生态产品价值实现的主阵地。目前,生态产品价值实现研究还处于探索阶段,度量难、交易难、变现难、抵押难等问题依然没有得到很好的解决,因而在科学认知生态产品价值实现过程中,还需要进一步厘清生态产品的概念内涵、理论基础、分类体系、调查监测、价值核算、实现路径、支撑体系等关键问题,为构建政府主导、企业和社会各界参与、市场化运作、可持续的生态产品价值实现路径提供理论和技术支撑。

　　为此,本书以江苏省江阴市为例,通过"理论分析—案例研究—调查核算—路径实现"搭建生态产品价值实现的理论框架和研究体系。在回顾生态产品价值实现研究进展的基础上,辨析生态产品概念,解析生态产品价值实现相关理论;通过国内外典型案例分析,建立生态产品分类体系,开展生态产品调查和价值核算;进而,深入分析以生态券为重点的生态产品价值实现多元路径和制度体系。理论上,本书深化对生态产品价值实现的认知,完善生态产品价值实现研究理论框架;实践上,本书可为县域开展生态产品价值实现机制工作和推进生态文明建设提供有益参考。

感谢江阴市自然资源和规划局在研究过程中给予的帮助，特别感谢吴勇副局长在书稿撰写中给予的指导。由于作者水平有限，书中难免存在疏漏之处，敬请广大读者批评指正。

作　者

2023 年 5 月

目 录

前言
第1章 绪论 ··· 1
  1.1 研究背景 ··· 1
  1.2 研究进展 ··· 2
    1.2.1 理论研究进展 ·· 2
    1.2.2 实践进展 ·· 4
    1.2.3 生态产品价值实现研究趋势 ······································ 6
    1.2.4 研究评述 ·· 9
  1.3 案例地概况 ·· 10
    1.3.1 区位概况 ··· 10
    1.3.2 自然概况 ··· 10
    1.3.3 社会经济概况 ··· 11
    1.3.4 生态产品价值实现基础 ·· 11
  1.4 研究框架 ·· 11
第2章 相关概念与理论基础 ·· 13
  2.1 相关概念 ·· 13
    2.1.1 自然资源 ··· 13
    2.1.2 生态产品 ··· 13
    2.1.3 生态产品价值 ··· 14
    2.1.4 生态用地 ··· 15
  2.2 理论基础 ·· 15
    2.2.1 扩展的劳动价值论 ·· 15
    2.2.2 生态环境价值理论 ·· 16
    2.2.3 效用价值论 ·· 17
    2.2.4 生态系统理论 ··· 17
    2.2.5 外部性理论 ·· 18
    2.2.6 产权理论 ··· 18
    2.2.7 公共物品理论 ··· 19
    2.2.8 马克思商品价值理论 ··· 19
    2.2.9 供需理论 ··· 20

第3章 生态产品价值实践案例············21
3.1 国外典型案例分析··············21
3.1.1 美国湿地缓解银行··········21
3.1.2 日本农业循环模式··········26
3.2 国内典型案例分析··············27
3.2.1 福建南平森林生态银行······27
3.2.2 溧阳市水环境容量交易······30

第4章 生态产品分类与调查··············34
4.1 生态产品调查的意义············34
4.1.1 可持续发展观为开展生态产品调查奠定重要基础······34
4.1.2 推进生态产品调查是生态文明建设的必然要求········34
4.1.3 生态产品调查是明确生态产品价值的积极探索········35
4.2 生态产品的属性特征············36
4.2.1 生态产品的基本属性········36
4.2.2 生态产品的经济特征········37
4.2.3 生态产品的界定依据········37
4.3 生态产品的分类逻辑············38
4.3.1 生态产品的分类体系········38
4.3.2 生态产品调查的分类体系····39
4.4 生态产品的调查方法············41
4.4.1 收集资料法················42
4.4.2 现场调查法················42
4.4.3 遥感调查法················42
4.5 生态产品的调查原则············43
4.6 生态产品的调查目录············44
4.6.1 物质供给类生态产品········44
4.6.2 调节服务类生态产品········51
4.6.3 文化服务类生态产品········58

第5章 生态产品调查结果················60
5.1 江阴市生态产品调查范围········60
5.1.1 物质供给类生态产品调查范围······60
5.1.2 调节服务类生态产品调查范围······60
5.1.3 文化服务类生态产品调查范围······61
5.2 江阴市物质供给类生态产品调查··61
5.2.1 粮食资源····················61

| 5.2.2 水果资源 ··· 62
| 5.2.3 渔业资源 ··· 62
| 5.2.4 "两品一标"农产品 ··· 64
| 5.2.5 珍稀濒危植物资源 ··· 65
| 5.3 江阴市调节服务类生态产品调查 ································ 66
| 5.3.1 湿地调查 ··· 66
| 5.3.2 耕地调查 ··· 69
| 5.3.3 园地调查 ··· 73
| 5.3.4 林地调查 ··· 77
| 5.3.5 草地调查 ··· 81
| 5.3.6 绿地与开敞空间调查 ·· 84
| 5.3.7 陆地水域调查 ··· 88
| 5.4 江阴市文化服务类生态产品调查 ································ 90
| 5.4.1 调查资源点与调查清单 ····································· 90
| 5.4.2 文化资源与遗址 ·· 93
| 5.4.3 主要景区与场馆 ·· 95
| 5.4.4 古树名木资源 ··· 96
| 5.5 江阴市生态产品调查评价及建议 ································ 98
| 5.5.1 总体评价 ··· 98
| 5.5.2 提升建议 ··· 100

第6章 生态产品价值核算 ··· 104
  6.1 价值核算原则 ··· 104
       6.1.1 生物生产性原则 ·· 104
       6.1.2 人类收益性原则 ·· 105
       6.1.3 经济稀缺性原则 ·· 105
       6.1.4 保护成效性原则 ·· 105
  6.2 价值核算思路 ··· 106
       6.2.1 基于功能的生态产品价值核算 ··························· 106
       6.2.2 基于地类的生态产品价值核算 ··························· 108
       6.2.3 核算流程 ··· 110
       6.2.4 核算指标 ··· 111
  6.3 价值核算方法 ··· 112
       6.3.1 生态产品价值核算内容 ···································· 112
       6.3.2 江阴市生态产品价值核算方法 ··························· 114

第 7 章 生态产品价值核算结果分析 ··· 128
7.1 基于功能的生态产品价值核算结果 ·· 128
- 7.1.1 物质供给类生态产品价值 ·· 128
- 7.1.2 水源涵养功能类生态产品价值 ······································ 128
- 7.1.3 土壤保持功能类生态产品价值 ······································ 132
- 7.1.4 防风固沙功能类生态产品价值 ······································ 138
- 7.1.5 洪水调蓄功能类生态产品价值 ······································ 141
- 7.1.6 空气净化功能类生态产品价值 ······································ 144
- 7.1.7 水质净化功能类生态产品价值 ······································ 146
- 7.1.8 碳固定功能类生态产品价值 ··· 149
- 7.1.9 氧气提供功能类生态产品价值 ······································ 153
- 7.1.10 气候调节功能类生态产品价值 ····································· 155
- 7.1.11 噪声消减功能类生态产品价值 ····································· 158
- 7.1.12 文化服务类生态产品价值 ··· 158

7.2 基于地类的生态产品价值核算结果 ·· 158
- 7.2.1 湿地价值量 ·· 159
- 7.2.2 耕地价值量 ·· 163
- 7.2.3 园地价值量 ·· 168
- 7.2.4 林地价值量 ·· 172
- 7.2.5 草地价值量 ·· 177
- 7.2.6 绿地与开敞空间价值量 ··· 182
- 7.2.7 陆地水域价值量 ··· 187

7.3 江阴市生态产品价值核算结果汇总 ·· 192
- 7.3.1 基于功能的江阴市生态产品价值核算结果汇总 ··············· 192
- 7.3.2 基于地类的江阴市生态产品价值核算结果汇总 ··············· 193

7.4 江阴市生态产品价值提升建议 ··· 195
- 7.4.1 物质供给类生态产品价值提升 ····································· 195
- 7.4.2 调节服务类生态产品价值提升 ····································· 196
- 7.4.3 文化服务类生态产品价值提升 ····································· 197

第 8 章 生态产品价值实现路径 ·· 199
8.1 生态指标交易路径 ·· 199
- 8.1.1 生态指标交易路径概述 ··· 199
- 8.1.2 生态券核算方法与转换体系 ·· 200
- 8.1.3 江阴市重点区域生态券核算 ·· 203
- 8.1.4 江阴市沿江地块生态券核算 ·· 205

8.1.5　江阴市生态券交易机制……………………………………207
　8.2　生态产业化路径………………………………………………………217
　　　8.2.1　生态产业化路径概述…………………………………………217
　　　8.2.2　江阴市生态产业化发展探索…………………………………217
　　　8.2.3　生态产业化重点任务…………………………………………221
　8.3　增值溢价路径…………………………………………………………224
　　　8.3.1　增值溢价路径概述……………………………………………224
　　　8.3.2　江阴市增值溢价路径探索……………………………………224
　8.4　生态补偿路径…………………………………………………………229
　　　8.4.1　生态补偿路径概述……………………………………………229
　　　8.4.2　江阴市生态补偿路径探索……………………………………230

第9章　生态产品价值实现制度保障……………………………………………232
　9.1　建立价值实现机制保障………………………………………………232
　　　9.1.1　建立多部门协调机制…………………………………………232
　　　9.1.2　建立价值实现考核体系………………………………………232
　9.2　建立价值实现技术保障………………………………………………232
　　　9.2.1　编制生态产品价值实现规划…………………………………232
　　　9.2.2　建立动态监测机制……………………………………………233
　9.3　建立价值实现路径保障………………………………………………233
　　　9.3.1　建立生态券指标交易制度……………………………………233
　　　9.3.2　建立生态补偿机制……………………………………………233
　　　9.3.3　建立生态产业化推进机制……………………………………234
　9.4　建立价值实现要素保障………………………………………………234
　　　9.4.1　加强人才资源保障……………………………………………234
　　　9.4.2　加强金融支持保障……………………………………………234

参考文献……………………………………………………………………………235

第1章 绪　　论

1.1 研究背景

改革开放以来,中国新型城镇化、工业化快速推进和国民经济快速发展,人类经济活动的高强度与自然生态系统的低承载力导致人地矛盾、人与生态的矛盾日益凸显(苏伟忠等,2008),许多地区的生态环境容量已到达临界状态,深层次理解人和自然之间协调可持续发展问题,实现人与自然的和谐共生,成为亟待解决的重要理论和现实问题(王如松和欧阳志云,2012)。

"绿水青山就是金山银山"是习近平总书记在浙江工作期间提出的关于生态文明建设的重要论断,已成为习近平生态文明思想的核心组成部分。"两山"理论有力地阐述了自然环境保护和社会经济发展之间的辩证统一关系,保护自然环境、留住绿水青山就是保护了促进地方经济健康发展的能力,改善生态环境质量就是提升了地区的生产力,能够有力地推进社会经济可持续发展(李全喜,2015)。与此同时,增加生态产品供给可以显著地提升环境增量,改善人居环境,增进人民福祉,并有效地满足人民日益增长的美好生活需要,这是解决当前中国社会发展矛盾的重要举措,是建设美丽中国的有机组成部分。

对"绿水青山就是金山银山"这一论断的清晰认知,不仅在于保护"绿水青山",增加生态产品供给,更应该在于推进"绿水青山"向"金山银山"转化,即生态产品价值实现问题(虞慧怡等,2020)。生态产品价值实现,是以多源数据为基础、多种技术为支撑、多项政策工具为保障而进行的市场化、半市场化的交易行为(杨锐等,2020)。在科学认知生态产品价值的过程中,需要厘清生态产品价值的调查监测、核算评估、实现机制等关键问题,具有很强的综合性。目前,在绿色发展理念的指引下,生态产品价值实现研究业已成为地理学、环境学、资源学、管理学等多个学科的研究热点,也成为政府推进生态文明建设的重要抓手。在当前"双碳"目标的背景下,生态产品价值实现研究也更具有现实意义。

县域是中国经济功能完整、运行相对独立的基本空间单元,也是国土生态环境的主要承载空间(龙志等,2022),更是生态文明建设政策落实,推动生态优先、节约集约、绿色低碳高质量发展的关键行政单元。县域作为中国上位政策落实的基本空间单元,对于可持续发展和生态文明建设政策的成功实施至关重要(胡雪瑶等,2019)。近年来,中国县域经济得到快速发展,县域GDP从2000年的5.02

万亿元增长到 2020 年的 46.74 万亿元,增长了 8.31 倍。从生态文明建设看县域发展,其恰恰具有城市不具有的诸多优势与独特的功能。一是县域是落地"两山"理论和生态经济发展的主阵地,未来绿色经济的青山绿水资源主要在县域,县域将成为中国高质量绿色经济发展主阵地(徐艳玲等,2022)。二是县域蕴含着生态文明建设需要的文化优势和文化资源,习近平总书记提出的构建人类命运共同体、人与自然生命共同体,正是基于中国智慧的思想,而中华文化的根在乡村,因而县域发展和乡村振兴承担着中华民族伟大复兴的使命任务。三是县域是体现普惠生态福祉的重要单元,人民群众从注重"温饱"逐渐转变为更注重"环保",从"求生存"到"求生态",县域的生态文明建设是全国生态文明建设的基本单元,是生态文明建设的关键和根底(冯源等,2021)。因而从县域尺度分析生态产品价值实现的理论和实践具有重要的价值。

1.2 研究进展

1.2.1 理论研究进展

生态产品是生态环境和人类社会协同衍生的产物,生态产品价值实现就是生态产品蕴藏的内在价值显化为经济效益、社会效益、生态效益(张林波等,2019)。生态产品价值实现的理论研究与实践探索是破解区域"绿色贫困"与"金色污染"困境的关键(王昊等,2021),为贯彻习近平生态文明思想、践行"绿水青山就是金山银山"理论及深化新发展理念提供了新思路与新举措。伴随着我国生态文明建设的持续推进,学术界围绕生态产品价值实现的研究成果颇丰,主要集中于生态产品概念内涵辨析、生态价值核算及价值实现路径三个方面。

1. 生态产品概念内涵辨析

生态产品的概念内涵丰富,具有多要素、多属性、时空动态变化等特征。从概念界定角度看,生态产品的定义具有广义和狭义之分。狭义的生态产品最初作为国土空间的一种主体功能而存在,是指维系生态安全、保障生态调节功能、提供良好人居环境的自然要素,包括清新空气、清洁水源和宜人气候等(张林波等,2021)。广义的生态产品既涵盖生态系统所生产的自然要素,也包括人类在绿色发展理念指导下,采用生态产业化和产业生态化方式生产的生态农产品、生态旅游服务等(周小萍等,2004;李慧明等,2009)。作为"两山"理论和生态文明建设的物质载体与实践抓手,生态产品是生态系统服务的中国化表达(Farley and Costanza,2010;Wunder,2015),其概念内涵在理论研究与实践运用中不断延伸拓展,目前学术界普遍认同的观点为:生态产品是自然生态系统与人类生产共同作用所产生的能够增进人类福祉的产品和服务(高晓龙等，2020)，反映了生态产品兼具自然和人文双重属性(曾贤刚等，2014)，体现"绿水青山"和"金山银山"共生增长的价值目标(廖茂林等，2021)。从属性内涵角度看，一方面，相比于传统的农产品、工业品，生态产品是生态系统和人类社会共同作用的产物，具有生产劳动性、外部性、稀缺性、不平衡性、依附性等属性特征(陈辞，2014)；另一方面，生态产品的目的是通过市场交易实现"绿水青山"向"金山银山"的切实转化，从而满足人类日益增长的优美生态环境需要(孙庆刚等，2015)。从产品类型角度看，依据生产消费特点与基本属性特征，生态产品可分为公共性生态产品、经营性生态产品和准公共性生态产品三类；其中，经营性生态产品和准公共性生态产品可以看作公共性生态产品通过市场机制或政府管控实现价值的衍生物。生态产品价值实现需要通过政府或市场路径，把生态产品转化为生产力要素融入市场经济体系。

2. 生态价值核算

科学核算生态产品价值是实现"绿水青山"向"金山银山"转化的基础支撑。生态价值核算是对生态环境本身可供利用及其惠益人类的产品或服务的价值评估(杨海龙等，2015；张伟等，2009)。目前测算生态产品价值的方法主要可归结为三种：一是当量因子法，其基于不同类型生态系统服务功能，采用可量化标准，构建不同类型生态系统的各种服务功能的价值当量；其优点在于核算的规范性，数据需求量少，核算结果具有横向可比性，而缺点在于无法核算区域内具体的生态价值(刘春腊等，2014；谢高地等，2015)。二是功能价格法，在明确生态系统类型的基础上划分服务类型，根据各类监测统计数据核算生态系统提供产品的实物量和服务量与价格相乘，加总得到价值总量；其优点在于供给功能的核算真实，可以专门核算一类土地利用类型的生态价值，而缺点为模型参数多，计算量大(靳乐山等，2019；欧阳志云等，2013；邵卫东等，2021)。三是"生态元"法，以各类生态资源提供生态服务所需的太阳能值为纽带，分别计算不同类型生态资源拥有的服务价值，最后统一以生态元为单位加以表达；其优点在于有统一的量纲便于比较，而缺点为参数多，核算结果不确定性较大(刘耕源和杨志峰，2018；李丽等，2018)。在生态价值核算的操作实践层面，不同学者围绕上述方法开展了大量实证研究。牟雪洁等(2020)对北京市延庆区生态系统产品供给、调节服务、文化服务功能进行了核算。白玛卓嘎等(2020)在核算贵州省习水县生态系统生产总值(GEP)的基础上，探讨了县域生态系统服务价值的时空动态变化并评估了生态保护成效。白杨等(2017)分析了生态资产和 GEP 的内涵、关联与核算体系，并进一步评价了云南省的生态资产状况与生态系统生产总值。张捷等(2020)利用"生态元"方法构建了长江流域各类生态资源的本底数据库，测算了各地区生态元总量和单位面积生态元的变化情况。

3. 价值实现路径

探究生态产品价值实现路径是推进生态文明建设的核心议题。生态产品价值实现的过程涉及政府、市场、社会等多方利益主体，本质在于生态产品的使用价值转化为交易价值(高晓龙等，2019)。不同类型生态产品的价值实现路径各不相同，公共性生态产品对应政府路径，经营性生态产品对应市场路径，准公共性生态产品对应"政府+市场"路径(张英等，2016；杨筠，2005)。目前已有的生态产品价值实现路径研究在理论层面形成了较为完善的概念体系与技术框架，且从实践层面针对不同地域单元与不同空间尺度开展了大量探索，全国各地生态产品价值实现路径可归纳为四种实践模式。一是生态资源指标及产权交易，结合政府作用和市场作用，以自然资源产权交易和政府管控下的指标限额交易为核心(李胜兰和曹志兴，2000；陈安宁，1994)，如重庆市拓展地票生态功能，通过城乡土地要素的市场化流转，实现生态产品价值(张鹏和刘春鑫，2010；李维明和李博康，2020)；福建省推行"森林生态银行"，通过集中收储和整合优化碎片生态资源，推进生态资源确权流转，实现生态资源资本化(黄颖等，2020)。二是生态治理及价值提升，通过生态修复、环境治理和综合开发等方式，恢复或利用生态系统的物质供给、调节服务、文化服务功能并因地制宜发展生态农业、生态工业、生态旅游业，以增加生态产品的供给，实现生态载体溢价(王治国，2003；刘时栋等，2019)，如威海市通过矿坑生态修复和发展文旅产业，推动了生态产品价值实现(王芳等，2021)。三是生态产业化经营，作为一种以市场为主导的实现路径，其以可持续的方式开发和交易经营性生态产品(黎元生，2018；李树，2000)，如丽水市将生态资源优势转化为商品优势、资源优势转化为品牌价值收益，释放生态红利(吴绍华等，2021)。四是生态保护补偿，实质是以政府为主导购买公共性生态产品(万军等，2005；王军锋和侯超波，2013)，如江西东江源区以流域环境保护与生态建设成本为基础建立生态保护补偿标准，有效解决了区域之间社会经济失衡问题，保障了流域水资源生态安全(孔凡斌，2010)。

1.2.2 实践进展

在理论研究的同时，我国生态产品价值实现的政策实践也在展开，从2010年在国家发布的政策文件中首次出现生态产品概念开始，至今不过10多年的时间，但随着人与自然矛盾的日益突出，国家生态文明建设的持续推进，探索生态产品价值实现的现实需求不断攀升，实践工作发展迅速，这一过程中政府始终是生态产品价值实现的积极倡导者、参与者。概括起来，我国的生态产品价值实现实践大致可以划分为三个阶段：萌芽起步阶段、努力探索阶段、全面发力阶段。

1. 萌芽起步阶段(1980年左右~2010年)

在20世纪80年代，国家就开始了生态产品价值实现的早期探索，该时期较多地关注生态产品价值实现中的生态保护补偿问题。国家层面的生态保护补偿最早开始于三北防护林工程，并在1979年的《中华人民共和国环境保护法(试行)》中提出了"污染者付费"的理念，尝试建立中国特色的生态保护补偿制度。1996年在国务院颁布的《关于环境保护若干问题的决定》中提出建立并完善有偿使用自然资源和恢复生态环境的经济补偿机制。国家"十一五"发展规划纲要中也正式提出了"谁开发谁保护、谁受益谁补偿"的生态保护补偿基本原则，并在后续的《中华人民共和国水污染防治法》《中华人民共和国水土保持法》等文件中予以巩固。

在这一阶段的实践中，虽然没有明确地提出生态产品的概念，对生态产品价值实现机制也缺乏清晰的思考框架，但对生态保护补偿问题进行了大量的实践，生态保护补偿政策范围也从单一的森林生态保护补偿扩展到流域生态保护补偿、矿产资源开发生态保护补偿、生物多样性保护补偿等诸多领域(王作全等，2006；闵庆文等，2007)。在改革开放后的经济快速发展过程中，政府管理部门逐渐意识到经济发展带来的环境外部性问题，开始关注生态环境的保护问题，采取了生态保护补偿措施，促进了生态产品价值的部分实现。

2. 努力探索阶段(2010~2020年)

2010年，国务院印发的《全国主体功能区规划》首次提出了生态产品的概念。2012年，党的十八大报告中提出要实施重大生态修复工程，增强生态产品生产能力。在这一阶段，生态产品价值实现的政策实践尚处于起步阶段，首次提出了生态产品的概念，并指出生态产品对维持可持续发展的重要意义，也强调了持续增加生态产品供给，提升生态环境质量。2016年，《国家生态文明试验区(福建)实施方案》提出福建要建设生态产品价值实现的先行区，生态产品价值实现概念首次在国家级文件中提出；2017年，《中共中央 国务院关于完善主体功能区战略和制度的若干意见》要求建立健全生态产品价值实现机制；同年，党的十九大报告也提出要提供更多优质生态产品以满足人民日益增长的优美生态环境需要；2018年，在深入推动长江经济带发展座谈会上，习近平总书记明确提出要探索政府主导、企业和社会各界参与、市场化运作、可持续的生态产品价值实现路径，明晰了生态产品价值实现的多元参与主体；2019年，中央财经委员会第五次会议提出要在长江流域开展生态产品价值实现机制试点。

在这一阶段的实践中，政府更加注重生态对社会经济的影响，认识到山川、湖泊、湿地等生态资源在维持社会经济健康发展中的潜在价值，因而需要更好地保护和生产这一类资源。政府在这一阶段的生态产品价值实现实践工作中,不仅关注生态产品的本身,如生态产品的类型分布、功能价值和保护措施,强调生态产品的资源属性和维护生态功能的内在作用,而且十分明确地提出要推进生态价值实现工作,促进良好的生态环境价值向经济价值转化。生态产品价值实现的主体包括政府、企业,通过市场化的手段盘活生态产品的内在价值是经济社会与生态环境共生共荣的必然要求。对生态产品的认知也从单一的自然生态保护向价值实现转化,着手推进多样化的实现途径和探索工作。地方政府也参与到生态产品价值实现的具体创新实践中,如在浙江丽水、江西抚州相继开展了生态产品价值实现试点工作,在国家、省、市、县等不同尺度下开展 GEP 的核算工作(马国霞等,2017;王莉雁等,2017;喻锋等,2016),在新安江流域探索跨省的横向生态保护补偿(任以胜等,2020),在福建南平创建生态银行(崔莉,2019;张文明,2020)等,这些地方实践都极大地拓宽了对生态产品价值实现路径的探索。

3. 全面发力阶段(2020 年至今)

2020 年,习近平总书记在全面推动长江经济带发展座谈会上的讲话中指出,要加快建立生态产品价值实现机制,让保护修复生态环境获得合理回报,让破坏生态环境付出相应代价。2021 年,中共中央办公厅、国务院办公厅印发《关于建立健全生态产品价值实现机制的意见》,提出要建立生态环境保护利益导向机制,探索生态产品价值实现路径,推进生态产业化和产业生态化,构建完善的生态产品价值实现机制,为基本实现美丽中国建设目标提供有力支撑。同时,国家"十四五"规划纲要也提出了要建立生态产品价值实现机制。

2020 年以来,国家对生态产品价值实现问题的关注程度明显增强,出台了完善的政策意见,在生态产品调查监测、价值评价、经营开发、保护补偿、保障机制等方面均予以阐述说明,系统阐述了生态产品价值实现的主要内容和内在逻辑,从政策层面保障了生态产品价值的顺利实现(孔令尧,2020;夏雷等,2021;杜傲等,2023;朱新华和李雪琳,2022)。相关的行政部门也在各自领域进行生态产品价值实现工作,如自然资源部在 2021 年启动了自然资源领域的生态产品价值实现试点工作,意在增加生态产品供给,从自然资源层面理顺生态产品价值实现机制,促进人与自然的和谐共生。可以预见,在"双碳"目标牵引下,未来的 5~10 年内生态产品价值实现的具体实践工作将进入一个全新的发展阶段。

1.2.3　生态产品价值实现研究趋势

生态产品价值实现是一个复杂的、涉及多学科融合的研究领域,该领域的理论和实践工作正在如火如荼地开展着,也取得了许多理论和实践探索成果,但在许多方面还有待深入探讨,还有许多科学问题亟待回答,具体可以概括为以下四个方面。

1. 生态产品价值实现理论建构方面

如前所言，学者对生态产品的概念定义、理论内涵，价值的核算方法和实现路径做了许多有益的探索，但是生态产品价值实现的理论体系构建还需要进一步丰富和完善。在进一步构建中，首先，特别要注重人地关系视角下的生态产品价值实现探讨，分析人和地两类要素在生态产品价值实现中所起的作用，其中人的活动和人对经济价值的追求是生态产品价值实现的重要需求方，而土地是生态产品价值的根本载体，其生态价值附着于地理空间单元之上，人地和谐关系应成为生态产品价值实现理论构建中重要的议题(韩增林等，2020；Braat and De Groot，2012)。其次，要注意多要素的关联分析，生态产品及其价值实现受到多因素的影响，不仅包括温度、降雨、地形等自然因素，还包括交通、区位、经济发展水平等人文因素，有效地辨识不同地理单元上生态产品价值实现的主导因素和障碍因素关系到生态产品价值转化通道的畅通运行与生态产品的有效供给(Tao et al.，2018；刘志涛等，2021)。最后，要注意不同类型空间单元的适用性，理论体系建构要充分考虑区域特性，生态产品价值理论要注意与所在空间单元的结合，生态产品本身就带有十分强烈的地域性，其核算方法、实现路径必然依赖于所在地域，因而生态产品价值实现理论需要在多层次、多尺度、多区域上开展相关分析，以提升生态产品价值理论在不同地域单元上的适用性，总结归纳多样化的实现模式(刘永超等，2019；Schröter et al.，2005；Haines-Young et al.，2012)。

2. 生态产品调查评价方面

作为生态产品价值实现的基础前提，推进自然资源确权，开展生态产品的调查评价，摸清生态产品家底是一项十分重要的工作。在未来的分析研究中，需要重点关注以下几个问题：第一，多源数据融合问题，生态产品调查涉及大量的空间数据和属性数据，包括国土调查数据、遥感数据、地理国情数据等，还有地籍权属数据、社会经济数据等，将这些多源数据进行有效融合，自动化地识别生态产品类型，构建生态产品数据库，可以极大地提升生态产品普查效率(段小江，2019；Sutton and Constanza，2002)。第二，生态产品分析评价问题，根据生态产品的自身特点构建生态产品分类体系，借助于空间分析方法探索不同类型生态产品空间分布的特征规律，编制生态产品目录；结合生态产品属性和区域自然人文条件，分类型构建生态产品开发适宜性评价指标体系，划定生态产品开发适宜性等级，引导生态产品开发利用产业发展(廖茂林等，2021)。第三，动态化监测问题，需要充分借助地理信息系统(GIS)、遥感(RS)等先进的空间分析、对地观测技术手段，开展定期的动态监测，掌握生态产品的分布、质量变动情况，构建可视化、动态化的生态产品监测平台，为政府决策提供数据支撑（Feng et al.，2010）。

3. 生态产品价值核算方面

价值核算是生态产品价值功能的定量化表达，是生态产品开发、交易、补偿的前提条件。学者们对核算方法进行了比较多的理论和实证分析，在价值核算上，以下三个问题需要进一步思索：第一，核算方法的深化问题，目前主流的核算方法为当量因子法、功能价格法及"生态元"法，在未来的分析中要探讨系数的精确化、不同地域单元功能价值选择口径及不同核算方法之间的可比较性和替代性问题，还要探讨精确化和核算效率之间的关系，分析构建工程化推进生态产品价值核算技术体系的可能性（欧阳志云等，2021）。第二，核算的尺度性问题，区域生态产品价值核算总是建立在一定的空间范围内，这样的空间单元可能是国家、省、市、县等不同尺度的行政单元，也可能是像长江流域、赣江流域等不同尺度的自然单元，由于不同尺度空间单元获取数据的难易程度及生态功能的作用范围差异，功能价值类型的选取存在差别，生态产品价值的组成也不尽相同，需要构建更具单元尺度和单元特色、差异化的核算方法，最终建立起面向不同尺度空间单元的生态产品价值核算体系（贾军梅等，2015）。第三，核算结果的空间表达问题，在以往的核算中往往以某一行政单元作为统计对象，其结果多只是一个数值，掩盖了区域内的空间差异，如何利用离散化的分析方法，实现研究单元全域化的空间表达是一个值得关注的问题，该问题的解决将有利于全面认知生态价值的空间分布特征，寻找生态产品价值实现的主要着力区域（Schulp et al.，2014）。

4. 生态产品价值实现路径方面

实现路径分析与选择直接关系着生态产品价值实现效果，是生态产品价值能否有效转化的核心步骤。生态产品价值实现路径大致可以分为生态资源指标及产权交易、生态产业化经营、生态保护补偿、生态治理及价值提升四种方式。在未来的研究中，这四种方式均有待深化探索。第一，在指标交易实现路径下，需要构建不同生态产品之间生态价值的科学换算体系，实现生态价值的等量换算，还需要探索生态指标产生和消费的内在机制，以及不同区域之间生态产品交易的规则，以实现生态价值和经济价值的双向流动；与此同时，要进一步思考生态产品的供需问题，探索通过政府管控或设定限额方式创造交易需求，增加生态产品供给，开展生态产品相关权益交易研究，促进生态产品价值的实现（苏伟忠等，2022；金铂皓等，2021）。第二，在生态产业化经营路径下，需要在综合评价生态用地状况的基础上，探索产业化经营的发展方向，增强生态脆弱地区产业方向选择的科学性；需要科学评价生态农业、生态旅游业等价值实现方式的负面影响，乃至带来的生态价值减少，测度产业化经营的生态效率（荀廷佳，2021；张波和白丽媛，

2021)。第三，在生态保护补偿路径下，需要进一步总结归纳纵向补偿、横向补偿的多元化补偿方式的动力机制，科学评价生态保护补偿的实施效果；需要进一步提升生态保护补偿测算的科学性，探索依据生态产品价值量确定生态保护补偿的标准(刘香华等，2022)。第四，在增值溢价路径上，需要探索生态产品供给增加带来周边增值溢价的评估方法，科学测算增值溢价效果；需要从投入产出的视角，综合测算生态产品增加供给的经济效率；还需要模拟不同数量、不同区位生态产品供给增加带来增值溢价的异同，实现在资金、面积等约束条件下，增值溢价的效益最大化(Kienast et al.，2009)。第五，在路径方式的比较上，需要分析评价研究区域内各种实现路径的可行性及其可能的制约要素，同时探索政府、企业、居民等不同参与主体的实现感知和认可程度，模拟不同路径下生态产品价值的实现效率问题，实现路径选择的科学化。

1.2.4 研究评述

我国正处于贯彻新发展理念、构建新发展格局、推动绿色发展的新阶段，"碳达峰""碳中和"目标的提出对于社会经济发展破局，以及生态文明建设攻坚具有重要意义。"两山"理论是我国现阶段生态文明建设的重要着眼点，推动"绿水青山"向"金山银山"转化，实现生态产品价值备受学术界关注。为此，本章系统梳理了我国生态产品价值研究相关主题，回顾了我国生态产品价值实现的政府实践历程，展望未来生态产品价值实现研究中需要探讨的学术问题，并得到如下结论。

(1) 目前围绕生态产品价值实现的主题，学术界的研究主要集中于生态产品概念内涵、生态价值核算及实现路径三个方面。在概念内涵方面，生态产品具有多要素、多属性、时空动态变化等特征。在生态价值核算方面，主要方法为当量因子法、功能价格法和"生态元"法。在实现路径方面，生态产品价值实现路径为政府路径、市场路径、"政府+市场"路径三种，存在着生态资源指标及产权交易、生态治理及价值提升、生态产业化经营和生态保护补偿四种实践模式。

(2) 政府在生态产品价值实践中始终占据主导地位，我国生态产品价值实现实践可分为三个阶段：萌芽起步阶段、努力探索阶段、全面发力阶段。在萌芽起步阶段，没有明确地提出生态产品的概念，但对生态保护补偿问题进行了大量的实践。在努力探索阶段，提出了生态产品的概念，并关注生态产品潜在价值和生态产品价值实现，开始广泛地探索多样化的实现方式。在全面发力阶段，国家出台了完善的政策意见，理论研究和试点实践进入快车道。

(3) 在理论建构、调查评价、价值核算、实现路径等方面，本章展望了需要解决的科学问题。在理论建构方面，需要注重人地关系视角下的生态产品价值实现探讨，注重多要素、多学科的综合集成分析，同时要考虑一般理论和各个区域自身特点相结合,凝练多元实现模式。在调查评价方面,需要深入分析多源数据支撑下的融合调查,评价生态产品的开发适宜性,动态监测生态产品及其价值变化。在价值核算方面,需要构建科学化、可比较的核算方法,建立面向不同空间尺度的核算方法体系,实现核算结果的离散化空间表达。在实现路径方面,需要进一步强化指标交易、生态产业化经营、生态保护补偿、增值溢价等实现方式的科学性,模拟不同条件约束下实现路径的选择。

整体而言,我国学术界在生态产品价值实现的理论实践研究方面取得了一系列进展,但其中还有许多问题需要进一步分析解决,理论研究和实践运用的联系还不是十分紧密,不同方法的核算结果、不同资源禀赋的生态价值认知之间还存在着较大差别,生态产品价值实现路径的可推广性还比较差,这些问题的解决有待于多学科的交叉融合,有待于更多元化的数据基础,有待于多样化的技术支撑(靳诚和陆玉麒,2021)。

1.3 案例地概况

1.3.1 区位概况

江阴市位于长江三角洲太湖平原北端,介于北纬 31°40′34″~31°57′36″、东经 119°59′~120°34′30″之间。总面积 986.97 km^2,陆地面积 829.66 km^2,水域面积 157.31 km^2,其中长江水面 56.7 km^2。江阴北枕长江,与靖江市隔江相望;南近太湖,与无锡市区相接;西邻常州市武进区;东接张家港市、常熟市。江阴地处苏锡常的几何中心,交通十分便捷,是沿江先进制造业基地、充满活力的现代化港口城市,是江苏省沿江高新技术产业带的重要组成部分、区域性的商贸物流中心。江阴市交通极其便利,是长江下游集公路、铁路、水运于一体、江、河、湖、海联运的重要交通枢纽。

1.3.2 自然概况

全区地貌概况主要分为长江冲积平原、太湖水网平原及低山丘陵。在气象水文方面,江阴市地处长江流域太湖水系。区域内地表水系极为发育,天然河流和人工开凿的河道纵横交织,湖塘密布,连通长江与京杭大运河及太湖,形成极为便利的航运、灌溉、排涝河流网络。雨量充沛、气候温和、日照充足、四季分明的气候条件更为江阴市生态产品的丰富多样提供了良好基础。从种子植物各类型属的数量占中国种子植物各类型属的数量上看,江阴市有世界分布的属 45 属,占中国种子植物世界分布 104 属的 43.27%,为江阴市各类型中比重最大的,表明江阴市具有丰富的物种多样性。从江阴市属的分布区类型的数量上看,江阴市种子植物属的分布区类型中温带植物成分偏重，热带及亚热带成分植物也有一定数量的分布，这与江阴市北亚热带和暖温带过渡的气候类型相吻合，反映了江阴市植被的过渡性质。

1.3.3 社会经济概况

江阴市位于苏南沿江地区，是由无锡市代管的省辖县级市，全市有镇10个、街道7个。2021年年末，全市户籍人口126.96万人，常住人口178.20万人。全市人均预期寿命为82.49岁，远超过2021年我国居民人均预期寿命78.2岁。2021年接待国内游客979.22万人次，旅游总收入318.30亿元，是典型的宜居宜业宜游城市。

江阴市以经济建设为中心，经济保持持续快速健康发展，综合经济实力持续提升。2021年全市实现地区生产总值4580.33亿元，按可比价格计算，比2020年增长8.1%。依靠现代科技的进步，不断推进经济结构调整，经济增长方式由粗放型逐步向集约型转变，形成了明显的规模经济优势，主要有纺织业、电力能源、石油化工、冶金、造纸、机械等主导产业。三次产业比例调整为0.8∶52.0∶47.2，产业结构进一步优化。

1.3.4 生态产品价值实现基础

江阴市位于无锡市北侧，拥有35 km长江深水岸线，沿岸生态资源丰富，长江水是江阴重要的水源。江阴境内与长江相垂直从东到西分布有13条入江河道，其中白屈港河、锡澄运河、新沟河、新夏港河等河流是沟通长江水系和太湖流域的重要通道，长江的生态安全对常州、无锡地区的区域生态安全和用水安全具有重要意义。在沿江大开发的宏观背景下，江阴临江区域出现了岸线过度开发、土地超强度使用等生态问题。江阴高度重视"长江大保护"工作，突出"山水林田湖草是生命共同体"理念，大力推进沿江地区的生态修复和综合整治，持续提高生态建设水平，初步形成了滨江公园、城郊湿地、山体森林、沿河绿道等多种类型的生态产品体系，走出了一条生态改善与经济发展良性互动的高质量发展新路子。江阴"三进三退"护长江促生态产品价值实现案例入选自然资源部生态产品价值实现案例，2021年成功入选了自然资源领域生态产品价值实现国家试点名单，因而以江阴市为案例地分析县域尺度生态产品价值实现机制问题具有很好的典型性。

1.4 研究框架

本书从理论出发，在回顾生态产品价值实现研究历程的基础上，辨析生态产品相关概念，阐述其理论基础，并以江阴市为例进行实证研究。在实证分析中，以产品调查—价值核算—实现路径—政策保障为研究脉络，系统性地分析了县域尺度生态产品价值的理论和实践问题。

  本书的具体框架安排如下：第 1 章回顾生态产品价值实现的理论和实践研究历程，介绍研究案例地江阴市的基本情况。第 2 章辨析自然资源、生态产品、生态产品价值等相关概念，阐述生态产品价值实现的理论基础。第 3 章分析国内外生态产品价值实现的典型案例，阐述案例背景、主要做法和重要成效。第 4 章和第 5 章阐述生态产品调查的相关内容，其中第 4 章注重从理论层面廓清生态产品的分类和调查体系，第 5 章则从实践层面展示江阴市生态产品调查结果。第 6 章和第 7 章阐述生态产品价值核算的相关内容，其中第 6 章介绍生态产品的价值构成、核算方法等，第 7 章展示江阴市生态产品价值核算结果。第 8 章从生态指标交易、生态产业化、增值溢价、生态补偿四个方面分析生态产品价值实现路径。第 9 章则总结归纳保障生态产品价值实现的相关政策措施。

第 2 章 相关概念与理论基础

2.1 相关概念

2.1.1 自然资源

马克思在《资本论》中指出："劳动是财富之父，土地是财富之母"；恩格斯在《马克思恩格斯选集》中提到"劳动和自然界在一起才是一切财富的源泉，自然界为劳动提供材料，劳动把材料转变为财富"。由此可见，财富就是人类利用地球自然资源，通过劳动将其转化为能够被人利用的物质的过程。狭义的资源仅指自然资源，广义的资源则包括自然资源和社会资源，前者如土地、森林、草原、动物、矿藏等；后者包括人力资源、信息资源及经过劳动创造的建筑设施、科学技术、传统文化等(Norberg，1999；Odum，1896)。

广义上，自然资源包含一国主权范围内自然形成的所有空间资源、物质资源和能量资源。自然形成的物质或环境是否属于自然资源，目前学界对此的认识还不统一，判别标准主要包括能不能被人利用、能不能产生价值、是否需要劳动改造等。狭义上，自然资源仅指法律中规定的或授权相关部门管理的特定资源。

《〈中共中央关于全面深化改革若干重大问题的决定〉辅导读本》对自然资源的解释是"自然资源是指天然存在、有使用价值、可提高人类当前和未来福利的自然环境因素的总和"。自然资源的范畴随着人类社会和科学技术的发展而变化，并取决于信仰、宗教、风俗习惯等文化因素。

《自然资源调查监测体系构建总体方案》中提出的自然资源的概念是指天然存在、有使用价值、可提高人类当前和未来福利的自然环境因素的总和。自然资源部职责涉及土地、矿产、森林、草原、水、湿地、海域海岛等自然资源，涵盖陆地和海洋、地上和地下。

综合以上分析，本书采用狭义的自然资源定义，即包括土地资源、矿产资源、林木资源、草原资源、海洋资源、水资源、湿地资源。

2.1.2 生态产品

1)狭义的生态产品概念

2010 年，《全国主体功能区规划》首次提出生态产品的概念，把生态产品定义为维系生态安全、保障调节功能、提供良好人居环境的自然要素，包括清新的空气、清洁的水源和宜人的气候等。将生态产品视为与农业产品、工业品和服务产品同等的需求品，但部分学者并未将生态系统概念直接定义到自然要素上，而是通过将良好的环境要素作为生态产品的一种具体表现，间接地将生态产品凝练为自然要素以进行研究。

2) 广义的生态产品概念

与狭义的观点不同，考虑到现阶段生态产品价值实现和增加生态产品供给的现实要求，不论是水源、空气等自然要素产品，还是范围更广的生态系统服务，都难以通过市场交易实现其价值，因此有学者认为生态产品应包括人类付出劳动参与生产的产品，具体包括融入了生态设计的产品、生态标签产品，如生态农产品、有机食品等，更加强调产品属性，此时生态产品被解读为通过生态化、绿色化的行动来提供相应的产品（马世骏和王如松，1984；高建中和唐根侠，2007）。也有学者将生态产品概念用一个连续统一模型来表示，包含了自然要素产品、生态系统服务和生态设计产品、生态标签产品等，依据具体的研究情况，哪一种范围下的生态产品都是可行的，人们对生态产品定义的不同理解反映出人们对生态产品认识的深化过程。

综合以上分析，本书界定生态产品为：生态系统生物生产和人类社会生产共同作用提供给人类社会使用和消费的终端产品或服务，包括保障人居环境、维系生态安全、提供物质原料和精神文化服务等人类福祉或惠益，是与农产品和工业产品并列的、满足人类美好生活需求的生活必需品。

2.1.3 生态产品价值

生态产品价值，也称为生态系统服务价值或生态系统生产总价值，是指一定区域内生态系统服务量化为社会福祉和经济可持续发展提供的终端产品与服务价值的总额，主要包括生态系统提供的物质产品、调节服务和文化服务，通常以一年为会计时间单位（Boyd and Banzhaf，2007）。自 1935 年 Tansley 提出"生态系统"概念开始，生态系统构成研究逐渐扩展到生态系统服务功能的货币化核算等方面。1970 年，《人类对全球环境的影响报告》中首次提出"生态服务功能"，并阐释了"环境服务功能"的具体内容。Holdren 和 Ehrlich(1974)将其扩展为"全球环境服务功能"，并阐述了其对基因库和土壤肥力维持的重要性。Ehrlich 在已有研究的基础上，最终确定了"生态系统服务功能"这一概念。为量化生态系统服务功能的价值，Costanza 等(1997)将人类从生态系统中间接或直接获取的收益划分为 17 类，开展了全球范围的价值核算，掀起了生态系统服务价值评估研究热潮。核算结果表明，全球生物圈提供的生态系统服务功能价值比同年 GDP 高出近一倍，生态系统对于人类福祉的获取和提升具有重要作用。《千年生态系统评估》(*Millennium Ecosystem Assessment*，MA) 报告 (2005) 提出了由支持服务、调节服务、文化服务、供给服务构成的生态系统服务功能分类体系,基本沿用了 Costanza 对于生态系统服务功能的定义和分类。

2.1.4 生态用地

目前,国内外对于生态用地的内涵没有明确和统一的定论,生态用地也尚未作为一个独立的用地类型提出。联合国认为土地是大气、水文、土壤、动植物及人类活动等要素构成的整体,因此,国际上的生态用地分类一般把土地作为一个整体,强调土地的自然生态属性。

国内学者从不同学科角度深入探讨了区域生态用地的内涵,归纳起来主要是从土地的生态功能出发形成了两种观点。一种观点是"泛生态功能论",认为凡是具有生态服务功能,对于自然环境和生态系统保护具有重要作用,地表无人工铺装、具有透水性的土地,都可划为生态用地,包括耕地、园地、林地、草地、水域等土地利用类型。其中以龙花楼等(2015)学者的界定具有代表性,其将区域生态用地的内涵界定为:区域生态用地是指除人工硬化表面之外,其他能够直接或间接提供环境调节和生物支持等生态系统服务功能,且自身具有一定的自我调节、维持、修复和发展能力的土地。其中,环境调节功能主要指净化空气、防风固沙、保持水土、美化环境等,生物支持功能主要指维持生物多样性、提供良好的栖息环境等(Mendonca et al., 2003;张丽琴等,2018)。另一种观点是"主体生态功能论",认为生态用地应区别于生产用地和生活用地,是以发挥生态功能为主,生态系统服务功能重要及生态环境脆弱、生态敏感性高的土地(Zhang et al., 2023;周晓峰和王传宽,1997);而对于生态功能相对次要,以获得经济产出为主要目的的农用地不宜作为生态用地,如耕地、养殖水面等。其中以喻锋等(2015)学者的界定具有代表性,其将区域生态用地的内涵界定为:区域生态用地是指生产用地和生活用地以外,以提供环境调节、生物支持和生态产品等生态服务功能为主,对维持区域生态平衡和可持续发展具有重要作用的土地。

2.2 理论基础

2.2.1 扩展的劳动价值论

劳动价值,即劳动产生的价值,泛指由人类活动所产生的经济产品和服务产品反作用于人类社会,促使人类更好地维系生存与发展。劳动价值论因时代变更而变更,原只存在于人类社会,通过凝聚人类劳动产生价值,如人类社会的商品,因赋予劳动产生了价值,供人类社会进行交易及流通,既维持了生活的需求又刺激了经济的发展。原大自然产物诸如水、空气、阳光、森林、湿地等,虽对人类社会具有使用的价值，但其并不是人类劳动的产物，所以被认为没有价值。后随着时代不断地发展，生态系统遭到严重破坏，为进一步改善生存所需的生态环境，在生态系统改善中不断地进行人工"干预"，即赋予人类劳动，使其产生了劳动价值。

20世纪中后期，人类社会工业盛行，为改善国家经济和人民生活，不顾生态系统的"溃烂"而大肆进行"破坏性"的发展，致使人类赖以生存的生态环境愈发的糟糕。自21世纪起，大批国家乃至整个国际社会逐渐意识到生态系统的破坏已严重威胁到人类正常的生存生活，因而实行了一系列的"补救性"措施，进行"补救性"发展，即绿色可持续发展。各国政府出台大批政策，诸如发展生态旅游产业、建立良性生态交易、设立生态补偿机制、制定相关法律法规等，其目的是使生态系统赋予人类社会活动（即一般劳动），进而形成生态产品，产生价值，既刺激经济的发展，又改善生态系统（Westman，1977；Chomitz et al.，1999；王晓云，2008）。因此，劳动价值论亦可扩展至生态系统。

生态产品价值作为劳动价值论在生态系统中的体现，是人类为改善生态系统对大自然赋予劳动后造福人类的结果，也是生态产品商品化的结果（于贵瑞和杨萌，2022）。生态产品可体现在各个方面，诸如环境污染治理、生态经营管理、生态旅游发展等，均是经由人工干预生态环境治理时进行交易、协议及转让后形成附有价值的产品（Mohammed et al.，2017；昌龙然，2013；李金昌等，1999）。时代在进步，国家在发展，若要进行高效长期的发展，则必须综合经济社会系统和生态系统，双方相辅相成，拉动内需，刺激经济发展，共同造福人类社会。唯有人与自然和谐相处，方可延续人类文明。

2.2.2 生态环境价值理论

生态环境价值是由生产生态环境使用价值所需要消耗的社会必要劳动时间决定的，社会必要劳动时间的组成分为三个部分，第一是人类在生态环境修复和再生产过程中投入的必要劳动总和；第二是人类在生态环境修复和再生产过程中耗费的劳动时间；第三是人类为生态环境扩大再生产投入的资金和劳动的总和（Benayas et al.，2009；郭中伟和甘雅玲，2002）。生态环境能够提供各种生态系统服务，生态系统服务是一种对于人类生产和生活具有稀缺性的基本要素，是生态资产的重要组成部分，需要被有效地配置和管理。

生态环境价值理论将生态环境系统视为自然资源资本，生态环境系统提供的生态系统服务具有能量流动、物质转换和信息传递的基本功能，为人类的生存和发展提供必要的资源和服务，不同的生态系统服务对人类具有差异且多样的价值（Zank et al.，2016）。当前，对于生态环境价值的核算并未涵盖人类投入的劳动，而仅关注生态环境自身的价值，因此，生态环境价值的核算多是通过核算生态系统服务价值进行体现(Zhang and Ramírez，2019；欧阳志云等，2004)。

长久以来，大众认为自然资源的供给是无限的、可随意支配和使用的，生态环境并不具有价值，直接导致了人们在经济与社会活动中忽略了生态环境本身具有的价值。人类经济和社会的发展，造成生态环境的恶化，并影响着人类的生存和发展，因此，人类为保护和修复生态环境，付出了大量的资金和精力，对于生态环境的认识发生了改变。生态环境逐渐被人们视为具有稀缺性的资源之一，人们认识到了生态环境的价值，生态环境价值理论也成为生态产品价值实现的基础理论。生态产品不仅包括可见的生态物质产品，还包括固碳释氧、土壤保持、水源涵养、旅游文化等生态调节和文化产品，可满足人类的生存、物质、精神等层面的不同需求，这要求人类在消费和使用各类生态产品时，除了意识到其商品价值外，必须意识到生态产品的生态环境价值，也即生态价值(田艳芳和周虹宏，2021；张瑶，2013)。生态产品价值包括生态价值和商品价值，生态价值就是对生态系统服务功能价值的核算，不能因为生态产品通过交易后实现了交换价值而忽略其自身的生态价值。

2.2.3 效用价值论

效用价值论可以从两个方面去叙述，一是人对物的效用价值，二是物对人的效用价值。价值因需求而存在，价值的大小由物质的稀缺性而定。效用价值论认为商品的价值取决于其效用的程度，商品价值的大小与其成本和效用密切相关(Baral et al.，2013)。正所谓，物以稀为贵，货多不值钱。以前，人类活动涉猎自然环境有限，自然资源相对充裕，诸如新鲜的空气、清洁的水源、翠茂的森林等随处可见，因此对于早期生态产品的研究，几乎不涉及这些自然要素，由于过于"繁多"，进而成本也较低，所以被认为不具有价值，也就不具备效用价值。后来，由于经济社会系统的快速崛起，人类对自然资源的开发利用逼近极限，致使原本充裕的自然要素越来越匮乏，人们逐渐意识到这些自然要素的重要性，并逐渐为这些自然要素所形成的生态产品附加效用价值，且越加越大，因此对效用价值论而言，生态产品附有价值(薛达元等，1999；Liquete et al.，2015)。

2.2.4 生态系统理论

生态系统理论是生态产品商品化的导航，是生态产品价值化的依据，是人类经济社会系统与自然生态系统"共生"的保障(欧阳志云等，1999a；刘纪远等，2016)。山、水、林、田、湖、草共同构成了自然生态系统，与人类经济社会系统息息相关、密不可分。著名科幻小说《三体》中有一插曲，如果地球上没有人，那么自然生态系统较之现状将会怎样，更好还是更坏？他们用一个模拟系统去模拟地球去掉人类以后自然生态系统的变迁，结果表明是更坏，因为自然世界是熵增的、无序的，任其发展只能越来越"混乱"，而人类社会则是熵减的、有序的，正因人类活动的涉足，自然生态系统才会变得有序合理、生机勃勃。反过来人类经济社会系统也离不开自然生态系统，由于生态产品的价值不断提高，其在经济社会系统中的"地位"也不断提升，流通范围越来越广泛，刺激了经济的发展，也使得人类的生活更加丰富多彩（Daily et al.，1997）。二者相辅相成、相互依赖、相互影响、协同又制约，共同构成了一个有序的"生命共同体"。

2.2.5 外部性理论

外部性理论是生态产品供给的外部性治理。对于外部性，不同研究者有不同的方法和见解，有些研究者利用经济性将外部性划分为外部经济性和外部不经济性，并提出对于外部经济性应该补贴，对于外部不经济性应该征税。还有研究者从交易方面入手，提出内部化外部性问题，可以利用产权明晰和交易的方式将外部性问题内部化，以便更好地解决问题（卢克飞等，2021）。后来又有研究者发现，对于公共池塘类物品，其产权难以界定，没有严格的界定准则，所以提出"社区治理"模式，由社区成员之间实行自我管理并执行自我约束协议，通过这种方式来增强生态产品的供给。

2.2.6 产权理论

产权理论是经济学的重要理论之一，主要研究经济运行的制度基础，即经济运行背后的财产权利结构。产权理论的核心是制度安排，制度安排是经济交往活动的前提条件，因此，分析经济运行的首要工作是产权界定，明确当事人权利，通过权利交易实现社会总产品的最大化（葛剑平和孙晓鹏，2012）。产权理论是生态产品交易并实现其价值的前提和基础，同时，清晰的产权能够很好地解决外部性问题。

产权理论在明确资源所有者占有和使用权利的基础上，实现具有稀缺性资源的最优化配置，为解决外部性问题提供了重要思路和依据（李敏和孟全省，2021）。随着生态环境问题的持续发展，生态产品的稀缺属性越发凸显，该属性在一定程度上决定了生态产品产权的形成和对生态产品需求竞争性的产生，同时为生态产品的市场化交易奠定了基础。

根据具体实现形态的不同，产权可以分为所有权、管理权和使用权。当前国内生态产品较为明确的产权为所有权，自然资源所有权属于国家和集体，私有化生态物质产品所有权属于个人；生态产品的管理权在经过行政机构改革后也有明确的归属和划分，除私有生态产品外，基本归于自然资源部管理（王斌，2019）。然而，使用权是生态产品产权最混乱的领域，生态产品的种类多样性使其产权难以清晰界定，如水、土地资源等具有公共产权的公共物品。与此同时，生态产品的外部性问题加大了使用权确权的难度。为解决上述问题，当前国家正在推进自然资源确权登记工作。产权理论能够有助于明确生态产品的所有者，为明确生态产品价值最终归属、保障生态产品的价值实现提供理论依据和指导。

2.2.7 公共物品理论

公共物品理论是不同种类生态产品不同供给方式的依据，具有竞争和排他的特性。根据竞争和排他性，可将生态产品分为四种不同的类型，即公共类、纯私人类、俱乐部类和公共池塘类。其中，公共类物品，既不具有竞争性又不具有排他性，如新鲜的空气、清洁的水源等，这类生态产品的供给方式主要有生态补偿和加强监管；而纯私人类物品则恰恰相反，既具有竞争性又具有排他性，如农业、畜牧业等，这类生态产品的供给方式一般通过产品贸易和产权交易来实现(Burkhard et al.，2015；Croft et al.，2012)；对于俱乐部类物品和公共池塘类物品，前者具有排他性但不具有竞争性，而后者刚好相反，具有竞争性但不具有排他性，前者因排他的特性易产生"拥挤"问题，比如公园、景区等，这类生态产品的供给方式通过国土管制和生态溢价来实现，后者因竞争的特性易产生"公地悲剧"问题，比如公共使用的森林、草原等，这类生态产品的供给方式有产权明晰和地区治理(刘峥延等，2019；康瑛等，2023)。

2.2.8 马克思商品价值理论

马克思指出，人类劳动凝结在商品中形成了商品的价值，空气、阳光、原始森林、自然湿地等自然产品虽然具有使用价值，但不是人类劳动的产品，因而没有价值。自工业革命以来，人类从自然界摄取的生态资源严重超出了自然生态环境的承载能力，为了维系人类的生存与发展，人类不得不投入大量的劳动生产生态产品，以保护、再生、增殖生态资源。可以说，生态产品的再生产过程同时也是人类劳动的投入过程，生态产品是自然要素和人类劳动要素的复合体，各种生态产品都包含了人类劳动。当生态产品同时满足稀缺性、增值性和产权化的要素条件时，生态产品就具有普通商品的性质，成为价值和使用价值的对立统一体。这为区域生态产品商品化提供了理论依据。从价值属性来看，区域生态产品价值实现需要通过市场交换、生态购买等方式来实现(刘韬等，2022；Ramirez-Reyes et al.，2018)。从使用价值来看，生态产品具有多功能、复合型使用价值，它既可以提供各类生产和生活资料，满足人类的物质性需求；又可以陶冶人们的情操、减少疾病发生的概率和医疗费用的支出，满足人类的精神性需求(Alcock et al.，2014；Lal，2003)。

经济发达地区(通常是生态受益区域)在工业化、城镇化和农业现代化快速推进的过程中消耗了大量的生态资源，生态损害和环境污染程度严重，造成区域经济发展与生态环境的可持续性不相协调；同时，经济落后地区(通常是生态保护区域)为推动"后发赶超"战略，也在持续不断地加快工业化、城镇化进程，造成区域生态环境承载力急剧下降。这就要求人们充分认识绿水青山的金山银山价值，将区域生态产品资产存量作为生态商品开发，参与社会生产、分配、交换和消费等社会生产过程中，将区域生态产品价值实现视为培育的区域绿色发展新动能和"第四产业"，实现区域经济发展与生态环境保护"双赢"(游旭等，2020；李佳慧等，2022)。正如习近平总书记指出的，绿水青山可以源源不断地带来金山银山，绿水青山本身就是金山银山，我们种的常青树就是摇钱树，生态优势变成经济优势。

2.2.9 供需理论

供需理论是生态产品的市场主导，分为需求理论、供给理论和供需制衡理论，三者形成封闭空间，决定市场的走向(庞丽花等，2014；王大尚等，2013；孙庆刚等，2015)。

需求理论：需求是一切的开始，随着社会的不断发展，人民群众的生活追求也在不断地提升，从最初的吃饱穿暖到现在的活得更好，从最初的物质追求到现在的精神追求，无一不涉及需求。其中，活得更好、精神追求就是指对生态产品的需求，所谓生态产品，主要指包括新鲜的空气、清洁的水源等在内的一系列影响人类生存发展的自然资源。当今社会，早期的人类活动严重破坏了自然生态系统，导致人类生存所依赖的自然资源日益紧缺，使得人类社会对生态产品的需求日益高涨。

供给理论：供给因需求而存在，在需求由传统型向生态型转变的同时，供给也发生着相应的转变。对于传统型需求，主要是提供一些服务型的产品，供需求者丰富其物质生活；对于生态型需求，主要可以分为两类，即维持生存的需求和提供舒适生活的需求，对于前者，主要影响因素是水和空气等生存所必需的资源，这类需求可以通过提供诸如清洁水、净化空气等生态产品予以满足；对于后者，主要影响因素是人类对生态系统的主观感受，比如眼界、心情、感官等，这类需求比较抽象，难以提供特定的生态产品，目前只能通过全面发展生态旅游业予以满足。相信随着生态产品的日益丰富，未来将会有更加舒适的生活需求产品供给。

供需制衡理论：供给因需求的出现而产生，价值是供需的桥梁，也是供需制衡的重要因素。供需应该相互制衡，供给应该以需求为目标，若过多地去提供或索取，就会出现供大于求或者供不应求，易产生通货紧缩或者通货膨胀现象，均会影响经济的发展，所以做好供需制衡也是发展生态产品的前提。

第 3 章 生态产品价值实践案例

3.1 国外典型案例分析

3.1.1 美国湿地缓解银行

1. 案例背景

从 20 世纪 70 年代开始，受湿地面积急剧减少、水生生物资源被破坏等影响，美国联邦政府逐步重视湿地保护。1972 年，美国颁布了《联邦水污染控制法》(简称《清洁水法》)，规定除非获得许可，否则任何主体都不得向美国境内水体倾倒或排放污染物，以严格保护湿地、水体和物种栖息地。1988 年，老布什政府根据《清洁水法》，提出了美国湿地"零净损失"的目标，即湿地数量和功能在开发建设中不得减少。此后的法律和政策逐步细化了开发者损害补偿的义务，建立了补偿性缓解机制，政府允许开发者用一定数量得到改善(新建、修复或保护)的湿地，去补偿另一受开发活动影响的湿地，从而产生大量的湿地补偿需求。

美国湿地缓解银行是指一块或数块已经恢复、新建、增强功能或受到保护的湿地，通过一种市场化的补偿机制，由第三方新建或修复湿地并出售给其他开发者，以帮助后者履行其法定补偿义务，目的是保护湿地、抵消开发活动对自然生态系统的影响(Pattanayak, 2004)。目前，湿地缓解银行已经扩展到溪流修复和雨洪管理等领域，并成为美国政府最推崇的补偿性缓解方式，不仅吸引了大量的私人企业投资参与建设，激励了土地所有权人、社会公众参与湿地保护，还推动了湿地修复技术的进步和湿地修复产业的发展，有效地保障了湿地资源及其生态功能的动态平衡(Turner et al., 2000)。

2. 运作机制

一是交易需求的培育。美国对生态环境保护法律的制定和严格执行，以及"补偿性缓解"原则的确立，是培育湿地缓解银行交易需求的基础。根据美国《清洁水法》第 404 条的规定，美国陆军工程兵团建立了工程许可审批制度，对任何破坏或损害湿地、水道环境的项目进行审批，以监管对湿地、溪流和河流产生的任何不利影响，这些项目既包括私人部门实施的土地开发，也包括政府部门实施的公共基础设施或军事类项目。在此基础上，美国确定了"补偿性缓解"原则，即政府各部门和企业在项目规划设计阶段，就必须充分考虑其对湿地、河流和其他自然生态系统的影响，并严格遵循"缓解措施优先级别"顺序。首先应尽量避免项目对湿地和河流造成影响；如果避免不了，应该将影响降到最低；如果这些方案都不可行，才能采用补偿性缓解机制，即允许项目开发者采用补偿生态环境损失的方式来抵消损害（如购买湿地信用），并实现湿地资源的"零净损失"。只有当补偿完成之后，才能获得项目开发的许可，由此培育专门为不可避免的开发提供补偿的湿地缓解银行业务。

二是各方的权利责任。美国湿地缓解银行机制基于一个权责清晰的三方体系：政府审批和监管部门、购买方、销售方，后两者构成了市场交易的主体。首先是审批和监管部门，主要包括美国陆军工程兵团和环境保护署，前者根据《清洁水法》对破坏湿地、溪流和通航水道的开发项目及湿地缓解银行项目进行审批，并负责监管湿地缓解银行的设立、建设、出售和长期管理等；后者参与湿地缓解银行项目的审批，并负责跟踪和监测。随着美国湿地缓解银行机制的完善，该类项目一般通过建立"跨部门审批小组"的方式进行审批，小组成员可能会因项目的位置、规模和性质不同而有所区别，除陆军工程兵团和环境保护署外，美国鱼类及野生动植物管理局、农业部、国家海洋渔业局及各州的相关机构都会提供指导，参与审批和监管。政府部门的权利和责任包括三个方面：制定并执行与缓解银行相关的总体规则和政策，对每个缓解银行进行正式的审核批复，对其生态绩效进行长期监测。因此，政府机构逐步从单一的自然生态执法机构转变为市场化补偿体系的监督机构，但不干预或影响具体的市场交易行为。湿地缓解银行项目的规划设计、建设维护、定价或交易等，全部由市场主体自行完成。其次是购买方。购买方是从事开发活动、对湿地造成损害的开发者，包括个人、企业或各级政府部门。购买方从已经完成的湿地缓解银行中购买湿地信用后（对应具有一定生态功能的湿地面积），其补偿生态破坏的责任及对湿地缓解银行地块的绩效指标、生态成效进行长期维护和监测的责任全部转移给了销售方。与直接开展补偿相比，这种责任转移机制让购买方的成本更低、获得开发许可的速度更快，不仅加强了湿地缓解银行持续交易的动力，还有助于政府法律的有效执行。最后是销售方。销售方一般是湿地缓解银行的建设者和生态修复公司，包括建立和管理湿地缓解银行的私营企业、地方政府机构、个人土地所有者，以及将湿地缓解银行业务作为投资组合的投资基金或投资公司等。在湿地缓解银行机制中，湿地信用的销售方作为第三方机构，享有对湿地信用进行定价、出售、转让和核销的权利，承担湿地缓解银行的设计、申请、建设、长期维护和监测责任，是湿地补偿责任的实际承担者。除此之外，美国湿地缓解银行体系还有其他利益方：相关协会（湿地缓解银行协会）、营利性会议组织者（全国湿地缓解和生态系统银行会议）、为湿地缓解银行提供服务的专业法律和咨询机构、专业学术机构、跟踪监测湿地缓解银行的非政府组织等，其主要承担第三方评估、研究支撑和社会监督等作用。

三是湿地缓解银行的设计和申请。美国政府规定了建立湿地缓解银行必须包含四个基本要素：要素一是确定湿地缓解银行所在的地点，即修复、新建、增强或保护其生态功能的湿地位置及其物理面积。要素二是明确湿地缓解银行的服务区域，即湿地缓解银行能够影响到的地理区域，通常是指一个流域、次流域或较大的物种栖息地，但一般限定在州的行政区域内，依据水系的流域特征进行划分，这有助于通过邻近地理区域的修复行动来补偿开发活动所导致的土地和生物多样性价值的丧失。美国目前规定，除极个别情形外，所有湿地缓解银行的信用额度必须在其设定的服务区域内销售。要素三是组建跨部门审批小组，由联邦和州政府相关部门组成，负责每家湿地缓解银行从创建到批准，以及批准后一段时间内的全部监督职责。要素四是签订湿地缓解银行协议，湿地缓解银行所有者与审核小组共同签订一份具有法律效力的正式协议，其中规定了双方责任、预期达到的生态功能、监测要求、获批信用额度及相关的法律和财务要求。在申请阶段，所有湿地缓解银行必须提交"缓解措施实施计划"，该计划将作为签订湿地缓解银行协议的重要基础。后者一经签订，湿地缓解银行就宣告成立。湿地缓解银行的实施计划和正式协议通常包含13个部分：湿地缓解银行的修复与保护目标，以及湿地缓解银行的其他用途，如休憩、科学研究等；选址标准和拟定的服务范围；地块保护机制，比如保护地役权或土地所有权转让协议；拟修复地块的生态基线信息；缓解信用额度的确定方法；湿地缓解银行地块的具体建设计划；维护计划，即在湿地缓解银行监测期间的维护措施和时间表，以确保湿地缓解银行刚建成后的资源持续生存能力；生态绩效标准，用于衡量该项目是否取得了既定的生态成效目标，如详细的水文、水流恢复、物种入侵清除的标准等；湿地信用发放的时间表；监测要求，即该湿地缓解银行项目在监测期间需要跟踪的指标；长期管理规划，明确在湿地缓解银行建成后，能够永久提供生态服务所需开展的活动，如为其未来的修理、监测和长期运营而预留的资金或设立留本基金；适应性管理规划，即湿地缓解银行未能达到规定的绩效标准时，所需开展的应急计划和补救措施；财务保障措施，包括以履约保证金、信用证或是意外保险等形式为湿地缓解银行的各项活动提供资金担保。

四是交易标准单位、数额和价格。由于受损湿地与待售湿地处于不同地块，具有不同的自然生态特征和生态功能，必须确立统一的量化标准才能交易，这一交易的标准单位就是"湿地信用"，它代表的是恢复受损湿地、新建湿地、强化现有湿地的生态功能或保护现有湿地后增加的湿地面积和生态功能。湿地信用数量的确定一般基于湿地缓解银行的面积和生态评估技术，美国联邦政府确定了评估的总体规则，但是各州可以根据实际进行调整。以佛罗里达州为例，其湿地缓解银行的信用计算包括三个步骤。①根据湿地的水文地貌分类，判断受损湿地与湿地缓解银行内的湿地是否属于相似类型。②对湿地的不同功能进行评分，共有湿地物种栖息地、支持食物链、本底物种支撑、维持生物多样性、提供景观异质性、提供通往水体环境的渠道、天然水文变化情况、维持水质、支持土壤过程9项功能，每项功能按照从0到1的分值进行打分，0表示无此功能（最小值），1表示能够完整地提供该项功能（最大值）。③计算湿地功能容量指数，即上述9项湿地功能评分的平均值，最后的湿地信用数量为湿地面积与湿地功能容量指数的乘积。美国环境保护署等部门颁布的指南和美国《2008年缓解银行规程》对湿地生态评估绩效指标进行了细化，以更好地确定受破坏湿地的生态价值，并通过湿地缓解银行对受损湿地进行足额甚至超额补偿，确保实现湿地的"零净损失"，力求实现湿地生态价值的"净增长"。此外，湿地信用的交易数量由买卖双方共同确定。一方面，购买方主要考虑三个因素：受影响地点是否在拟购湿地缓解银行的服务区域内，湿地信用一般不能在服务区域之外进行交易；受损湿地和拟购湿地缓解银行的面积，目前在美国有个别州采用面积比率法来计算拟交易的湿地信用数量，如华盛顿州规定，湿地缓解银行重建1英亩[①]湿地可以获得0.5～1个湿地信用（信用转化率为2∶1～1∶1），增强1英亩湿地的生态功能可以获得0.2～0.3个湿地信用（信用转化率为5∶1～3∶1），在这种情况下，购买方主要根据受损湿地的面积来购买湿地信用；受损湿地的生态功能，美国大部分州采用基于湿地生态功能的半定量评估方法来确定受损湿地、拟购湿地的生态功能和拟购湿地信用的数量。如前所述，在佛罗里达州，购买方需要购买的湿地信用数量主要取决于受损湿地的生态功能。另一方面，待售的湿地缓解银行也必须符合审批部门的要求。在完成湿地修复、实施保护措施并达到短期的生态绩效标准后，政府通常允许湿地缓解银行的运营商出售一部分的湿地信用，即生态效益的"提前交付"；但剩余的湿地信用只有当湿地缓解银行完全实现其长期生态成效后才允许销售，这也是对湿地缓解银行进行绩效监测、确保实现预期目标的关键。以佛罗里达州的湿地缓解银行为例，其获取信用的具体节点为：地役权登记记录（15%）、清除外来入侵物种（25%）、完成湿地地理位置分级（40%）和植被覆盖（10%），最后10%的信用是在项目完工并实现第一年（5%）和第二年（5%）的成功管理之后获得的。因此，湿地缓解银行能够出售的湿地信用数量也将严格按照湿地信用的"核准时刻表"来确定。湿地缓解银行的买卖是双向的市场交易，湿地信用的价格由卖方（湿地缓解银行经营商）与买方之间的公开交易确定，不受政府的控制或影响。销售方在定价时，一般都会考虑湿地缓解银行的建设成本、预期利润和当前市场情况等因素。美国湿地缓解银行体系的市场化程度较高，其交易行为完全受市场供需情况的影响。实际交易过程中，湿地缓解银行一般在开发活动给湿地带来损害之前就已经建设完毕，目的是存蓄待售。但在湿地信用需求强劲的地区，湿地缓解银行的经

---

① 英亩为非法定面积单位，1 acre≈0.4046856 hm^2。

营商还可采取"缓解信用预售"的机制。比如，当项目开发者预计未来需要购买缓解信用时，可以向湿地缓解银行申请预购，后者则可以在政府部门正式核准其缓解信用之前，预售未来信用额度，以便更快地收回成本；湿地缓解银行的运营商也必须确保湿地缓解银行的生态功能并实现约定的生态成效，否则将要承担相应的违约责任。

五是长期监管措施。实施长期一致的监测管理是湿地缓解银行获得成功、实现生态成效的关键。美国联邦法规和州级法规规定，所有湿地缓解银行都必须对其生态成效进行监测和绩效追踪，如控制外来物种、维持湿地水源结构、确保湿地用途不改变等。为保证长期监管的有效性，美国的制度设计中运用了三类措施：一是"抓源头"。在湿地缓解银行提交的"缓解措施实施计划"及与政府签订的正式协议中，明确规定了生态绩效标准、定期的量化监测计划和监测指标、适应性管理计划等，从一开始就明确湿地缓解银行需要达到的生态成效和采取补救措施的条件。二是"控节奏"。正式协议中还制定了严格的缓解信用核准时间表，湿地缓解银行运营商通常自行监测或聘请第三方对其生态成效进行核查和验证，并向政府机构报告监测结果。政府将根据湿地缓解银行的生态成效和维护状况的监测结果，核准每年或某个时间段内的可用缓解信用额度，防止湿地修复或保护项目"一签了之"或"重建设、轻管护"。三是"管长远"。美国湿地缓解银行机制强调湿地生态系统的自我恢复和自我运行功能，同时规定所有湿地缓解银行都必须从缓解信用的销售收入中计提资金，设立永久性基金或留本基金，为湿地缓解银行的长期维护和管理提供资金保障。当正式协议中约定的保护期结束后，如果湿地缓解银行受到威胁或破坏，这些基金就能为维权或采取补救措施提供资金，以实现对湿地缓解银行区域的永久性保护。

3. 主要成效

湿地缓解银行是一种有效的市场化补偿机制，交易的是对湿地补偿和后续维护的责任，也是湿地的生态价值（Loomis et al.，2000）。湿地缓解银行机制既保障了湿地生态功能的平衡，实现了湿地资源的严格保护与有序开发，又通过市场化机制促进了湿地生态价值与经济价值的转换，推动了相关行业的繁荣和经济社会的可持续发展，是生态产品价值实现的有效模式。

一是促进了湿地资源的保护。通过科学界定生态成效和严格遵循"零净损失"的政策要求，湿地缓解银行在修复已退化或被破坏的生态系统的同时，能够对等地抵消项目开发所造成的湿地生态功能减少或丧失，保护湿地、溪流、水生生态系统及濒危物种，推动实现政府湿地"零净损失"的目标。

二是有助于法律法规及许可制度的实施。当地方经济发展与就业形势低迷时，政府监管机构常常会受到来自外部的压力，要求放松监管。私营湿地缓解银行的建立，为开发者获得开发许可提供了保障，节约了开发者的时间成本和资金成本，减少了开发项目中的拖延和摩擦，为监管机构实施相关法律标准和补偿要求提供了一个更高效的途径。

三是推动相关产业的发展和生态价值的实现。2010年以来，美国的湿地缓解银行业务每年以18%的速度增长，2016年交易总量达到了36亿美元，每年吸引30亿~40亿美元的私人资金投入到基金和企业中以开展湿地缓解银行业务，并为投资者提供10%~20%的年度收益，以及为地方政府带来长期稳定的财产税收入（购买土地所有权或地役权）。在湿地缓解银行的推动之下，由生态修复企业引领的技术创新、新型生态修复项目和保护咨询业务不断涌现，促进了大量科学技术和规划专业知识的应用，私营领域环境投资的形式和规模也持续发展，每年通过新增收入和就业为美国贡献了数亿美元的GDP。因此，包括美国在内的一些国家和地区已经将湿地缓解银行列为优先甚至是首选的补偿模式。

3.1.2 日本农业循环模式

1. 案例背景

传统农业"高投入、高能耗、高污染"的经济发展模式造成了资源的巨大浪费和生态环境的不断恶化，严重制约了社会经济的可持续发展。日本作为世界发展循环经济的先驱之一，在产业生态化方面积累了丰富的经验并取得了显著成效，其中滋贺县爱东町的农业循环经济最为典型。日本滋贺县爱东町主要以水稻、油菜生产为主。20世纪70年代，该地区开始萌芽循环利用思想，回收各类生活废弃物。之后，又建立废食用油提炼成生物燃料的产业，进入资源循环再利用阶段。1998年后，该地区开展稻田转作油菜的生产及深加工活动。21世纪初期，以油菜为基础的农业循环经济发展模式基本成熟。

2. 具体做法

日本滋贺县爱东町所实行的农业循环模式，其核心内容是发展油菜生产。一方面，通过有机油菜生产大力发展精深加工，把油菜籽加工成菜油，油菜籽利用后遗留的油渣可以通过堆肥或饲料化处理得到优质的有机肥料或饲料；另一方面，回收废弃食用油，再加工处理成生物燃油。上述二者与林业结合，还可以衍生热能，加强资源循环利用，减少二氧化碳排放等，从而形成产业闭环，实现地区经济社会效益。

通过采取必要的经济和行政措施，日本政府为发展农业循环经济提供政策性和资金保障，以鼓励农民进行生态农业投资。一方面，日本政府每年增加2000万日元投入，并采取保证金制度、征收环境税、提供环保援助资金等措施，为农业循环经济发展提供良好的经济基础。银行对符合条件的环保型农户提供最长期限为 12 年的 10 万～200 万日元不等的无息贷款。同时，实施农业基本设施建设的农户还会得到政府或农业协会提供的 5 万～50 万日元不等的资金扶持，并减免 7%～30%的税收。另一方面，利用互联网、媒体优势，将环保意识深入社会各个层面，充分调动国民资源循环利用的积极性，使民众认识到建设农业循环经济的责任。同时，政府有关部门将一些生产规模大、技术水平高、经营效益好的环保型农户作为发展农业循环经济的典型进行推广，通过典型农户的示范、窗口和辐射作用，引导与促进农业循环经济持续健康快速发展。

3. 主要成效

一是建立完备的法律体系。20 世纪 70 年代，日本政府相继颁布了与环境保护、废弃物治理有关的法律。90 年代开始，日本制定了一系列法律法规，构建了完善的农业循环法律体系，该体系可分为基本法、综合法及专项法。①基本法：主要包括《循环型社会形成推进基本法》《食品、农业基本法》；②综合法：主要包括《促进资源有效利用法》《固体废弃物管理和公共清洁法》；③专项法：主要包括《家畜排泄物法》《肥料管理法（修订）》《食品废弃物循环利用法》等。这三类法律法规从不同层面搭建起牢固的社会法律框架，为日本发展农业循环经济保驾护航。

二是增加多渠道的推广和宣传。日本政府非常重视国民农业循环经济理念的培养，利用互联网、媒体优势，将环保意识深入社会各个层面，充分调动国民对资源循环利用的积极性，使民众认识到建设农业循环经济的责任。在日本，减量化、再利用、再循环等循环经济理念家喻户晓，有 87%的农户赞成并实行农业经济再循环发展。《食品废弃物循环利用法》等法律，也得到了社会各界的理解和支持。

3.2 国内典型案例分析

3.2.1 福建南平森林生态银行

1. 案例背景

福建省南平市自然资源丰富、生态环境优美，森林覆盖率达到 78.29%，林木蓄积量占福建省的三分之一，被誉为地球同纬度生态环境最好的地区之一。但长期以来，南平市经济社会发展相对滞后，"生态高地"与"经济洼地"并存。特别是 2003 年以来，随着集体林权制度改革的推进和"均山到户"政策的实施，在激发林农积极性的同时，也导致了林权的分散，南平市 76%以上的山林林权处于"碎片化"状态，农民人均林地为 15 亩①左右，森林资源难以聚合、资源资产难以变现、社会化资本难以引进等问题凸显。

为了有效破解生态资源的价值实现难题，南平市从 2018 年开始，选择林业资源丰富但分散化程度高的顺昌县开展"森林生态银行"试点，借鉴商业银行"分散化输入、整体化输出"的模式，构建"生态银行"这一自然资源管理、开发和运营的平台，对碎片化的资源进行集中收储和整合优化，转换成连片优质的"资产包"，委托专业且有实力的产业运营商具体管理，引入社会资本投资，打通了资源变资产、资产变资本的通道，探索出了一条把生态资源优势转化为经济发展优势的生态产品价值实现路径。

2. 运作机制

一是政府主导，设计和建立"森林生态银行"运行机制。按照"政府主导、农户参与、市场运作、企业主体"的原则，由顺昌县国有林场控股、8 个基层国有林场参股，成立福建省绿昌林业资源运营有限公司，注册资本为 3000 万元，作为顺昌"森林生态银行"的市场化运营主体。公司下设数据信息管理、资产评估收储"两中心"和林木经营、托管、金融服务"三公司"，前者提供数据和技术支撑，后者负责对资源进行收储、托管、经营和提升；同时整合顺昌县林业局资源站、国有林场伐区调查设计队和基层林场护林队伍等力量，有序开展资源管护、资源评估、项目设计、改造提升、经营开发、林权变更等工作。

二是全面摸清森林资源底数。对全县林地分布、森林质量、保护等级、林地权属等进行调查摸底，并进行确权登记，明确产权主体、划清产权界线，形成全县林地"一张网、一张图、一个库"数据库管理。通过核心编码对森林资源进行全生命周期的动态监管，实时掌握林木质量、数量及分布情况，实现林业资源数据的集中管理与服务。

三是推进森林资源流转，实现资源资产化。鼓励林农在平等自愿和不改变林地所有权的前提下，将碎片化的森林资源经营权和使用权集中流转至"森林生态银行"，由后者通过科学抚育、集约经营、发展林下经济等措施，实施集中储备和规模整治，转换成权属清晰、集中连片的优质"资产包"。为保障林农利益和个性化需求，"森林生态银行"共推出了入股、托管、租赁、赎买四种流转方式：有共同经营意愿的，以一个轮伐期的林地承包经营权和林木资产作价入股，林农变股东，共享发展收益；无力管理也不愿共同经营的，可将林地、林木委托经营，按月支付管理费用(贫困户不需要支付)，林木采伐后获得相应收益；有闲置林地(主要是采伐迹地)的，可以租赁一个轮伐期的林地承包经营权以获得租金回报；希望

---

① 亩为非法定面积单位，1 亩≈0.0667hm²。

将资产变现的，可以按照顺昌县商品林赎买实施方案的要求，将林木所有权和林地承包经营权流转给生态银行，林农获得资产转让收益。同时，"森林生态银行"与南平市融桥融资担保有限公司共同成立了福建省顺昌县绿昌林业融资担保有限公司，为有融资需求的林业企业、集体或林农提供林权抵押担保服务，担保后的贷款利率比一般项目的利率下降近 50%，通过市场化融资和专业化运营，解决森林资源流转和收储过程中的资金需求。

四是开展规模化、专业化和产业化开发运营，实现生态资本增值收益。实施国家储备林质量精准提升工程，采取改皆伐为择伐、改单层林为复层异龄林、改单一针叶林为针阔混交林、改一般用材林为特种乡土珍稀用材林的"四改"措施，优化林分结构，增加林木蓄积，促进森林资源资产质量和价值的提升。引进实施 FSC（Forest Stewardship Council）国际森林认证，规范传统林区经营管理，为森林加工产品出口欧美市场提供支持。积极发展木材经营、竹木加工、林下经济、森林康养等"林业+"产业，建设杉木林、油茶、毛竹、林下中药、花卉苗木、森林康养 6 大基地，推动林业产业多元化发展。采取"管理与运营相分离"的模式，将交通条件、生态环境良好的林场、基地作为旅游休闲区，运营权整体出租给专业化运营公司，提升森林资源资产的复合效益。开发林业碳汇产品，探索"社会化生态补偿"模式，通过市场化销售单株林木、竹林碳汇等方式实现生态产品价值。

3. 主要成效

一是搭建了资源向资产和资本转化的平台。"森林生态银行"通过建立自然资源运营管理平台，对零散的生态资源进行整合和提升，并引入社会资本和专业运营商，从而将资源转变成资产和资本，使生态产品有了价值实现的基础和渠道。试点以来，顺昌"森林生态银行"已导入林地面积 6.36 万亩，其中股份合作、林地租赁经营面积 1.26 万亩，赎买商品林面积 5.1 万亩，盘活了大量分散的森林资源。

二是提高了资源价值和生态产品的供给能力。通过科学管护和规模化、专业化经营，森林资源质量、资产价值和森林生态系统承载能力不断提高，林木蓄积量年均增加 1.2 m^3/亩以上，特别是杉木林的亩均蓄积量达到了 16~19 m^3，是全国平均水平的 3 倍；森林生态系统涵养水源、净化空气等服务功能不断提升，南平市主要水系的水质全部为Ⅲ类以上，空气质量优良天数比例为 99.1%，$PM_{2.5}$ 平均浓度为 24 mg/m^3。通过"森林生态银行"的集约经营，出材量比林农分散经营提高 25%左右，部分林区每亩林地的产值增加 2000 元以上，单产价值是普通山林的 4 倍以上。

三是打通了生态产品价值实现的渠道。通过对接市场、资本和产业，南平市先后启动了华润医药综合体、板式家具进出口产业园、西坑旅游康养等产业项目，推动生态产业化;积极对接国际需求,将 27.2 万亩林地、1.5 万亩毛竹纳入 FSC 国际森林认证范围,为规模加工企业产品出口欧美市场提供支持;成功交易了福建省第一笔林业碳汇项目,首期 15.55 t 碳汇量成交金额达 288.3 万元,自主策划和实施了福建省第一个竹林碳汇项目,创新多主体、市场化的生态产品价值实现机制,实现了森林生态"颜值"、林业发展"素质"、林农生活"品质"共同提升。

3.2.2 溧阳市水环境容量交易

1. 案例背景

溧阳市地处江苏、浙江、安徽三省交界处,位于长三角的几何中心,宁杭高铁穿境而过,两条航道直达江海,五条高速公路贯穿全境,六个机场环绕四周,在建中的沪苏湖高铁、镇宣高铁也将带动溧阳更好更快地融入长三角"1 小时经济圈"。溧阳是一座诗意灵动的山水之城,山水田林皆备,拥有万顷碧波之湖、万亩竹海之山、万亩茶园之田。天目湖、南山竹海周边森林覆盖率达到 80%以上,每立方厘米空气中的负离子含量超 3 万个,形成了空气清新怡人、健康养生的天然氧吧。

为深入践行"绿水青山就是金山银山"理念,拓展"两山"价值转化通道,近年来溧阳修建绵延 365 km 串联所有乡镇的"1 号公路",勾勒出城乡一体、山水田园的诗意画卷,以生态产业化经营诠释生态文明理念,实现生态产品价值。同时,以天目湖流域水环境容量为重点,开展生态产品交易试点,积极探索生态产品价值实现机制,从源头上推动生态环境领域治理体系和治理能力现代化,为建设长三角生态创新示范城市注入新活力。

2. 具体做法

一是厚植绿色本底,增强生态产品供给能力。溧阳市高质量推进天目湖流域控源截污、生态清淤、退耕还林等生态修复工程,在保障优质生态资源存量不减少的基础上,持续提升生态资源的供给规模和质量。近年来相继完成天目湖退耕还林面积 32 349 亩、退茶还林面积 20 321 亩、造林面积 4595.5 亩;新增和修复森林、湿地超过 20 万亩,占流域总面积 50%以上;流域内森林植被覆盖率高达 95%,水质常年保持国家地表水Ⅱ类标准,稳步筑牢天目湖流域的生态基底。同时,注重顶层设计,加强系统规划,统筹推进各项举措,形成生态治理合力。推动出台《常州市天目湖保护条例》,将天目湖流域生态环境保护纳入法治化轨道,并配套出台《天目湖水源地保护精细化管理方案》《天目湖水源地保护巡查制度》等一系列具体举措;建立《天目湖流域苏皖区域上下游横向生态补偿备忘录》,积极打造省际跨界生态补偿机制试点新样板;通过实施新一轮污染控制与水质提升三年行动，推动天目湖流域生态环境质量持续提升，流域生态容量提升近10%。此外，深化治理内涵，在已有的生态环境治理基础上，进一步探索生态安全缓冲区试点项目，从天目湖上游区域着手，综合采取"入湖河流生态整治+生态湿地修复与建设+水源涵养林体系建设"三位一体方式，设定 8 项重点工程项目，融合串联低山丘陵、水源涵养林、河湖湿地、生态缓坡等多类型生态单元，聚焦增强区域生态系统自我调节和修复能力，充分发挥其抵御、缓解、降低区域内生态影响的作用，形成生态空间和环境容量显著扩大的示范区。

二是构建保障机制，探索生态容量测算体系。溧阳市与中国科学院南京地理与湖泊研究所合作，联合建立天目湖流域生态观测研究站，建设流域水环境多要素综合监测网络，系统构建生态容量精准测算、经营主体系统监测、环保工程效益评估、生态产品交易平台等技术保障体系，为生态容量可知、可控、可交易筑牢前提。首先，开展容量评价摸清家底。集中梳理近 10 年天目湖流域水库气象、水文、水化学、水生态等长序列全要素专业数据，通过科学整理建立起测算水环境容量的数据库。基于数据库测算天目湖流域水环境容量与存量，明确容量维系的基本条件和动态变化规律，完成对存量底数和增量概数的双评估。按照利用效率、政策约束、流域近远期规划三大原则划定水环境容量分配的流域分区，核定不同分区的分配上限值，形成区域生态容量分配方案。其次，平衡供需能力核定基价。精准测算流域内近百项生态治理工程对水环境容量扩容的贡献值，明确流域内容量增量供给能力。依据流域内 350 多家农业企业、宾馆饭店、水产养殖企业等市场主体的行业类型、经营规模和用地方式，合理测算其水环境容量的占用现状及需求。综合研判生态环境治理成本、经营主体受益情况等因素，在生态容量供需平衡的基础上，建立全流域生态资产差别化基准价格体系。最后，完善系统配套搭建平台。建立天目湖生态产品交易平台，通过构建流域大数据综合数据库，科学合成环境容量、基准价测算、经营主体等专业功能模块，实现天目湖流域二维、三维信息一体化展示和"一张图"综合管理。以天目湖水质整体向好为前提，确定当年可交易容量额度，由经营实体根据相对应的交易基准价格进行竞价购买，在生态产品交易平台完成配额发放与交易结算。

三是运用市场机制，畅通生态价值转换通道。溧阳市建立生态产品交易市场，完善公共生态产品采购、生态价值核算和生态产品有偿使用制度，将具有市场化条件的水质净化、水源涵养和文化旅游等生态产品纳入交易试点，推动生态产品价值实现。以高端康养替代高污染养殖实现生态价值。通过生态产品交易平台，对流域内青虾养殖占用生态容量采取付费回购，水产养殖户由渔业生产转变为生态服务获得补偿收益。依托天目湖流域优质生态产生较大溢价空间优势，政府对高端康养企业生态容量使用实行限供管理，由高端康养企业购买生态容量，形成"流域内水产养殖污染退出与康养服务生态受益付费购买"的闭合模式，实现生态产品价值和生态质量双提升。同时，以跨界土地使用权转让扩大生态产品供给。通过苏皖合作，推动入湖跨界河流上游土地使用权转让，进行生态修复，提升下游生态容量供给能力。以科学评估为依据，识别跨界河流上游区域具有重要生态修复价值的土地，由生态产品交易平台核准转让土地使用权价格。依托苏皖合作公司签订跨界合作协议，在支付补偿金获得土地使用权后，由溧阳实施上游河流生态修复工程，与下游实行本地治理相比可节约成本上千万元。此外，以生态旅游品质提升带动群众致富。始终把生态环境作为天目湖流域的头等大事来抓，通过系统化的长效治理，筑牢天目湖生态品牌，实现了绿水青山向金山银山的转化。2020 年天目湖旅游度假区接待游客 690 余万人次，总收入达 51.5 亿元。

四是立足共建共享，推动生态环境系统治理。溧阳市可测算、可量化的生态产品交易模式，推动形成了"损害者补偿、使用者付费、保护者受益"多方参与的生态保护治理格局。注重全方位提升，统筹"山水林田湖草"系统治理，基于对水域、土壤等多领域的摸底测算，形成生态容量的计量概念，每份容量单位均体现了对整个流域生态系统的价值评定。通过生态容量交易，以价值交换的形式较为精确地完成了流域内各参与主体的责任与贡献表达，推动生态环境整体向好。同时，注重全过程把控，以环境保护规划的顶层设计实现源头预防，以多方共同参与的协作模式进行生态修复，以生态产品交易的转化通道合理分配权益，在生态资源开发与保护全过程中实现共建共享。同时，将生态产业发展需求融入生态保护修复工程，同步规划、同步设计、同步实施，实现经济效益、社会效益与生态效益的共赢。此外，注重全地域一体，在长三角一体化战略视角下，通过生态产品交易的路径更好地守住生态功能保障基线、环境质量安全底线和自然资源利用上限，为溧阳建设长三角生态创新示范城市夯实生态基础。

3. 主要成效

一是大力开展生态环境保护，厚植生态发展优势。天目湖是溧阳市饮用水源地，溧阳市历来重视天目湖的系统保护与治理，划定了生态保护红线，完成天目湖退耕还林面积 32 349 亩、退茶还林面积 20 321 亩，区域森林覆盖率达 80%以上，开展茶园种植、村落面源污染拦截及河道水库、塘坝湿地生态修复工程 100 余项，建成镇级污水处理厂 1 个及村级污水处理点 95 个，综合治理流域内 200 个自然村的生活污水，水质常年保持在地表水Ⅱ类标准，最终使天目湖成为长三角一张闪亮的生态名片。

二是积极推进生态产业发展，释放生态环境红利。依托高品质生态资源形成区域特色生态农业，培育天目湖鱼头、天目湖白茶、社渚青虾等品牌生态农副产品，天目湖镇入选全国农业产业强镇建设名单。天目湖生态旅游品质提升，创建成为国家生态旅游示范区。2019 年天目湖镇旅游业游客接待量达 800 余万人次，总收入超 20 亿元。高品质生态资源带来高端精品酒店、民宿和茶社等生态溢价达 1.5 倍多（与溧城区比）。以"溧阳 1 号公路"开道的全域旅游战略进一步推动了全市生态资源价值实现。天目湖山水田园吸引溧商回乡创业项目 26 个，总投资 59.8 亿元，据不完全统计，已累计带动 10 万农民增收致富，年人均增收 1 万余元。

三是探索生态容量交易机制，丰富"两山"转化路径。溧阳市以"两山"实践创新基地为契机，在国家级科研团队全程技术支持下，率先在天目湖流域开展以水环境为重点的生态产品交易试点，进一步丰富生态产品价值实现途径。依托生态环境监测大数据，对生态容量产品进行科学估价，建立"总量控制、分区设限"的生态容量指标交易制度，通过平台进行交易，打通了从"农业面源污染退出"到"服务业生态受益购买"之间的交易环节。在将天目湖流域生态容量提升近 10%的同时，完成水产养殖污染退出、康养服务生态容量购买及上游退茶还林补偿。通过生态保护工程的效益评估，推动生态保护治理项目对接绿色金融及资本市场，完成了金山银山向绿水青山的反哺，构成了双向转化、相互促进的升级版"两山"转化机制。

第4章 生态产品分类与调查

4.1 生态产品调查的意义

4.1.1 可持续发展观为开展生态产品调查奠定重要基础

20世纪60年代,全球性的人口膨胀、能源危机、资源消耗、环境污染、极端气候、荒漠化及生物多样性锐减等问题频发,人类社会面临日益严峻的资源环境问题与生态危机。对此,可持续发展思想在西方国家开始萌芽。1987年,世界环境与发展委员会发布《我们共同的未来》报告,集中分析全球人口、粮食、物种和遗传资源、能源、工业和人类居住等情况,并探讨了人类面临的一系列重大经济、社会、环境问题,首次提出"可持续发展"的概念。2000年,《联合国千年宣言》将确保环境的可持续能力作为八项目标之一列入行动计划。其核心理念是用合理、协调发展的方式处理人地关系,进而使生态环境、自然资源能够与人类自身发展方式和速度相匹配。在应对生态危机与一系列资源环境问题的过程中,可持续发展理论不断发展充实,是人类在面对各种生态环境问题、反思过去发展方式的基础上提出的科学发展概念。

人地关系是人类社会经济活动与地理自然环境之间的互动关系。自然地理环境为人类活动提供了物质基础与空间场所,能够被人类改造与利用,同时也限制了人类生产生活的深度、广度与发展速度。随着工业化、城镇化的快速推进,人类社会的高强度经济活动与自然环境的低承载力矛盾日益凸显,如何协调人地关系和谐发展是我国乃至世界生态问题的重要科学议题之一。生态产品是在不损害生态系统稳定性和完整性的前提下,生态系统可以为人类提供的物质产品、服务产品和文化产品。生态环境的脆弱性和自然资源的有限性在一定程度上不利于生态产品的形成和保值增值。基于生态产品调查,探究生态产品价值实现的可行路径,是践行可持续发展理论的有效探索和积极尝试,也是缓解人地矛盾的重要手段之一。开展生态产品调查对于精细化管理和推进复合生态系统的构建具有重要意义。根据可持续发展理念倡导的整体化、稳定化、系统化发展观,明确生态产品种类、数量和价值等,可以促进区域间发展的协调性和稳定性。

4.1.2 推进生态产品调查是生态文明建设的必然要求

生态文明是指人类在改造与利用客观物质世界的同时,不断克服由此产生的对自身的各种负面影响，积极改善和优化人与自然、人与社会、人与人之间的关系，建设有序的生态运行机制和良好的生态环境所取得的物质、精神及制度方面成果的总和。中国经历了城市化、工业化的快速发展，也付出了一些沉重的环境代价。人与自然的不和谐关系、粗放式经济发展模式、对资源的掠夺式开发利用等，导致了一系列不平衡、不协调、不可持续的资源环境与区域发展问题，严重制约了我国社会经济发展。党的十七大报告第一次提出了建设生态文明的要求。党的十八大报告强调面对资源约束、环境压力和生态退化的局面，在发展过程中寻求人与自然的和谐共生，同时将生态文明建设纳入五位一体总体布局，详细深入地阐释了中国的生态文明建设方案。党的十九大报告对生态文明建设提出了更高的要求，首次提出"建成富强民主文明和谐美丽的社会主义现代化强国"的目标，要求建设人与自然和谐共生的现代化，既要创造更多物质财富和精神财富以满足人民日益增长的美好生活需要，也要提供更多产品以满足人民日益增长的优美生态环境需要。

习近平总书记指出，"保护生态环境就是保护生产力，改善生态环境就是发展生产力。"生态产品往往是大自然与人类劳动共同作用的结果，它不但具有自然界产品的性质，也在一定程度体现了物化的人类劳动成果。确保生态系统供给更多优质生态产品，满足人民日益增长的美好生活和优美环境需要，符合生态文明建设的基本方向。与农业产品、工业产品一样，生态产品是人类生存发展的必需品，而且随着经济社会发展，人民对美好生活的向往需要越来越多地建立在优美生态环境基础之上。保护和扩大自然界提供生态产品能力的过程，是人类参与创造价值的过程，保护生态环境、提供生态产品的活动也是促进发展的活动。因此，必须在开展生态产品调查、坚持摸清家底的基础上，把积极提供更多优质生态产品以满足人民日益增长的优美生态环境需要作为新发展阶段下推动高质量发展的重要内容。同时，要以为人民提供更多优质生态产品为发展目标，引导探索和丰富生态产品价值实现路径，培育绿色转型发展的新业态、新模式，推进生态产品保值增值。

4.1.3 生态产品调查是明确生态产品价值的积极探索

量化、抵押、交易、变现是贯穿于生态产品价值实现全过程的重要环节，而难量化、难抵押、难交易、难变现是生态产品价值实现、生态文明建设亟待解决的关键问题。为加强生态产品价值实现工作的统领作用，打通"绿水青山"同"金山银山"的双向转化通道，明确生态产品种类、价格、产量、位置、分布特征等，对于破解现有体制机制下生态产品价值在经济社会系统中无法体现的问题具有重要意义。生态产品集自然属性和社会属性为一体，大多数属于公共产品。生态产品类型差异明显，包括物质产品、调节服务产品及文化服务产品，所以需要根据竞争性和排他性的有无进行分类研究。探索生态产品价值实现路径，是建立健全生态产品价值实现机制的重要着眼点，是平衡经济发展与生态环境关系、实施可持续绿色转型的主要抓手，同时也是助力我国实现碳达峰、碳中和的必要措施。

  自然资源确权登记是生态产品确权登记的前奏。为加强自然资源统一管理，根据国务院机构改革方案，自然资源部整合了原国土资源部、国家发展和改革委员会、住房和城乡建设部、水利部等部门涉及规划、调查、确权登记的职责，统一调查和确权登记。为指导相关工作有序开展，自然资源部等五部门印发《自然资源统一确权登记暂行办法》，发布了《自然资源确权登记操作指南（试行）》，为建立健全自然资源资产产权制度迈出了坚实的步伐，但仍面临生态空间的定义存在空间重叠等诸多难题，出现林草争地、无法确权到地块等现象。2021年，《关于建立健全生态产品价值实现机制的意见》中提出要推进自然资源确权登记，以及开展生态产品信息普查（郑伟安等，2022；张维理等，2022；王颖，2019）。生态产品基础信息调查和动态监测机制是夯实生态产品价值实现的基础。开展生态产品信息普查和动态监测，有助于社会加深对生态产品的认识和理解，促进全社会树立生态环境有价、生态产品价值可以以多种方式实现的意识；有助于政府和社会及时了解生态产品的种类分布、供给水平、质量等级、功能特点、权益归属、保护开发和利用情况，以及生态产品供给能力、激励机制等完整信息；有助于及时监控生态产品数量和质量的变化，根据人民群众对各类生态产品的需求信息，及时调整生态产品开发经营的策略和速度，使绿水青山转化为金山银山的渠道更为通畅、更加高效、更加可持续；有助于推动生态产品信息云平台建设，加快各类生态产品生产、流通信息的共享，使民众更加便捷地获取生态信息，政府更加公平、及时、可持续地供给生态产品。

4.2 生态产品的属性特征

4.2.1 生态产品的基本属性

  从属性内涵来讲，生态产品是与物质产品、文化产品相并列的支撑人类生存和发展的第三类产品；后两者主要满足人类物质和精神层面的需求，生态产品则主要维持人们生命和健康的需要；生态产品的基本属性包括自然属性、稀缺属性、时空属性。

  （1）自然属性。生态产品的生产和消费过程离不开自然界的参与，人类和整个生态系统的再生产也离不开生态产品。因此，生态产品具有鲜明的自然属性，这是生态产品区别于物质产品和文化产品的本质特性。

  （2）稀缺属性。人们对优美生态环境的需求与日俱增，而自然生态系统提供优质生态产品的能力总是相对有限的，因此，生态产品具有稀缺性，并且人类不可持续的社会经济活动进一步加剧了生态产品的稀缺性。

（3）时空属性。生态产品在空间和时间上的分布不均，主要体现在空间上的分布不均衡和时间上的代际分配矛盾。空间上，不同地区生态产品的种类、数量和流动性存在差异，造成了生态产品在地理空间上的分布不均。时间上，生态产品是生态系统长期运行的产物，既要满足当代人的需要，也要满足未来人的需要。

4.2.2 生态产品的经济特征

从经济特征来看，经济学依据产品消费过程中的排他性和竞争性特征，将产品分为四种类型，而生态产品也具备四类不同的经济特征。

（1）具有一般私人物品特征的生态产品。具有此特征的生态产品的消费有较高的排他性和竞争性，包括生态农产品、生态畜牧产品、瓶装矿泉水等。该特征的生态产品，因来源于生态环境质量较好的地区而具有较高的使用价值。但这类产品的生态溢价往往因为信息不对称而需要有第三方的认证才能实现。目前，只有生态农产品等少部分生态产品能够归类到一般私人物品类。

（2）具有俱乐部物品特征的生态产品。该特征的生态产品具有非竞争性和排他性，如收门票的风景名胜区等。这类生态产品需要联合人的活动与大自然的力量才能实现。

（3）具有公共(池塘)资源特征的生态产品。该特征的生态产品具有竞争性和非排他性，包括江河流域、海洋渔业等。目前，大部分的生态产品都具有公共资源的特征。具有公共资源特征的生态产品的地域性特征较强，属于分布最广、种类最多的生态产品。该类生态产品的消费没有排他性，容易出现供给不足、消费过度等现象，难以确保有效供给。该类生态产品的供给和消费问题一直是经济、政治、公共政策等学科研究关注的焦点问题，也是难点问题。

（4）具有纯公共物品特征的生态产品。该特征的生态产品具有非排他性和非竞争性，包括生态系统的生态文化服务、生态调节服务等。在生态产品的谱系中，清洁空气和宜人气候均具有纯公共产品特征，也是最重要的生态产品之一。该类生态产品的消费不具备排他性和竞争性，容易产生搭便车问题，进而导致产品供给不足。

4.2.3 生态产品的界定依据

由于生态系统可以提供的服务功能众多，部分服务功能存在难以找到合适的指标表征或者缺乏定量化的评估方法等突出问题。在建立生态产品调查清单之前，需要根据生态产品的基本属性和经济特征，明确生态产品界定的基本依据。

（1）生物生产性。生态产品作为一种生态系统服务必然包含了生物生产作用，而包含了生物生产的生态产品也必然包含人类劳动，人类的保护、恢复、经营和管理对生态系统的干预与影响日渐增强。生态产品必须是由生物生产过程参与或生产的。如煤矿、石油等矿产原料由长期地质活动产生,温度调节服务由海洋与地表水循环运动产生,没有生物参与的物质资源与调节功能,是不可持续更新的,随着人类的开发利用会逐渐减少或者造成生态环境破坏。

（2）人类收益性。生态产品必须是对人类福祉最终直接产生收益的服务,而不对人类福祉产生直接收益,或仅是生态系统自身维持功能,或生态系统服务中间过程产生的一些服务收益,不纳入生态产品。有些生态功能和过程对于生态系统自身的维持非常重要,但对人类福祉不直接产生收益；而有些生态系统服务虽然对人类有益,但这些服务只有通过其他功能和过程才会产生对人类有益的物质产品和服务。例如,生物地球化学循环、水循环、植被蒸腾等过程对人类福祉并没有直接收益,而植物授粉等对人类有益,但体现在农林产品中,因此不必纳入生态产品,以避免内涵重复。

（3）经济稀缺性。生态产品必须具有经济稀缺性,而数量无限的或人类没有能力获取控制的产品,不应纳入生态产品。目前,相对于丰富的物质产品和文化产品,生态产品是稀缺的。生态产品的经济稀缺性是其价值产生的前提,其稀缺性与人类的社会经济发展有一定相关性。工业革命以来,生态环境遭到破坏,生态产品的供给能力呈下降趋势；随着人们生活水平的提高,对生态产品的需求量越来越大,生态产品供不应求。除此之外,仍然有一些生态系统服务在数量上是无限的或是人类无法控制利用的,如阳光、风等气象条件。如果将这些数量巨大的生态资源纳入生态产品,就会使一些区域的生态产品价值在很大程度上取决于其地理位置或自然本底情况。因此,宜人气候不应纳入生态产品中。

（4）保护成效性。生态产品必须能够灵敏地体现出人类保护、恢复或破坏活动对生态系统的影响或改变,而主要取决于其地理区位、自然状况,或是人类无法控制的,不应纳入生态产品。大部分生态系统服务对人类活动敏感,随着人类保护或恢复措施加强而增加,而随着人类过度利用或破坏而减少,能够充分反映出区域生态系统保护或恢复的成效。但也有一些生态系统服务对人类活动不敏感,或者数量特别巨大且不受人类控制,或在人类活动影响下几乎不变化。

4.3 生态产品的分类逻辑

4.3.1 生态产品的分类体系

结合生态产品属性特征,按照生态系统服务功能基本类型,可将生态产品具体划分为物质供给类生态产品、调节服务类生态产品、文化服务类生态产品。

其中,物质供给类生态产品主要指农林牧渔业能够提供的直接使用的部分,具体包括农产品、林产品、牧产品、渔产品及淡水资源等。

调节服务类生态产品根据生态系统服务功能，可包括水源涵养、土壤保持、防风固沙、洪水调蓄、空气净化、水质净化、碳固定、氧气提供、气候调节、噪声消减等生态产品（Zulian et al., 2013；Kandziora et al., 2013；Le Maitre et al., 2014）。依据遥感监测和国土调查数据，结合土地利用类型与调节服务功能之间的对应关系，可以明确不同土地利用类型可能产生的生态产品（表4-1）。如湿地具有的水源涵养功能、土壤保持功能、防风固沙功能、洪水调蓄功能、空气净化功能、水质净化功能、碳固定功能、氧气提供功能和气候调节功能。同样，对于绿地与开敞空间而言，主要考虑其具有的水源涵养功能、土壤保持功能、防风固沙功能、洪水调蓄功能、空气净化功能、碳固定功能、氧气提供功能、气候调节功能和噪声消减功能。

表 4-1 江阴市生态产品与土地利用类型的相关性

类别	功能指标	湿地	耕地	园地	林地	草地	绿地与开敞空间	陆地水域
物质供给	生物质供给	√	√	√	√	√	√	√
调节服务	水源涵养	√	√	√	√	√	√	√
	土壤保持	√	√	√	√	√	√	
	防风固沙	√	√	√	√	√	√	
	洪水调蓄	√			√		√	√
	空气净化	√		√	√		√	√
	水质净化	√						
	碳固定	√	√	√	√	√	√	
	氧气提供	√	√	√	√	√	√	
	气候调节	√			√		√	
	噪声消减						√	
文化服务	旅游观光	√	√	√	√	√	√	√
	休闲度假	√	√		√		√	
	文化教育	√	√		√		√	√

文化服务类生态产品则着重体现休憩资源为人类提供休憩服务的属性特征，包括自然类旅游地和综合类旅游地的旅游观光、休闲度假、文化教育等享乐性收益及旅游景观溢出等。

4.3.2 生态产品调查的分类体系

生态产品调查分类是基于生态产品分类体系而形成的。物质供给类生态产品、调节服务类生态产品、文化服务类生态产品三类划分体系的功能服务对应的生态产品调查对象和调查内容不同，其对应关系也存在间接或者直接的差异（图4-1）。

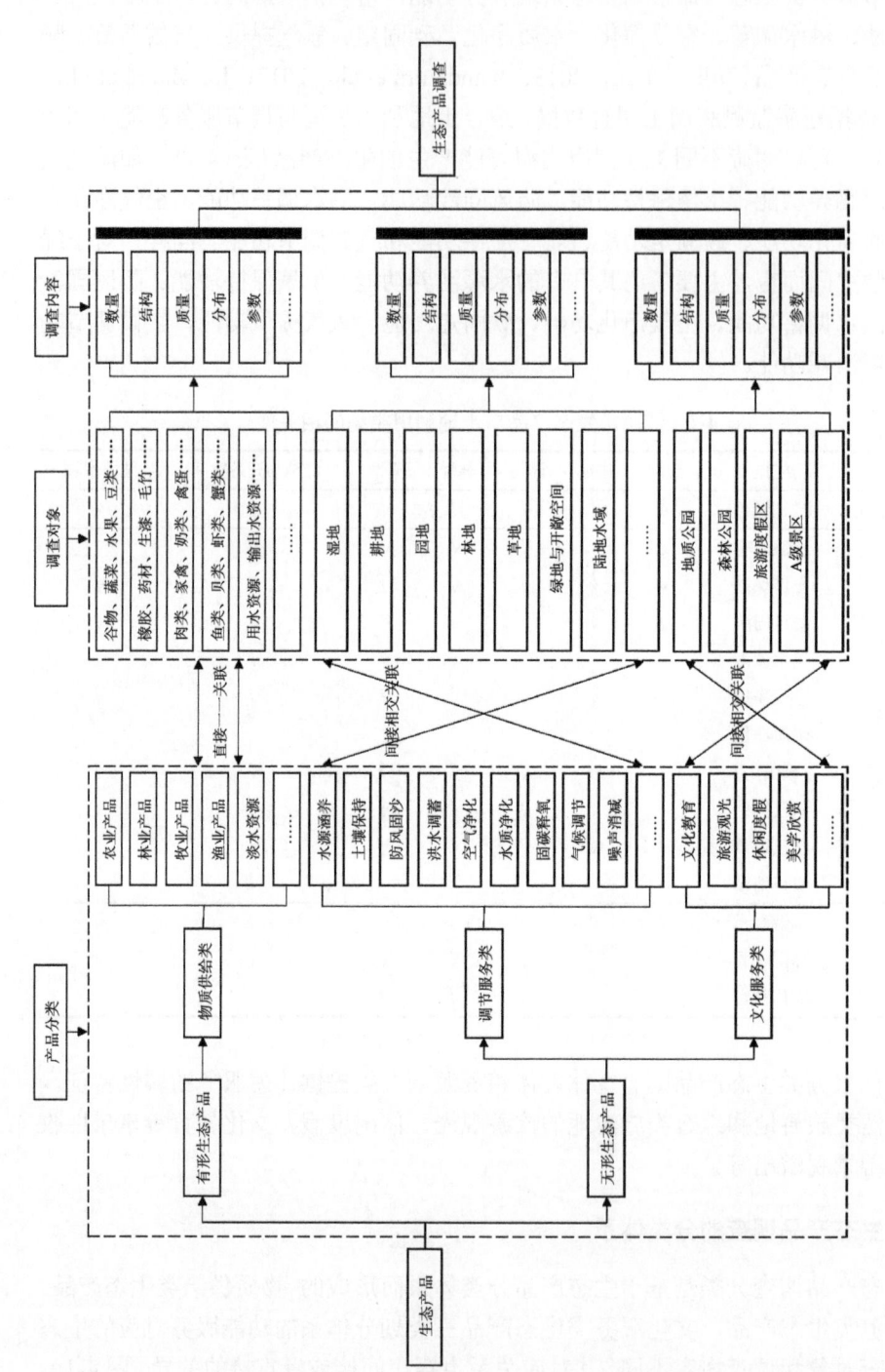

图 4-1 生态产品分类与生态产品调查分类体系

具体而言，物质供给类生态产品调查主要基于国民经济行业分类标准的农业、林业、牧业、渔业分类，以及淡水资源、生物质能源等物质内容构成，对谷物、蔬菜、水果、牲畜、水产等生物供给产品的产量、单价、成本、质量、效益、分布等开展，属于一种对有形物质的所见即所得的直接调查。

调节服务类生态产品调查则是基于不同生态用地类型与调节服务功能之间的对应关系展开的调查。依据《国土空间调查、规划、用途管制用地用海分类指南》中的用地类型划分，基于第三次全国国土调查数据，选择包括湿地、耕地、园地、林地、草地、绿地与开敞空间、陆地水域等在内的生态用地类型，对不同用地类型的空间分布情况、质量等级、规模大小等加以调查。同时，从不同区域各用地类型具有不同的结构、功能和过程角度出发，探讨不同生态系统的服务水平和服务能力。调节服务类生态产品调查属于有形生态用地基础上的无形调节服务类生态产品的基本调查，包括功能参数和用地结构、性质、规模、分布、质量等，调节服务类生态产品调查和调节服务类生态产品两者属于间接对应关系。

文化服务类生态产品侧重于地质公园、湿地公园、森林公园等自然类旅游地，以及A级景区、旅游度假区等综合类旅游地，泛指包括自然资源文化感知的一切有形实体。这类生态产品的价值主要通过旅游活动所能够获取到的休闲享乐性惠益来表征，具体包括亲身感知体验的文化内涵、思想精神、道德观念、时代价值、传统技艺等。在具体对象方面，文化服务类生态产品调查主要包括公园绿地、湿地、林地等各类生态用地产生的旅游观光、休闲度假、文化教育活动的成本和收益，包括风景名胜区、湿地公园、旅游度假区、森林公园等的门票费用、住宿交通费用、娱乐设施费用及游客愿意支付的其他费用等。其实质是各类生态用地基础上无形文化内涵的间接体验收益体现。

4.4 生态产品的调查方法

在进行生态产品调查时，首先划定调查评价单元及其范围大小。多采用网格法，在筛选生态要素的基础上，根据基本地块或者行政单元划分，按照合适的网格单元进行生态状况调查与登记，通过数据库和图形显示的方式将规划区域的社会、经济和生态环境各种要素的空间分布直观地表示出来。同时，也需要明确生态产品信息调查的时间，对一定时段(通常为一年)内的生态产品种类、面积、分布、品质、产量等进行客观评价、归类分级，建立各类生态产品数据库，形成生态产品调查图集、统计表和报告。总结来看，生态产品调查方法主要包括收集资料法、现场调查法与遥感调查法等，以上方法在江阴的生态产品调查中均有使用。

4.4.1 收集资料法

收集资料法以内业分析整理工作为主,包括查阅文献法、座谈访问法、问卷调查法三种。查阅文献法是生态环境调查最常用的方法之一,基于已有关于生态产品的资料或统计数据进行整理收集。座谈访问法则主要与相关负责部门、单位、企业、个人召开座谈会,集中了解相关情况。问卷调查法需要进行外业发放问卷工作,收集后再整理分析。

江阴市生态产品调查通过查阅《江阴统计年鉴》《无锡统计年鉴》等统计资料总体了解江阴市社会经济专题、生态专题等数据,以及收集相关物质生产类与文化服务类生态产品信息等;同时,阅读相关生态文献研究资料对江阴市生态产品进行整理分析。与有关部门、企业、个人召开座谈会,了解并收集江阴市生态要素状态、产权、数量等级等信息。问卷调查也是一种常用的调查手段,该方法参与性强,能够反映公众看法与问题。本书选择城市公园为研究案例,对江阴市旅游景观支付意愿进行了问卷调查,从居民层面的调查总结生态产品存在的问题,收集建议,并完成文化服务类生态产品价值测算,以协助生态产品的评价分析。

4.4.2 现场调查法

现场调查法包括声像摄录法与实地观测法。声像摄录法不仅有再现实地景观和生态过程的动态性,还可以增加调查结果的可视性。实地观测法则指在野外考察中,通常需要对一些重点地区或重点项目进行实地观测、采样和调查,包括动植物群落调查与采样等(吴勤书等,2019)。在江阴市生态产品调查过程中,对部分重点地区的生态过程进行了现场勘察、观测、采样,以实地了解生态产品现状。

例如,在物质供给类生态产品调查中,按照《森林资源规划设计调查主要技术规定》《江苏省森林资源规划设计调查操作细则》等有关规定,以 1∶10 000 比例尺地形图与遥感影像为主要信息源,充分利用现有的调查技术和已有的森林资源规划设计调查成果,采用实测和目测相结合的调查方法,对影像模糊、新造林地和有位移的界线采取全球定位系统(GPS)实测,获取全区一定范围大小的林地类型、面积、蓄积量、权属和分布情况等。同时,对江阴市湿地类型及面积构成进行实地勘测,明确湿地特点和空间分布规律。对绿地系统的植被品类和生长情况等,同样需要长时间的监测调查。

4.4.3 遥感调查法

GNSS、RS 和 GIS(3S)技术日益成为生态学野外考察的重要方法。3S 技术在土地利用类型调查和植被调查中的应用十分普遍,有助于扩大生态环境调查覆盖面,省时、省力、省钱,还可提高外业调查的效率(王涛,2019;孙瑞等,2017;史文中等，2012；贾振涛，2019)。本书中运用了遥感技术形成的土地利用等数据，便于明确各类生态产品的基本现状，以整理与核算生态产品功能量与价值量。

4.5 生态产品的调查原则

作为生态产品价值实现的前期基础工作，生态产品调查具有重要意义，应遵循以下原则。

1. 时效性原则

生态产品一直处在动态发展之中，对于生态产品的调查核算应当在规定时间内完成并整理分析，如此才能对当下的生态产品状态有较为准确的把握。同时，生态产品调查并非一次性工作，周期性地进行调查对于生态产品的状态监控与可持续发展具有重要意义。

2. 准确性原则

生态产品调查的准确性对于后续功能价值核算的准确性有决定性意义。在生态产品调查的各个工作环节中，应当科学、客观、准确地记录与统计分析生态产品信息，包括产品分类、等级、数量、分布、产权归属、存在问题等。

3. 系统性原则

生态产品调查应当遵循系统性原则，根据生态产品的分类，运用多种调查方法，做到主次有序；选取重点区域进行调查，形成生态产品调查总体结果。

4. 经济性原则

生态产品调查过程中应当注意成本规划，在已有统计数据、土地利用调查数据、普查数据等基础上，进行整理与补充，避免重复调查造成人力、物力的浪费。

5. 科学性原则

生态产品调查应当借鉴已有的成功经验与实践案例，基于研究区域自身特点，制定调查方案、确定调查方法，运用科学调查分析方法对生态产品进行调查评价。

6. 保密性原则

推动生态产品价值实现有利于优化生态资源配置，其本质是生态要素货币化或生态效益显性化。生态产品数据涉及我国基本民生与未来可持续发展，在推进对各类自然资源的数量、质量等底数情况系统清查的过程中，应当注意保密性原则，注意数据管理与存取方式，合理构建生态产品档案和管理信息系统。

4.6 生态产品的调查目录

4.6.1 物质供给类生态产品

物质供给类生态产品是生态系统通过生物生产及其与人工生产相结合的方式为人类提供的物质产品，具有满足人类物质供给需求、维持人们生命和健康需要的重要作用。根据物质供给的基本内涵，对包括农业产品、林业产品、畜牧业产品、渔业产品、水资源、生态能源等在内的物质供给类生态产品的相关信息进行调查。参照《国民经济行业分类》(GB/T 4754—2017)(表4-2～表4-5)，明确不同行业生态产品调查子类。

表4-2 农业分类标准

大类	中类	小类	说明
农业	谷物种植	稻谷种植	
		小麦种植	
		玉米种植	
		其他谷物种植	
	豆类、油料和薯类种植	豆类种植	
		油料种植	
		薯类种植	
	棉、麻、糖、烟草种植	棉花种植	
		麻类种植	
		糖料种植	指用于制糖的甘蔗和甜菜的种植
		烟草种植	
	蔬菜、食用菌及园艺作物种植	蔬菜种植	
		食用菌种植	
		花卉种植	
		其他园艺作物种植	
	水果种植	仁果类和核果类水果种植	指苹果、梨、桃、杏、李子等水果种植
		葡萄种植	
		柑橘类种植	
		香蕉等亚热带水果种植	指香蕉、菠萝、杧果等亚热带水果种植
		其他水果种植	

续表

大类	中类	小类	说明
农业	坚果、含油果、香料和饮料作物种植	坚果种植	
		含油果种植	指油茶、橄榄、油棕榈、油桐籽、椰子等种植
		香料作物种植	
		茶叶种植	
		其他饮料作物种植	
	中药材种植	中草药种植	指主要用于中药配制以及中成药加工的各种中草药材作物的种植
		其他中药材种植	
	草种植及割草	草种植	指人工种植收获牧草
		天然草原割草	指天然草原刈割收获牧草
	其他农业	其他农业	

表 4-3 林业分类标准

大类	中类	小类	说明
林业	林木育种和育苗	林木育种	指应用遗传学原理选育、繁殖林木良种和繁殖林木新品种核心的栽植材料的林木遗传改良活动
		林木育苗	指通过人为活动将种子、穗条或植物其他组织培育成苗木的活动
	造林和更新	造林和更新	指在宜林荒山荒地荒沙、采伐迹地、火烧迹地、疏林地、灌木林地等一切可造林的土地上通过人工造林、人工更新、封山育林、飞播造林等方式培育和恢复森林的活动
	森林经营、管护和改培	森林经营和管护	指为促进林木生长发育，在林木生长的不同时期进行的促进林木生长发育的活动
		森林改培	指为调整林分结构和树种组成，形成密度合理、物种丰富、功能完备的优质、高产、高效林而采取林分抚育、补植、补播等人工措施的活动
	木材和竹材采运	木材采运	
		竹材采运	
	林产品采集	木竹材林产品采集	
		非木竹材林产品采集	指在天然林地和人工林地进行的除木材、竹材产品外的其他各种林产品的采集活动

表 4-4　畜牧业分类标准

大类	中类	小类	说明
畜牧业	牲畜饲养	牛的饲养	
		马的饲养	
		猪的饲养	
		羊的饲养	
		其他牲畜饲养	
	家禽饲养	鸡的饲养	
		鸭的饲养	
		鹅的饲养	
		其他家禽饲养	
	狩猎和捕捉动物	狩猎和捕捉动物	指对各种野生动物的捕捉以及与此相关的活动
	其他畜牧业	兔的饲养	
		蜜蜂饲养	
		其他未列明畜牧业	

表 4-5　渔业分类标准

大类	中类	小类	说明
渔业	水产养殖	海水养殖	指利用海水对各种水生动植物的养殖
		内陆养殖	指在内陆水域进行的各种水生动植物的养殖
	水产捕捞	海水捕捞	指在海洋中对各种天然水生动植物的捕捞
		内陆捕捞	指在内陆水域对各种天然水生动植物的捕捞

作为人口大国，农业在我国历来被认为是关乎国计民生的战略性产业，是国民经济的基础。从功能上看，农业具有粮食安全功能、环境功能、社会经济功能等多种功能（Gren et al.，1995；Dumanski and Pieri，2000）。开展包括粮食作物、油料作物、棉花、麻类、糖类、烟叶、蔬菜、花卉、茶叶、水果等农产品在内的调查活动，对于明确区域农业资源本底优势具有重要意义，有利于在此基础上推进农业生态产业化和产业生态化，建立健全农业生态产品价值实现机制。

林业是指保护生态环境、保持生态平衡，培育和保护森林以取得木材和其他林产品、利用林木的自然特性以发挥防护作用的生产部门，是国民经济的重要组成部分，其主要的功能是采伐、经营、培育森林（Ovando et al.，2019；Hanley and Ruffell，1993；McCarthy et al.，2003）。而森林能够给人们创造很多的林副产品和木材，这些都是我国多个产业的基本原材料，一方面能够给人们提供必需的生活用品，另一方面能够给国家提供必要的生产资料。与此同时，森林还有一定的生态价值，如可以防止水土流失、涵养水源、保护农田不遭到破坏，从这方面来看，林业在一定程度上能够促进农业的生产经营(博文静等，2017)。开展包括木材、橡胶、松脂、生漆、油桐籽、油茶籽、药材等林业产品在内的调查活动对于明晰区域林业资源优势具有重要意义。

畜牧业是利用畜禽等已经被人类驯化的动物，或者鹿、麝、狐、貂等野生动物的生理机能，通过人工饲养、繁殖，使其将牧草和饲料等植物能转变为动物能，以取得肉、蛋、奶、羊毛、山羊绒、皮张、蚕丝和药材等畜产品的生产部门。畜牧业能够将人类无法直接食用的树叶、野草野菜、秸秆等植物转变为人类可以食用的动物性食品，从而保证自然资源的最大化利用，让大量植物能够充分发挥其经济效益。与此同时，畜牧业能够为人类社会提供大量的畜产品(比如肉、蛋、奶等)，改变人们的食物结构，改善人们的生活，增强人们的体质，在国民经济中发挥了重要的作用。开展包括肉类、奶类、禽蛋、动物皮毛、蜂蜜等畜牧业产品在内的调查活动对于明晰区域畜牧业资源优势作用显著。

渔业是为人类提供食物的重要行业，渔业所带来的水产品是人类食物构成的重要组成部分。相对于农业和畜牧业，渔业具有节约土地资源、节省粮食消耗、投资较少、见效较快、获利丰厚等优势。与此同时，水产品可以为工业、医药业等行业提供原材料。开展包括鱼类、贝类、虾蟹类、藻类等渔业产品在内的调查活动对于明晰区域渔业资源优势十分必要。

此外，水资源对我们的生命起着重要的作用，是人类赖以生存和发展不可缺少的最重要的物质资源之一。水资源具有调节气候、形成土壤、运输物质等重要功能。由于区域自然条件的差异，水资源存在区域间的分布不均，跨区域调水能够在一定程度上缓解这类问题，促进调入区生态环境的改善。同时，生物质能源(秸秆、薪柴等)、潮汐能等生态能源，也能够有效缓解使用传统化石燃料带来的碳排放困扰，有利于早日实现"碳达峰、碳中和"的目标，是不可缺少的物质供给类生态产品。因此，开展包括农业灌溉用水、城镇公共用水、工业用水、居民生活用水、省外输出水资源、水力发电等水资源相关产品，以及包括水能、生物质能源(秸秆、薪柴等)、潮汐能等生态能源相关产品的调查活动，具有重要的现实意义。

基于上述典型类型划分，形成物质供给类生态产品调查目录清单(表4-6)，开展生态产品调查活动，分区域、分行业、分领域摸清各类生态产品的数量、质量、单价、价值、位置、功能特点、权益归属、保护开发利用情况等。

表 4-6 物质供给类生态产品调查目录清单

类别	子类别	名称
农业产品	粮食作物	稻谷
		玉米
		小麦
		豆类
		薯类
		……
	油料作物	花生
		芝麻
		油菜籽
		……
	棉花	棉花
	麻类	苎麻
		黄麻
		……
	糖类	甘蔗
		甜菜
		……
	烟叶	烟叶
	茶叶	茶叶
	蔬菜园艺作物	蔬菜
		花卉园艺作物
		……
	水果、坚果、饮料和香料作物	水果
		坚果
		饮料和香料作物
		……
	地方特色农产品	地方特色农产品
林业产品	木材	木材
	橡胶	橡胶
	松脂	松脂
	生漆	生漆
	油桐籽	油桐籽
	油茶籽	油茶籽
	药材	药材

续表

类别	子类别	名称
林业产品	主要林木资源	乔木林
		天然林
		人工林
		防护林
		特种用途林资源
		用材林
		薪炭林
		经济林
		竹林
		灌木林
		四旁树
		……
	优势树种	黑松
		马尾松
		红豆杉
		毛竹
		泡桐
		银杏
		……
畜牧业产品	畜类	猪肉
		牛肉
		羊肉
		……
	家禽	鸡肉
		鸭肉
		鹅肉
		……
	奶类	牛奶
		……
	禽蛋	鸡蛋
		鸭蛋
		……
	动物皮毛	羊毛
		兔毛
		……
	蜂蜜	蜂蜜

续表

类别	子类别	名称
渔业产品	鱼类	青鱼
		草鱼
		鲢鱼
		鳙鱼
		鲫鱼
		……
	贝类	河蚌
		花蛤
		……
	虾蟹类	虾类
		蟹类
		……
	藻类	海带
		紫菜
		……
水资源	用水资源	农业灌溉用水
		城镇公共用水
		工业用水
		居民生活用水
		……
	省外输出水资源	省外输出水资源
生态能源	水力发电	水力发电
	水能	水能
	生物质能源(秸秆、薪柴等)	生物质能源(秸秆、薪柴等)
	风能	风能
	潮汐能	潮汐能
	……	

除了上述的主要物质供给类生态产品之外,特色农产品、"两品一标"产品、绿色产品等也是物质供给类生态产品调查的重要组成部分。特色农产品是一个地区特有的品种资源或优势品牌,并已具备一定的生产规模和拥有较成熟的栽培或养殖技术,具有较好的市场发展前景;"两品一标"产品是绿色食品、有机农产品和农产品地理标志的简称,其已经成为放心农产品的代名词,也是优质农产品进入国内高端超市的通行证;绿色产品是在生产过程中不增加成本、不牺牲产品质量,并满足设计方案约束条件,对生态环境无害或危害极小,资源利用率高,能

耗低的产品。这三类产品由于具有更高的附加值，以及生产过程中对生态环境有极高的要求，相比于其他物质供给类生态产品，具有更为显著的经济价值和生态保护效益。与此同时，这三类产品作为地方物质供给类生态产品的重要组成部分，也是地方物质供给类生态产品中的精华部分，能够深刻反映地方生态特色。通过生态产品绿色认证机制、市场交易对接机制和生态产品供需信息共享平台，生态产品价值得以强化和积极实现。因此，在物质供给类生态产品调查过程中，建议对特色农产品、"两品一标"产品、绿色产品进行重点调查。

4.6.2 调节服务类生态产品

调节服务类生态产品具有维系生态安全、保障生态调节功能、提供良好人居环境的重要作用，是人们从生态系统中获取的土壤保持、水源涵养、洪水调蓄、气候调节、空气净化、水质净化、固碳释氧、噪声消减等享受性惠益，对于促进区域水循环调控、减轻水土流失、减少土地沙化、净化空气污染和水污染、改善大气和水环境、促进生态系统碳氧平衡、消减城市噪声等具有重要的促进意义。结合生态产品调查的基本原则和生态产品基本调节功能，可以进一步确定调节服务类生态产品名录。实际上，调节服务类生态产品仅与生态系统自身健康状况和提供服务功能的能力相关，并不会受到市场价格不统一或者其他市场波动情况的影响。

自然界能够提供的生态系统调节服务众多，但是各类功能之间存在一定的交叉，部分调节服务类功能和过程对于生态系统自身的维持非常重要，可以为人类产生直接收益。根据生态系统服务功能与各地类之间的相关性，确定以下生态用地作为调节服务类生态产品调查对象，具体包括湿地、耕地、园地、林地、草地、绿地与开敞空间、陆地水域。基于各类生态用地的空间分布特征、数量、质量、等级等基本特征展开调查，明确不同类型生态用地可提供生态调节服务能力的相关参数，可以为同一生态系统不同调查时段提供服务功能的能力给予比较基础，也能够作为不同生态系统提供同一项调节服务功能能力比较评价的重要依据。

1. 湿地

湿地是指地表过湿或经常积水，生长湿地生物的地区，主要包括沼泽地、盐田、滩涂等土地利用类型，具有保护生物多样性、调节径流、调节小气候、提供物质原料等重要功能，享有"地球之肾"的美誉。湿地具有生产物质产品、调节径流、改善水质和保持水土等生态服务功能，对于地区水源涵养、土壤保持等生态调节服务功能的正常发挥具有重要的基础作用。具体包括水源涵养功能、土壤保持功能、防风固沙功能、洪水调蓄功能、空气净化功能、水质净化功能、碳固定功能、氧气提供功能和气候调节功能等。通过外业调查、相关部门监测数据收集等可以获取调查区内湿地的面积、类型、结构、空间分布特征与质量等级情况等。此外,通过调查湿地调节服务功能相关参数,可以明确其发展状态的空间差异(表 4-7)。

表 4-7 湿地调节服务类生态产品调查目录

调查内容	计量单位	获取方式	获取部门	获取时段
面积	m²	遥感监测	自然资源和规划局、林业局	调查期
质量	/	现场调查、国土调查		
等级	/	现场调查、国土调查		
分布	/	现场调查、国土调查		
结构	/	现场调查、国土调查		
水库单位库容的工程造价	元/m³	市场监测	水利局、统计局、市场监督管理局	调查期
水库单位库容的维护成本	元/m³			
沼泽湿地土壤蓄水深度	m	生态监测	自然资源和规划局、林业局、水利局、农业农村局	调查期
沼泽湿地土壤容重	g/cm³			
沼泽湿地土壤饱和含水率	/			
沼泽湿地洪水淹没前的自然含水率	/			
沼泽地表滞水量	m³/a			
......				

2. 耕地

耕地是指种植农作物的土地,包括熟地,新开发、复垦、整理地,休闲地(含轮歇地、休耕地);以种植农作物(含蔬菜)为主,间有零星果树、桑树或其他树木的土地;平均每年能保证收获一季的已垦滩涂和海涂。其包括以下几个二级类用地,即水田、水浇地和旱地。耕地具有物质供给、水源涵养、土壤保持等功能,对于地区物质产品、生态调节服务功能供给等具有重要意义。具体包含水源涵养功能、土壤保持功能、防风固沙功能、空气净化功能、碳固定功能、氧气提供功能、气候调节功能等。根据外业调查、自然资源和规划局等相关部门监测统计数据收集,明确调查地区内耕地的面积、结构、占用修复情况、空间分布特征及质量等级。此外,通过调查耕地调节服务功能相关参数,可以明确其发展状态的空间差异(表 4-8)。

表 4-8 耕地调节服务类生态产品调查目录

调查内容	计量单位	获取方式	获取部门	获取时段
面积	m²	遥感监测		
质量	/	现场调查、国土调查		
分布	/	现场调查、国土调查	自然资源和规划局、农业农村局	调查期
结构	/	现场调查、国土调查		
等级	/	现场调查、国土调查		
多年平均降水量	mm/a			
多年平均产流降水量	mm/a	气象监测	气象局	近10年
多年平均蒸发量	mm/a			
平均地表径流系数	%	生态监测	自然资源和规划局、气象局、林业局	近10年
植被覆盖因子	/			
地表糙度因子	/			
土壤侵蚀因子	/	遥感监测、生态监测	自然资源和规划局、林业局	调查期
土壤结皮因子	/			
坡长	m			
坡度	°			
土壤容重	t/m³			
土壤中氮纯含量	%	生态监测	农业农村局	调查期
土壤中磷纯含量	%			
土壤中钾纯含量	%			

……

3. 园地

园地是指种植以采集果、叶、根、茎、汁等为主的集约经营的多年生木本和草本作物，覆盖度大于50%或每亩株数大于合理株数70%的土地，包括用于育苗的土地。其包括以下几个二级类用地，即果园、茶园、橡胶园和其他园地。园地除在物质供给类生态产品上具有重要作用外，也提供碳固定、氧气提供等调节服务类生态产品，具体包括水源涵养功能、土壤保持功能、防风固沙功能、空气净化功能、碳固定功能、氧气提供功能、气候调节功能等。通过外业调查、相关部门监测数据收集等可以获取调查区内园地的面积、类型、结构、空间分布特征与质量等级情况等。此外，通过调查园地调节服务功能相关参数，可以进一步明确其发展状态的空间差异(表 4-9)。

表 4-9　园地调节服务类生态产品调查目录

调查内容	计量单位	获取方式	获取部门	获取时段
面积	m²	遥感监测	自然资源和规划局	调查期
质量	/	现场调查、国土调查		
分布	/	现场调查、国土调查		
结构	/	现场调查、国土调查		
等级	/	现场调查、国土调查		
多年平均降水量	mm/a	气象监测	气象局	近10年
多年平均产流降水量	mm/a			
多年平均蒸发量	mm/a			
平均地表径流系数	%	生态监测	自然资源和规划局、气象局、林业局	近10年
植被覆盖因子	/	遥感监测、生态监测	自然资源和规划局、林业局	调查期
坡长	m			
坡度	°			
地表糙度因子	/			
土壤侵蚀因子	/			
土壤结皮因子	/			
土壤容重	t/m³	生态监测	农业农村局	调查期
土壤中氮纯含量	%			
土壤中磷纯含量	%			
土壤中钾纯含量	%			
……				

4. 林地

林地是指生长乔木、竹类、灌木的土地，及沿海生长红树林的土地，包括迹地，不包括城镇、村庄范围内的绿化林木用地，铁路、公路征地范围内的林木，以及河流、沟渠的护堤林。具体包括以下二级类用地，即乔木林地、竹林地、红树林地、森林沼泽、灌木林地、灌丛沼泽和其他林地。林地不仅能够提供物质供给类生态产品，在空气净化、洪水调蓄、防风固沙、土壤保持等调节服务类生态产品中也十分重要。通过外业调查、相关部门监测数据收集等可以获取调查区内林地的面积、类型、结构、空间分布特征与质量等级情况等。此外，通过调查林地调节服务功能相关参数，可以进一步明确其发展状态的空间差异(表4-10)。

表 4-10 林地调节服务类生态产品调查目录

调查内容	计量单位	获取方式	获取部门	获取时段
面积	m²	遥感监测		
质量	/	现场调查、国土调查		
分布	/	现场调查、国土调查	自然资源和规划局、林业局	调查期
结构	/	现场调查、国土调查		
等级	/	现场调查、国土调查		
多年平均降水量	mm/a			
多年平均产流降水量	mm/a	气象监测	气象局	近10年
多年平均蒸发量	mm/a			
多年平均暴雨降水量	mm/a			
平均地表径流系数	%	生态监测	自然资源和规划局、气象局、林业局	近10年
植被覆盖因子	/			
坡长	m			
坡度	°	遥感监测、生态监测	自然资源和规划局、林业局	调查期
地表糙度因子	/			
土壤侵蚀因子	/			
土壤结皮因子	/			
土壤容重	t/m³			
土壤中氮纯含量	%	生态监测	农业农村局	调查期
土壤中磷纯含量	%			
土壤中钾纯含量	%			
单位治沙工程的成本或单位植被恢复成本	元/m²	市场监测	生态环境局	调查期
SO_2 单位面积净化量	t/(km²·a)			
NO_x 单位面积净化量	t/(km²·a)	生态监测	气象局、林业局、生态环境局、自然资源和规划局	调查期
粉尘单位面积净化量	t/(km²·a)			
大气污染物的治理成本	元/t	市场监测		
负离子生产费用	元/个			
负离子浓度	个/cm³	市场监测、资料分析	生态环境局	调查期
负离子寿命	min			
二氧化碳价格	元/t	统计数据		
净生态系统生产力	t C/a	遥感监测	自然资源和规划局	调查期
医疗制氧价格	元/t	市场监测	卫生健康委员会	调查期

……

5. 草地

草地是指生长草本植物为主的土地。具体包括以下二级类用地，即天然牧草地、沼泽草地、人工牧草地和其他草地。草地提供的调节服务类生态产品具体包含水源涵养功能、土壤保持功能、防风固沙功能、洪水调蓄功能、空气净化功能、碳固定功能、氧气提供功能、气候调节功能等。通过外业调查、相关部门监测数据收集等可以获取调查区内草地的面积、类型、结构、空间分布特征与质量等级情况等。此外，通过调查草地调节服务功能相关参数，可以进一步明确其发展状态的空间差异（表 4-11）。

表 4-11　草地调节服务类生态产品调查目录

调查内容	计量单位	获取方式	获取部门	获取时段
面积	m^2	遥感监测		
质量	/	现场调查、国土调查		
分布	/	现场调查、国土调查	自然资源和规划局、林业局	调查期
结构	/	现场调查、国土调查		
等级	/	现场调查、国土调查		
多年平均降水量	mm/a			
多年平均产流降水量	mm/a	气象监测	气象局	近 10 年
多年平均蒸发量	mm/a			
多年平均暴雨降水量	mm			
平均地表径流系数	%	生态监测	自然资源和规划局、气象局、林业局	近 10 年
植被覆盖因子	/			
坡长	m			
坡度	°	遥感监测、生态监测	自然资源和规划局、林业局	调查期
地表糙度因子	/			
土壤侵蚀因子	/			
土壤结皮因子	/			
土壤容重	t/m^3			
土壤中氮纯含量	%			
土壤中磷纯含量	%	生态监测	农业农村局	调查期
土壤中钾纯含量	%			
土壤可蚀性因子	$t·hm^2·h/(hm^2·MJ·mm)$			
……				

6. 绿地与开敞空间

绿地与开敞空间用地是指城镇、村庄用地范围内的公园绿地、防护绿地、广场等公共开敞空间用地，不包括其他建设用地中的附属绿地。绿地与开敞空间对于改善城市景观、提供生态调节服务功能和文化功能等具有重要意义。通过外业调查、相关部门监测数据收集等可以获取调查区内绿地与开敞空间的面积、类型、结构、空间分布特征与质量等级情况等。此外，通过调查绿地与开敞空间调节服务功能相关参数，可以进一步明确其发展状态的空间差异（表4-12）。

表4-12 绿地与开敞空间调节服务类生态产品调查目录

调查内容	计量单位	获取方式	获取部门	获取时段
面积	m^2	遥感监测		
质量	/	现场调查、国土调查		
分布	/	现场调查、国土调查	自然资源和规划局、林业局	调查期
结构	/	现场调查、国土调查		
等级	/	现场调查、国土调查		
多年平均降水量	mm/a			
多年平均产流降水量	mm/a	气象监测	气象局	近10年
多年平均蒸发量	mm/a			
环境工程降解成本	元/t	市场监测	生态环境局、统计局	
单位治沙工程的成本或单位植被恢复成本	元/m^2	市场监测	生态环境局	
SO_2单位面积净化量	t/(km^2·a)			
NO_x单位面积净化量	t/(km^2·a)	生态监测	气象局、林业局、生态环境局、自然资源和规划局	
粉尘单位面积净化量	t/(km^2·a)			
大气污染物的治理成本	元/t	市场监测		
负离子价值	元/a			
负离子生产费用	元/个	市场监测、资料分析	生态环境局	调查期
负离子浓度	个/cm^3			
负离子寿命	min			
净生态系统生产力	t C/a	遥感监测	自然资源和规划局	
净初级生产力	t 干物质/a			
二氧化碳价格	元/t	统计数据	生态环境局	
医疗制氧价格	元/t	市场监测	卫生健康委员会	
区域噪声均值	dB	环境监测	生态环境局	
平均降噪分贝	dB			
……				

7. 陆地水域

陆地水域是指水域及水利设施用地中的一部分。根据《国土空间调查、规划、用途管制用地用海分类指南》中相关定义可知,其指陆域内的河流、湖泊、冰川及常年积雪等天然陆地水域,以及水库、坑塘水面、沟渠等人工陆地水域。陆地水域提供调节服务类生态产品具体包含水源涵养功能、土壤保持功能、防风固沙功能、洪水调蓄功能、空气净化功能、碳固定功能、氧气提供功能、气候调节功能等。从相关部门的监测数据中可以获取调查区内陆地水域的面积、类型、结构、空间分布特征与质量等级情况。通过调查陆地水域调节服务功能相关参数,可以进一步明确其发展状态的空间差异(表4-13)。

表4-13 陆地水域调节服务类生态产品调查目录

调查内容	计量单位	获取方式	获取部门	获取时段
面积	m²	遥感监测		
质量	/	现场调查、国土调查		
分布	/	现场调查、国土调查	自然资源和规划局	调查期
结构	/	现场调查、国土调查		
等级	/	现场调查、国土调查		
水库单位库容的工程造价	元/m³		水利局、统计局、市场监督管理局	
水库单位库容的维护成本	元/m³			
环境工程降解成本	元/t	市场监测	生态环境局、统计局	调查期
水库清淤工程费用	元/m³		水利局、统计局	
水库总库容	m³		水利局	
实际蒸散量	mm/a			
日降水量	mm/d	气象监测	气象局	近10年
潜在蒸散量	mm/a			
潜热通量	W/m²			
生态系统调节温湿度消耗的总能量	kW·h/a	生态监测	自然资源和规划局、林业局	调查期
当地生活消费电价	元/(kW·h)	市场监测	地方电力部门	调查期

......

4.6.3 文化服务类生态产品

生态文化服务是人们从生态系统中获取的丰富精神生活、生态认知与体验、自然教育、休闲游憩和美学欣赏等体验性惠益。文化服务类生态产品调查是利用现代技术手段,对一定区域内以旅游资源为主的文化服务类生态产品开展调查,并进行价值核算、系统管理的过程。开展文化服务类生态产品调查有利于全面摸清文化服务类生态产品家底,为优化文化服务空间布局、科学编制发展规划提供基础依据;有利于加强文化服务类生态产品科学保护和合理开发,促进优质文化服务类生态产品价值转化;有利于向广大群众展示更多、更优、更具特色的文化产品,提升民族自豪感和认同感。

文化服务类生态产品调查主要以各类相关费用作为其重点调查内容。在文化服务类生态产品的具体调查过程中,需要考虑调查区域旅游地的门票收入、景观溢价等因素的影响。此外,还应注意旅游设施费用、交通费用、餐饮费用等其他相关费用。可通过旅游局文献资料收集和自然类旅游地、综合类旅游地调研活动,获得文化服务类生态产品的休闲娱乐、住宿交通、门票及游客支付意愿、游客满意度等情况(表 4-14)。由于生态产品具有鲜明的自然属性特征,对于重点文物保护单位、文化类遗产旅游地、非物质文化遗产旅游地等文化类旅游地不予调查。

表 4-14 文化服务类生态产品调查目录

类别	名称	门票费用	娱乐设施费用	住宿费用	游客支付意愿	游客满意度	……
自然类旅游地	地质公园	—	—	—	—	—	
	湿地公园	—	—	—	—	—	
	森林公园	—	—	—	—	—	
	风景名胜区	—	—	—	—	—	
	自然类遗产旅游地	—	—	—	—	—	
	城市公园	—	—	—	—	—	
	……						
综合类旅游地	A 级景区	—	—	—	—	—	
	旅游度假区	—	—	—	—	—	
	乡村旅游地	—	—	—	—	—	
	……						

第 5 章 生态产品调查结果

5.1 江阴市生态产品调查范围

江阴市生态产品调查采用内业和外业相结合的全面调查方法，调查期为1年。以最新的国土调查数据为基础，综合运用高分辨率航空航天遥感影像、全球导航卫星系统、地理信息系统等现代信息技术和遥感分析、信息提取、实地调查、统计分析等手段，形成包括报告成果、数据成果、信息系统成果与图件成果在内的主要成果。本次生态产品调查按照三大类生态产品开展：①物质供给类生态产品；②调节服务类生态产品；③文化服务类生态产品。生态产品调查范围为江阴全域。

5.1.1 物质供给类生态产品调查范围

物质供给类生态产品是生态系统通过生物生产以及与人工生产相结合的方式为人类提供的物质产品，具有满足人类物质供给需求、维持人们生命和健康需要的重要作用；主要调查种植业、林业、畜牧业、渔业等的类别、位置、产量、价格等，掌握其空间分布状况。

区域调查重点：江阴市特色农产品发展基础较好，调查过程中明确粮食、水果、水产品产量情况，同时，对"两品一标"农产品进行深度调查，对其产地环境、产品及产业发展现状与前景进行评价分析，掌握江阴市珍稀濒危植物现状。

5.1.2 调节服务类生态产品调查范围

调节服务类生态产品主要是从生态系统中获取的土壤保持、水源涵养、洪水调蓄、气候调节、空气净化、水质净化、固碳释氧等享受性惠益；主要调查能够提供调节服务的林地、草地、湿地、耕地、陆地水域、绿地与开敞空间等生态用地的位置、范围、面积、质量等，掌握其空间分布状况、质量等级差异、结构类型及占用修复情况等。

区域调查重点：结合长江保护工作，选取滨江公园、入江河道、废弃矿山修复工程、水源地修复、霞客湾作为重点区域，调查这些重点区域的生态修复情况；探究重点区域生态系统服务功能价值实现模式，为后续生态产品价值提升提供支撑。此外，采用现场勘测的方法，对湿地、耕地和林地的类型、面积、质量、权属及空间分布等情况也进行重点调查。

5.1.3 文化服务类生态产品调查范围

文化服务类生态产品主要是从生态系统中获取的丰富精神生活、生态认知与体验、自然教育、休闲游憩和美学欣赏等体验性惠益；主要调查 A 级景区、乡村旅游点、文博场所等的位置、范围、接待人数、门票收入等，以掌握其空间分布状况。

综上，根据生态产品可以提供的基本功能和由此形成的生态产品分类体系，开展生态产品调查工作，主要包括物质供给类生态产品调查、调节服务类生态产品调查和文化服务类生态产品调查三大类，每个大类下分多个子类，子类的具体类别可依调查样点实际情况而略有不同。

5.2 江阴市物质供给类生态产品调查

江阴市位于江苏省南部，北枕长江，南近太湖，地处太湖水网平原北侧、长江南部冲积平原地带，土地肥沃，气候属北亚热带季风性湿润气候，四季分明，光照充足，雨量丰沛，境内地势平缓，十分适合农林牧渔等产品的生产。

江阴市农产品十分丰富，包括粮食作物、油料、茶叶、水果等多种类别，自古以来便是"鱼米之乡"。其中，特色农产品更是享誉全国，华西村一年只种一季水稻，出产的华西大米米质优良，米香醇厚；顾山水蜜桃是顾山镇传统农业产业，桃体个大甜度高，年销售额超 1 亿元；璜土镇多个葡萄品种入选绿色食品，产品主要销售至长三角周边大中型城市；月城翠冠梨则以皮薄肉细腻、脆嫩爽口、甘甜多汁等特点远近闻名。江阴市林业资源丰富，优势树种较多，年绿化造林面积达 6261 亩，四旁绿化达 21 万株。就畜牧业而言，江阴市畜牧业畜牧饲养种类多样，畜牧产品广泛，2020 年江阴市猪肉、牛奶和禽蛋产量分别达到了 3938 t、3427 t 和 3418 t。此外，江阴市境内水网密布，北邻长江，渔业水产品资源种类多样，拥有"长江三鲜"、河蟹等众多特色渔业资源，年总产值达到 8.2 亿元。利用现场调查和资料收集等方法，对江阴市全域范围内物质供给类生态产品的产量、平均生产成本、平均销售成本、最高销售成本及最低销售成本等进行调查。

5.2.1 粮食资源

经调查发现，江阴市粮食生产总体产量较高，稻谷产量占主要粮食生产的绝大部分，且具有明显的空间差异。粮食生产主要集中于城区外围的乡镇，如徐霞客镇、祝塘镇、长泾镇；而处于中心城区的澄江街道及经济开发区所属的城东街道等区域粮食生产相对较少；制造业集聚的新桥镇粮食生产亦较少(图 5-1)。

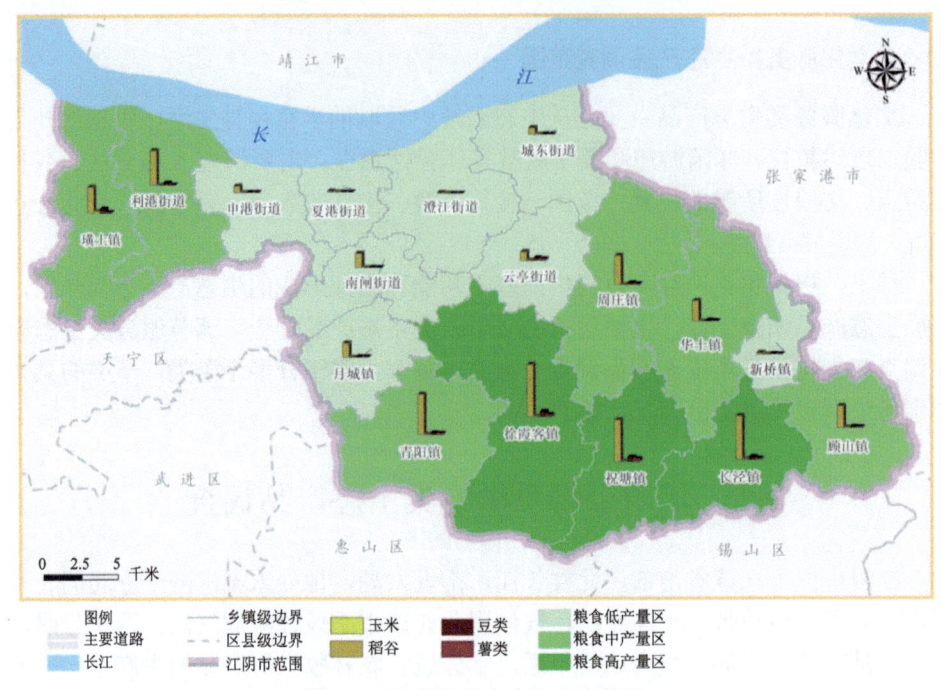

图 5-1　江阴市粮食生产分布情况

5.2.2　水果资源

水果生产方面，江阴市水果产量整体较高，主要集中在璜土镇、月城镇、徐霞客镇、顾山镇、夏港街道等地，形成了葡萄、翠冠梨、水蜜桃等区域优势产品，产品主要供应江阴市场，部分销往长三角其他地区(图 5-2)。

5.2.3　渔业资源

水产品生产方面，江阴市境内河流密布、水网密集，水产富饶，整体产量较高。2020 年江阴市水产养殖面积为 53 700 亩，其中常规鱼类养殖面积占 62.63%，河豚等特种水产养殖面积占 37.37%，形成了以常规鱼类养殖为主，河豚、鲥鱼等地方特色水产养殖为辅的渔业生产格局。在空间分布上，总体渔业生产主要集中于南部的徐霞客镇、青阳镇、祝塘镇，西部的利港街道、璜土镇等部分沿江地区也较为集中(图 5-3)。

其中，在鲥鱼养殖方面，全市工厂化鲥鱼养殖总面积为 64 819 m^2。2020 年，全市鲥鱼存塘量约 30 万尾，年产量约 9 万 kg，总产值突破 2000 万元。在河豚工厂化养殖方面，江阴年繁殖河豚 300 万尾，年生产商品河豚 6 万斤[①]以上。江阴

---

① 斤为非法定计量单位，1 斤=500 g。

第5章 生态产品调查结果

图 5-2 江阴市水果面积和产量

图 5-3 江阴市水产品面积和产量

市申港三鲜养殖有限公司作为江阴市重要的水产科技型民营企业,积极实施包括河豚、鲥鱼、刀鱼等长江名贵水产的繁育与养殖,现有养殖面积1500多亩,并连续近二十年向长江放流河豚鱼种苗达1800万尾,为恢复和保护长江生态及鱼类资源做出了重要贡献。

5.2.4 "两品一标"农产品

"两品一标"产品兼具农产品安全和高品质特性,是推进质量兴农、绿色兴农、品牌强农及实施乡村振兴的重要抓手。随着生产力的高度发展,人们物质生活水平逐渐改善,对于以"两品一标"为代表的高质量物质产品的需求也越来越大。近年来,江阴市依托优越的自然和社会经济条件,大力发展"两品一标"农产品,打造了一大批市场竞争力强和知名度高的农产品,如华西大米、顾山水蜜桃、璜土镇葡萄、月城翠冠梨等。就"两品一标"农产品数量分布而言,徐霞客镇拥有的数量最多,璜土镇、月城镇、祝塘镇、华士镇、顾山镇等也有较多分布(图5-4)。

图 5-4 江阴市"两品一标"农产品分布情况

以江阴故乡情果业专业合作社、鹏程绿色食品、江阴市双泾兴农葡萄专业合作社等为代表的一批规模大、效益高的农业生产基地,同样极大地推动了农业增效和农民增收。以江阴市双泾兴农葡萄专业合作社为例,其位于月城镇双泾村葡萄园，水果生产基地总面积达 1200 多亩，主要品种有葡萄、油桃、梨等，年产各类水果近 1800 t，产值近 2000 万元，果农净收益近 1000 万元。合作社"双泾"牌夏黑、藤稔、巨峰、京亚 4 个葡萄品种于 2007 年 11 月通过"绿色食品"认证，目前共有绿色食品葡萄种植面积 800 亩，年产绿色食品葡萄 1300 t，产品直销长三角周边大中城市，销售均价比普通葡萄高 20%左右，亩均效益比普通葡萄高 15%左右，极大地推动了农业的高质量发展。

5.2.5 珍稀濒危植物资源

江阴市为典型的北亚热带地区，该区分布的珍稀濒危保护植物绝大部分种类的分布都局限于华东地区。由于江阴市丘陵地带范围广，开发历史较早，其地带性植被因农田耕作、城市发展建设等干扰被破坏，完整性和代表性也遭到严重的破坏。近些年来，随着森林公园、自然保护区、风景名胜区等的建立，包括丘陵地区的森林植被渐渐得到恢复。但多数珍稀濒危植物仍分布较散，且数量较少。参考《国家重点保护野生植物名录(第一批)》和《中国植物红皮书》，调查确定江阴市现有珍稀濒危植物 16 种(表 5-1)，隶属于 13 科、15 属。其中，中国稀有种 10 种，渐危种 6 种；4 种为国家Ⅰ级保护植物，11 种为国家Ⅱ级保护植物。4 种国家Ⅰ级保护植物均为栽培种，银杏和水杉多作为道路的行道树，黄山湖公园和徐霞客公园也有少量栽培，生长状况良好；苏铁在澄江西路、五星路、衡山路等道路绿化中有少量栽培，生长状况一般。国家Ⅱ级保护植物中樟树是定山、黄山和敔山等地的主要乔木，数量众多，生长状况良好。此外，樟也是江阴市各道路的主要行道树。榉树和鹅掌楸在黄山湖公园、君山公园、徐霞客公园及各道路旁都有栽培，且长势良好。胡桃等其他国家Ⅱ级保护植物和青檀只在定山、黄山和敔山少量出现，但长势较差。

表 5-1 江阴市珍稀濒危植物现状

种名	科名	濒危程度	保护级别
苏铁*	苏铁科	渐危	Ⅰ
银杏*	银杏科	渐危	Ⅰ
水杉*	杉科	稀有	Ⅰ
南方红豆杉*	红豆杉科	稀有	Ⅰ
樟	樟科	稀有	Ⅱ
天竺桂	樟科	稀有	Ⅱ
乐昌含笑	木兰科	稀有	Ⅱ
鹅掌楸	木兰科	稀有	Ⅱ
中华猕猴桃	猕猴桃科	渐危	Ⅱ

续表

种名	科名	濒危程度	保护级别
五味子	五味子科	渐危	II
青檀	榆科	稀有	无
榉树	榆科	稀有	II
莲	睡莲科	渐危	II
秤锤树*	安息香科	稀有	II
野菱	菱科	稀有	II
胡桃	胡桃科	渐危	II

注：*为栽培植物。

5.3 江阴市调节服务类生态产品调查

不同区域、不同类型生态系统的结构、功能和过程迥异，调节服务类功能与各土地利用类型之间存在一定的对应关系。人类能够从湿地、耕地、园地、林地、草地、绿地与开敞空间、陆地水域等生态用地中获取包括土壤保持、水源涵养、洪水调蓄、气候调节、空气净化、水质净化、固碳释氧、噪声消减等在内的功能性惠益。通过调查不同类型生态用地的结构、规模、质量、等级及空间分布特征等，可以明确其基本属性，同时，对不同类型生态用地的功能参数进行调查，可以明确各调节服务类生态产品的发展状态和服务能力差异。

"三区三线"作为重要的国土空间规划划定概念，对于城市发展、生态保护、农业发展等具有重要意义。"三区"是指城镇空间、农业空间、生态空间三种类型的国土空间。"三线"分别对应在城镇空间、农业空间、生态空间划定的城镇开发边界、永久基本农田、生态保护红线三条控制线。不同调节服务类生态产品与"三区三线"的范围分布关系，也是重要的调查内容。

5.3.1 湿地调查

由外业调查成果和江阴市自然资源和规划局（林业局）长期监测数据可以得知，江阴市湿地面积约为332.1 hm^2，约占土地总面积的0.34%，在类型上全部为内陆滩涂，主要位于江阴西北角和东北角，长江江阴段沿岸，属于沿江湿地。就空间分布而言，湿地绝大部分位于江阴市北部沿江的璜土镇、利港街道和城东街道（图5-5），三者湿地面积约占江阴市湿地总面积的98%以上，所占比例分别为63.18%、20.52%、14.68%，内陆滩涂面积分别为209.84 hm^2、68.14 hm^2、48.76 hm^2，各乡镇（街道）湿地面积统计情况见表5-2。

第5章 生态产品调查结果

图 5-5 江阴市湿地分布情况

表 5-2 江阴市湿地分类分布情况表

行政区	内陆滩涂/hm²	比例/%
璜土镇	209.84	63.18
利港街道	68.14	20.52
城东街道	48.76	14.68
青阳镇	1.78	0.54
徐霞客镇	1.61	0.48
申港街道	1.28	0.39
南闸街道	0.26	0.08
祝塘镇	0.22	0.07
顾山镇	0.21	0.06
合计	332.1	100

江阴湿地类型为内陆滩涂，可为芦苇群落恢复、水生植被重建供应必需的种苗，进而为江阴湿地保护与恢复提供了厚实的基础和素材。现有湿地高等植物242种，隶属32科128属。湿地植被共有5个植被型组，11个植被型，74个群系，芦苇、菰、竹叶眼子菜、苦草、黑藻、菹草、荇菜和菱等是地带性湿地优势种。

经过多年来的收集和培育，江阴多家企业已建成水生植物种源基地，且已经向全国市场供应种苗和种子。

江阴市丰富的天然湿地环境也为鸟类、鱼类提供了丰富的食物和良好的生存繁衍空间，湿地野生动物资源丰富。经调查，江阴市湿地鸟类共有43种，隶属于12目，其中雀形目种类最多，其次是雁形目与鸥形目的鸟类。国家重点保护鸟类有7种，其中Ⅰ级保护鸟类2种，分别是白鹳与黑鹳；Ⅱ级保护种类5种，分别是鸳鸯、鸢、雀鹰、白尾鹞、燕隼；省级保护鸟类有9种，分别是红头潜鸭、鹌鹑、灰胸竹鸡、四声杜鹃、大杜鹃、小杜鹃、喜鹊、画眉、大山雀。省内非国家重点保护湿地鸟类中，雀形目鸟类的数量较多，夏候鸟中以鹭科种群数量占优势，冬候鸟中以鸭科鸟类占优势。

从权属性质上看，江阴市湿地权属共有国有土地所有权、国有土地使用权和集体土地所有权三类，其中以国有土地使用权为主要权属类型，该类型湿地面积占比高达95.30%（图5-6）。具体来看，国有土地所有权湿地面积为10.08 hm²、国有土地使用权湿地面积为307.7 hm²、集体土地所有权湿地面积则为4.32 hm²，集体土地所有权湿地占比最小，仅为1.43%。从空间底线管控方面来看，江阴市湿地绝大多数位于城镇开发边界以外，仅有2.89 hm²的湿地位于城镇开发边界内；

图 5-6 江阴市湿地权属性质

有 49.71 hm² 的湿地位于生态保护红线内，主要处于长江江阴段；江阴市湿地均不是永久基本农田。

5.3.2 耕地调查

耕地是指以种植农作物(含蔬菜)为主，间有零星果树、桑树或其他树木的土地，对农业生产及生态安全具有重要的基础作用。耕地具有生产农作物、蓄水、固碳释氧、净化大气和保持水土等生态服务功能，为江阴生态改善提供重要保障，并且对于江阴市水源涵养、土壤保持等生态调节服务功能的正常发挥具有重要的基础作用。由外业调查成果和江阴市自然资源和规划局(林业局)长期监测数据可以得知，江阴市耕地资源较为丰富，总面积约为 25 048.67 hm²，其中以水田为主，占耕地总面积的 64.77%，分布范围主要在江阴南部和西北部；水浇地面积为 7950.7 hm²，占耕地总面积的 31.74%，主要分布在华士镇、周庄镇、徐霞客镇、璜土镇等镇及城郊区域(图 5-7)；旱地相对较少，仅占耕地总面积的 3.49%。

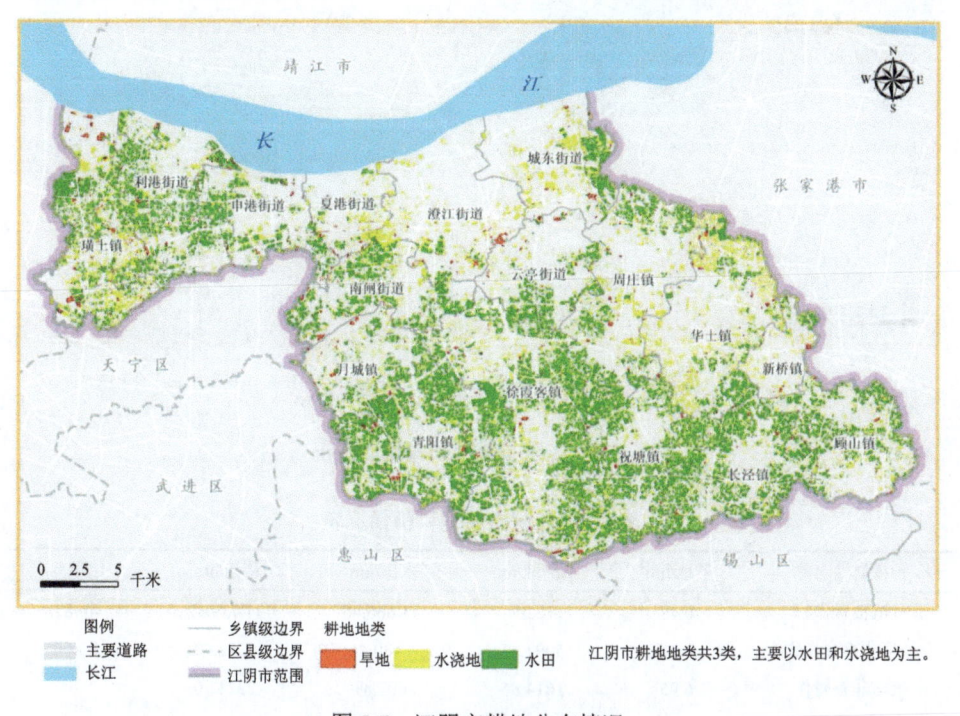

图 5-7 江阴市耕地分布情况

从耕地权属性质来看，江阴市耕地权属性质以集体土地所有权为主，占地 24 038.68 hm²，占全部耕地的 95.97%；面积占比 4.03% 的耕地为国有土地使用权性质；国有土地所有权性质的一块地类，分布在祝塘镇，占地 2031 m²。

从耕地质量等级来看，江阴市耕地质量等级总体水平较高，全部为高等地，并且以6等地为主，少量5等地分布在有障碍层白土层及低山丘陵地貌的璜土镇、利港街道等镇(街道)境内及部分灌排条件相对一般的镇(街道)境内(图 5-8)。耕地中种植粮食作物的面积为 11 739.32 hm², 占耕地总量的46.87%，地类以水田为主；种植非粮食作物的面积为 9182.40 hm², 占耕地的36.66%，以水浇地为主，多分布在城镇近郊，以种植蔬菜为主；粮与非粮轮作及未耕种的面积占比分别为8.88%和7.59%，旱地绝大部分为未耕种与粮与非粮轮作状态(表 5-3)。

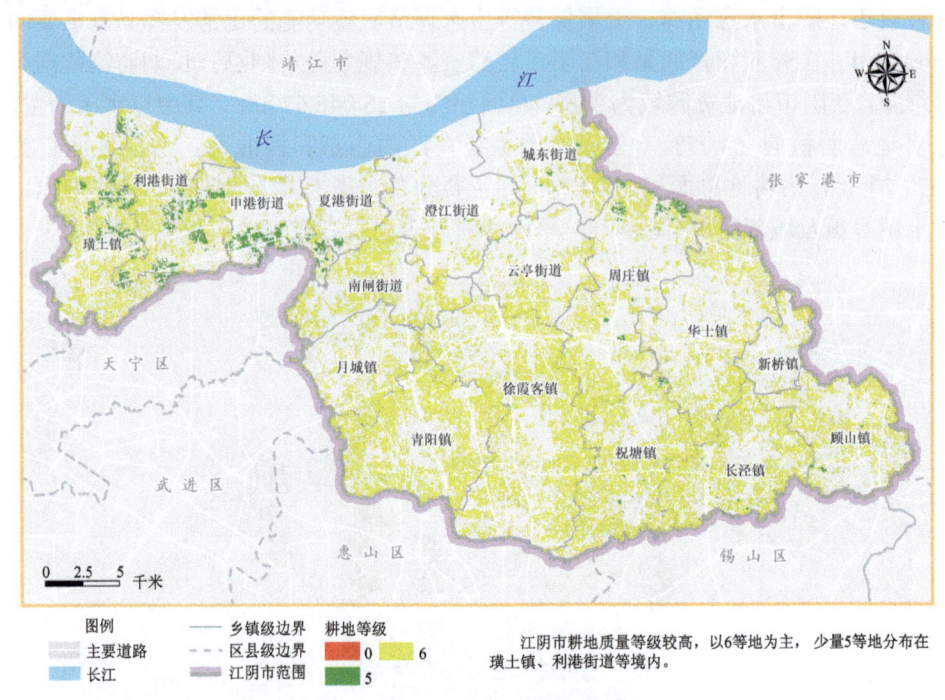

图 5-8 江阴市耕地质量分布情况

表 5-3 江阴市耕地种植情况表

种植属性名称	旱地/hm²	水浇地/hm²	水田/hm²	总计/hm²	比重/%
种植粮食作物	0.48	72.38	11 666.46	11 739.32	46.87
种植非粮食作物	4.57	5997.37	3180.46	9182.40	36.66
粮与非粮轮作	6.95	1614.86	602.89	2224.70	8.88
未耕种	862.64	266.09	773.52	1902.25	7.59
总计	874.64	7950.70	16 223.33	25 048.67	100

从耕地土壤类型上看，江阴市耕地土壤类型以水稻土为主，水稻土面积达61.48万亩。江阴北部沿江一带为潮土和渗育型水稻土，由长江泥沙冲积沉积母质

发育而成，以砂质为主。西南部和东南部为脱潜型水稻土，由湖积母质发育而成，黏性较强。中部为漂洗型水稻土和潴育型水稻土，由黄土状母质发育而成(图5-9)。从土壤质地分布(图5-10)来看，江阴市耕地分布有75.03%的黏土与24.97%的壤土。黏土是含砂粒很少、有黏性的土壤，水分不容易从中通过而具有较好的可塑性。而壤土指土壤颗粒组成中黏粒、粉粒、砂粒含量适中的土壤，颗粒大小在0.2~0.02 mm；其质地介于黏土和砂土之间，兼有黏土和砂土的优点，通气透水、保水保温性能都较好，耐旱耐涝，抗逆性强，适种性广，适耕期长，易培育成高产稳产土壤，也是较理想的农业土壤。

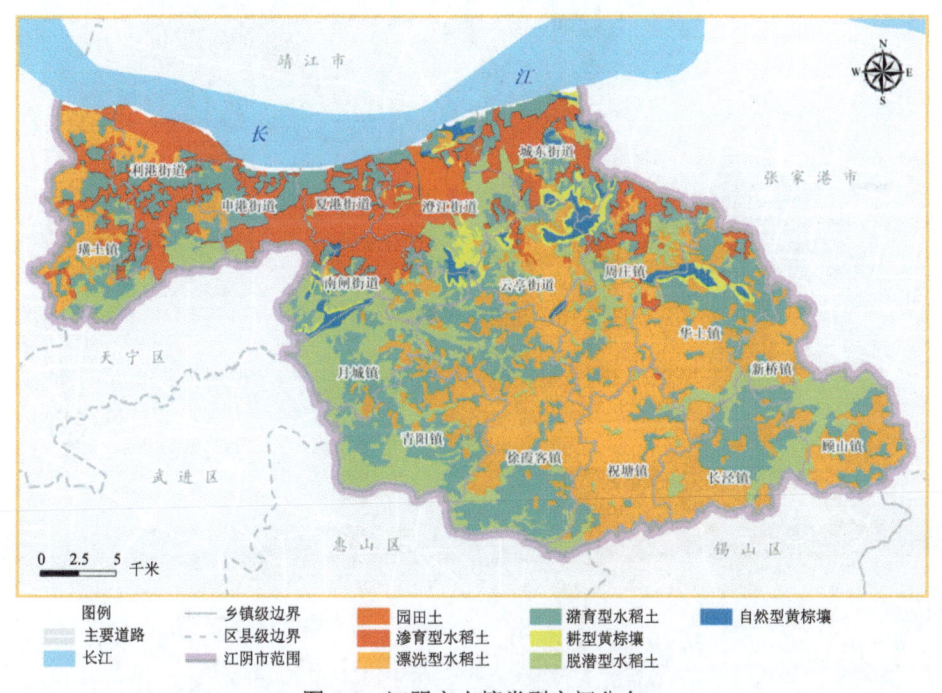

图 5-9　江阴市土壤类型空间分布

从耕地坡度级别来看，江阴市地势普遍平坦；坡度级别不同，对耕地利用的影响不同。85.31%的耕地坡度≤2°，占地面积为21 369.57 hm^2，这意味着江阴市80%以上的耕地基本没有出现水土流失现象，水土流失潜在风险较低；12.98%的耕地坡度在 2°~6°，会发生轻度土壤侵蚀，需要注意水土保持；1.65%的耕地坡度在 6°~15°，可发生中度水土流失，应采取修筑梯田、等高种植措施，加强水土保持；坡度为15°~25°的耕地水土流失严重，必须采取工程、生物等综合措施防治水土流失，该等级坡度耕地在江阴市占 0.04%；有 0.02%的耕地坡度>25°，为《中华人民共和国水土保持法》规定的开荒限制坡度，即不准开荒种植农作物，已经开垦为耕地的，要逐步退耕还林还草(图5-11)。

图 5-10 江阴市土壤质地分布

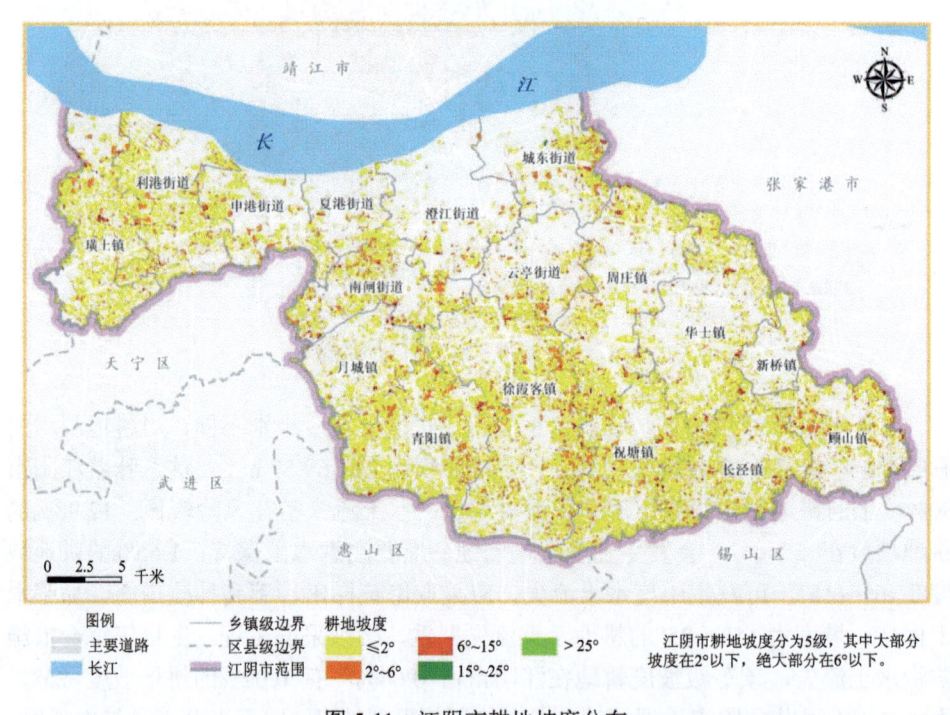

图 5-11 江阴市耕地坡度分布

从耕地土壤 pH（图 5-12）来看，江阴市耕地土壤以偏酸性土壤为主。土壤 pH 环境会直接影响土壤养分的有效性，对作物的生长发育有重要影响。中性土壤养分有效性最高，对肥料利用率最大，pH 范围在 6.5～7.5 之间；江阴市耕地土壤 pH 环境一般。

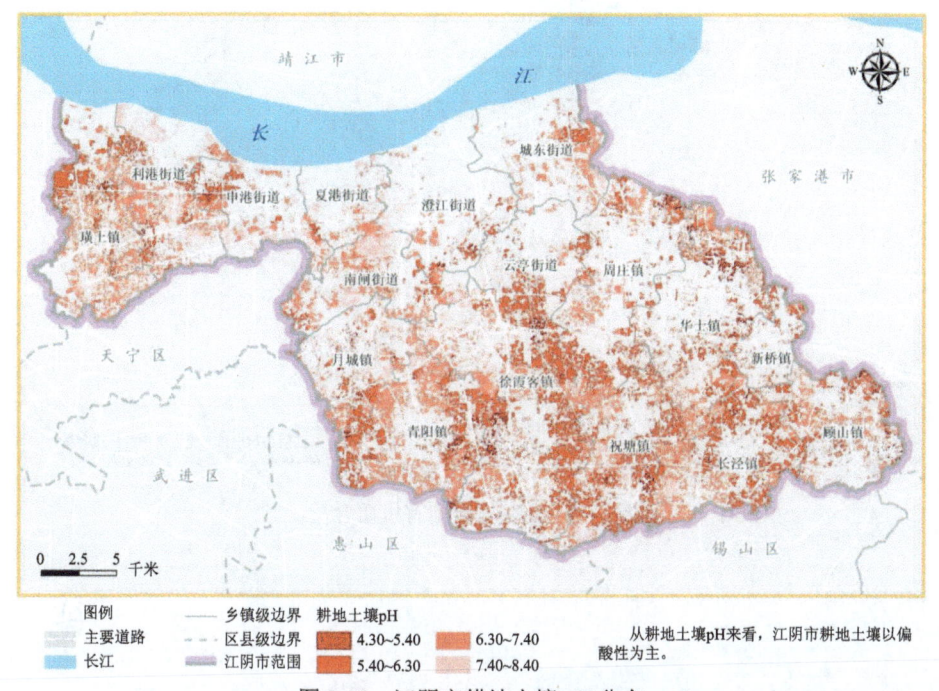

图 5-12 江阴市耕地土壤 pH 分布

有机质可以改善黏性土壤的黏着性，减小农作物耕作中的阻力，大幅度提高耕作的质量和效率。江阴市 80%的耕地有机质含量大于 25.00 g/kg，50%的耕地有机质含量在 25.00～31.70 g/kg（图 5-13）。此外，耕地主要位于城市开发边界以外（87.51%）、生态保护红线以外（99.97%）（图 5-14）。

5.3.3 园地调查

园地是指种植以采集果、叶、根、茎、汁等为主的集约经营的多年生木本和草本作物，覆盖度大于 50%或每亩株数大于合理株数 70%的土地。园地对于水源涵养、土壤保持、防风固沙等生态调节服务功能的正常发挥具有重要的基础作用。由外业调查成果和江阴市自然资源和规划局（林业局）长期监测数据可以得知，江阴市园地共计 3470.45 hm^2，园地面积占江阴市土地总面积的 3.52%，且分布较为集中，其中位于江阴市南部的月城镇园地占比为全市最高；南部的徐霞客镇和西部的璜土镇园地所占比重也较高，均在 10%以上，如图 5-15 所示。

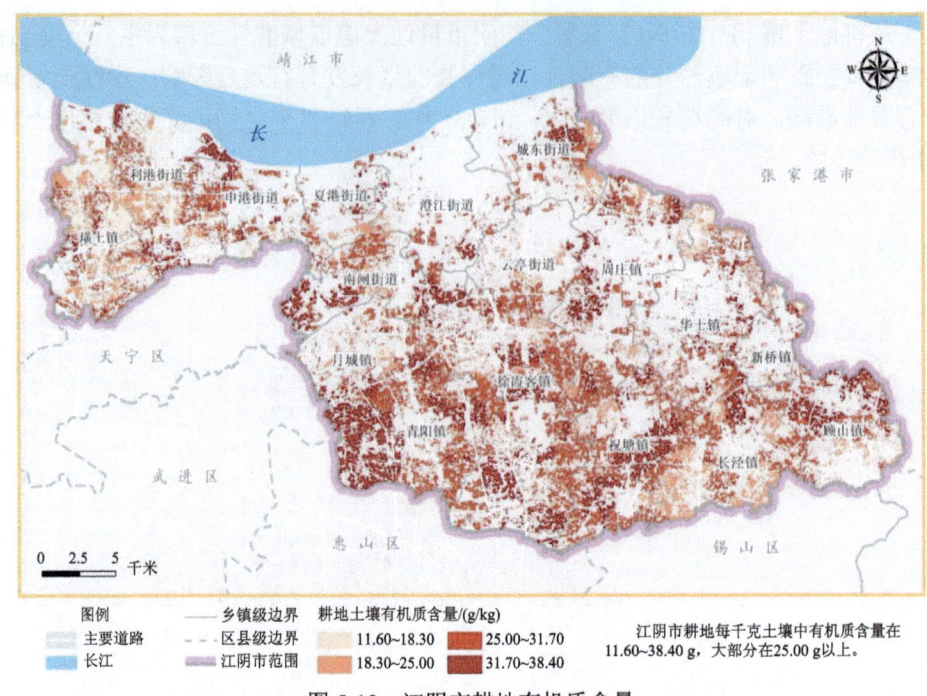

图 5-13　江阴市耕地有机质含量

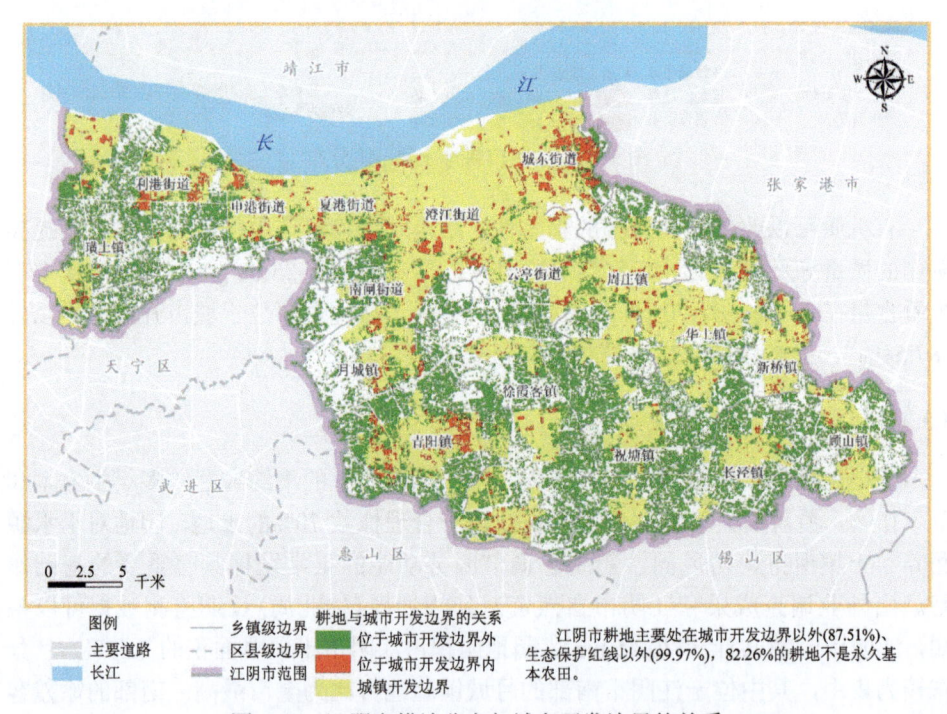

图 5-14　江阴市耕地分布与城市开发边界的关系

第 5 章　生态产品调查结果

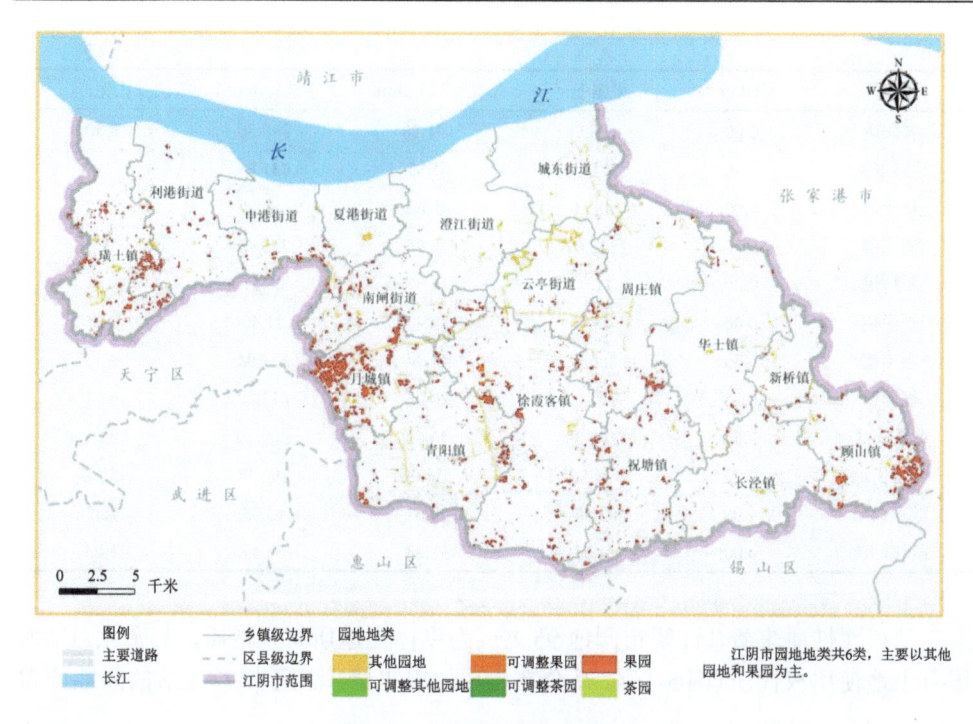

图 5-15　江阴市园地分布情况

虽然江阴市园地面积占江阴市土地总面积的比例较低，但其在国民经济发展和生态环境提升中占有重要地位。除了具有重要的生态环境功能外，园地还具有较高的经济效益，单位面积的园地种植的作物所创造的经济价值相对更高，其也是耕地补充潜力的重要来源之一。江阴市园地类型以果园为主，面积为 2505.05 hm²，占园地面积的 72.18%，主要集中在月城镇西部、顾山镇东南部、璜土镇南部，主要种植葡萄、梨、水蜜桃等水果。其他园地面积为 946.87 hm²，占园地面积的 27.28%，分布相对集中在山地丘陵地带，主要为特殊作物种植园。茶园相对较少，占园地面积的 0.53%，绝大部分分布在南闸街道和城东街道，如表 5-4 所示。

表 5-4　江阴市园地种植情况表

行政区	茶园/hm²	果园/hm²	其他园地/hm²	总计/hm²	比例/%
璜土镇	0.00	310.46	50.34	360.80	10.40
利港街道	0.00	81.53	22.55	104.08	3.00
申港街道	0.00	74.75	42.14	116.89	3.37
夏港街道	0.00	2.12	25.63	27.75	0.80
月城镇	0.00	567.91	67.35	635.26	18.30

续表

行政区	茶园/hm²	果园/hm²	其他园地/hm²	总计/hm²	比例/%
青阳镇	0.00	166.98	141.88	308.86	8.90
徐霞客镇	0.00	370.02	61.87	431.89	12.44
华士镇	0.00	48.70	45.62	94.32	2.72
周庄镇	0.00	142.07	88.66	230.73	6.65
新桥镇	0.00	11.94	16.37	28.31	0.82
长泾镇	0.00	43.00	38.40	81.40	2.35
顾山镇	0.00	286.00	48.94	334.94	9.65
祝塘镇	0.25	192.60	20.25	213.10	6.14
南闸街道	8.38	164.39	36.43	209.20	6.03
云亭街道	0.82	34.36	158.00	193.18	5.57
城东街道	9.08	3.64	50.61	63.33	1.82
澄江街道	0.00	4.58	31.83	36.41	1.05

从权属性质来看，江阴市园地95.79%为集体土地所有权性质，其余4.21%为国有土地使用权性质（图5-16）。从分布占用情况来看，江阴市72.02%的园地分布

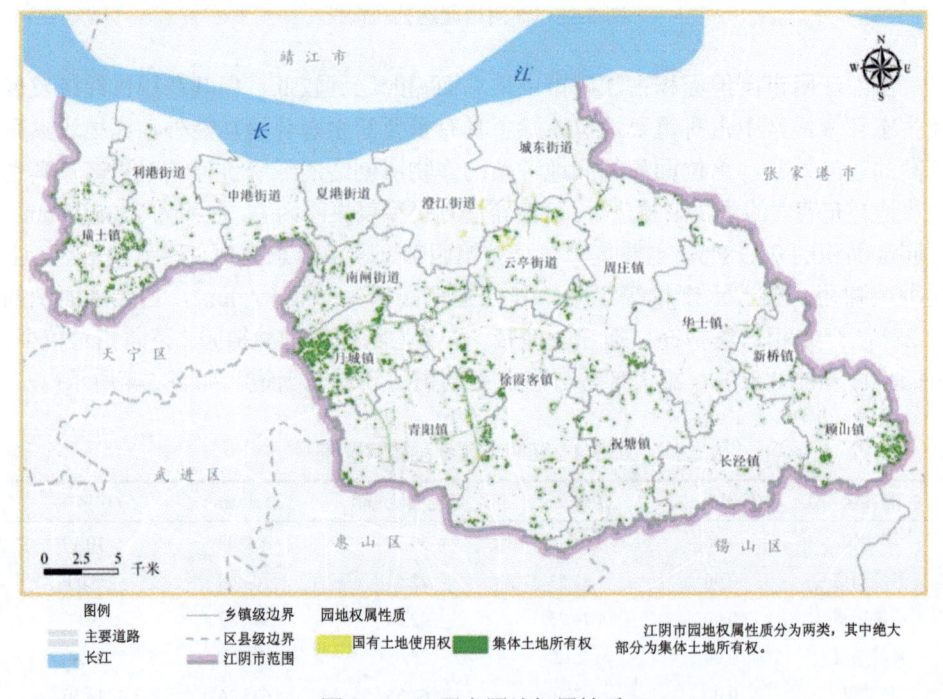

图5-16　江阴市园地权属性质

在城市开发边界以外，27.98%的园地分布在城市开发边界以内；99.38%的园地处于生态保护红线以外，仅 0.62%的园地分布在生态保护红线以内；98.65%的园地并不占用永久基本农田，与城市空间、生态空间、农业空间保护不存在矛盾。

5.3.4 林地调查

林地是指生长乔木、竹类、灌木的土地，及沿海生长红树林的土地，包括迹地等土地类型，具有调节大气碳氧平衡等重要的生态功能。林地主要有涵养水源、保育土壤、固碳释氧、积累营养物质、净化大气环境等功能。林地为江阴生态改善提供了重要保障，并且对于江阴市固碳释氧、改善环境、土壤保持等生态调节服务功能的正常发挥有重要的基础作用。

由外业调查成果和江阴市自然资源和规划局（林业局）长期监测数据可以得知，江阴市林地面积约 10 611.04 hm^2，森林覆盖率为 20.28%，林木覆盖率为 24.65%。总体而言，江阴市林地以其他林地和乔木林地为主。从空间分布（图 5-17）来看，江阴市林地面积以徐霞客镇最多，所占比重为 15.96%，华士镇、云亭街道林地所占比重也较高，均在 8%以上，位于江阴中东部；周庄镇占比为 7.36%，位于江阴东北部。林地总体分布较为分散、局部相对集中，山地丘陵地带、霞客大道与 G2 高速之间、新桥镇与长泾镇交界处等的林地分布较为集中。

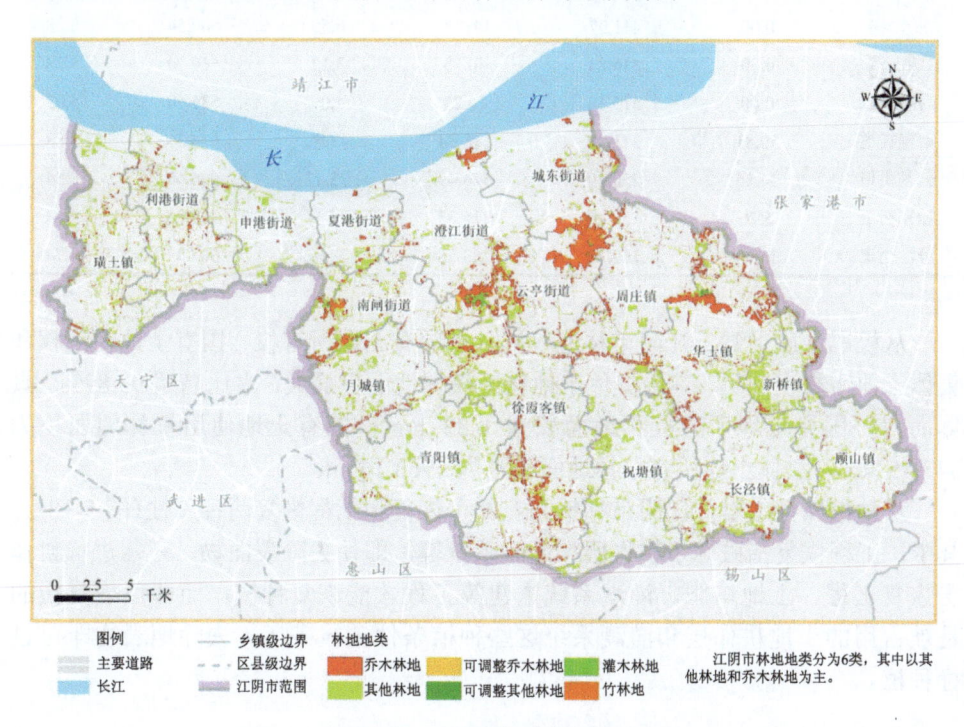

图 5-17 江阴市林地分布情况

从种类上看，江阴市林地中其他林地面积为 6823.03 hm², 占林地总面积的 64.30%；乔木林地面积为 3362.97 hm², 占 31.69%。乔木林地主要分布在江阴要塞森林公园、绮山森林公园、华西公园、丁果湖湿地公园、定山等地；灌木林地和竹林地相对较少，其中竹林地为 303.88 hm², 灌木林地为 121.15 hm², 分别占林地的 2.86%、1.14%(表 5-5)。

表 5-5 江阴市林地分类分布情况表

行政区	灌木林地/hm²	其他林地/hm²	乔木林地/hm²	竹林地/hm²	总计/hm²	比例/%
璜土镇	0.61	476.30	101.34	6.06	584.31	5.51
利港街道	0.00	392.99	129.15	2.30	524.44	4.94
申港街道	2.36	298.99	46.64	1.04	349.03	3.29
夏港街道	0.00	153.27	40.10	0.00	193.37	1.82
月城镇	8.80	287.96	83.88	1.45	382.09	3.60
青阳镇	0.00	465.59	37.92	3.14	506.65	4.77
徐霞客镇	3.53	1128.30	554.18	7.67	1693.68	15.96
华士镇	0.00	499.47	514.49	3.74	1017.70	9.59
周庄镇	0.00	410.93	349.89	20.47	781.29	7.36
新桥镇	0.00	381.08	36.68	0.72	418.48	3.94
长泾镇	0.00	411.97	141.98	6.59	560.54	5.28
顾山镇	0.00	516.83	40.75	3.12	560.70	5.28
祝塘镇	0.00	515.18	16.23	4.09	535.50	5.05
南闸街道	50.81	311.58	218.34	43.58	624.31	5.88
云亭街道	34.15	250.49	546.49	75.47	906.60	8.54
城东街道	5.76	152.40	215.33	96.37	469.86	4.43
澄江街道	15.13	169.70	289.58	28.07	502.48	4.74

从权属性质上看，江阴市林地权属共有国有土地所有权、国有土地使用权和集体土地所有权三类，其中集体土地使用权林地面积最大，占比高达 93.89%。具体而言，国有土地所有权林地面积为 0.33 hm², 国有土地使用权林地面积为 647.55 hm², 集体土地所有权林地面积则为 9963.16 hm²。

从种植属性上看，江阴市林地共有即可恢复和工程恢复两种属性(图 5-18)。其中，工程恢复指破坏了耕作层和灌溉系统等，即使去除表面物，还需进行耕作层恢复工程、土地培肥、灌溉系统重建等工程才能恢复种植；而即可恢复指的是被占用的土地耕作层和灌溉系统这些种植条件未被破坏，去除地表物即可进行种植。

图 5-18 江阴市林地种植属性分布

从森林林种上看，江阴市防护林、特用林、用材林、经济林、薪炭林分别占总面积的 20.80%、31.00%、43.75%、4.43%、0.02%，具体面积分别为 2514.08 hm²、3747.29 hm²、5287.75 hm²、535.24 hm²、2.76 hm²。防护林、特用林、用材林、经济林、薪炭林的蓄积分别占 22.79%、32.7%、44.12%、0.39%、0%，具体蓄积量分别为 3747.29 m³、209 002 m³、281 945 m³、2414 m³、0 m³（表 5-6）。

表 5-6 江阴市各类林种面积和蓄积统计表

林种	森林资源总量 面积/hm²	森林资源总量 蓄积/m³	防护林 面积/hm²	防护林 蓄积/m³	特用林 面积/hm²	特用林 蓄积/m³	用材林 面积/hm²	用材林 蓄积/m³	经济林 面积/hm²	经济林 蓄积/m³	薪炭林 面积/hm²	薪炭林 蓄积/m³
合计	12 087.13	639 012	2514.08	3747.29	3747.29	209 002	5287.75	281 945	535.25	2414	2.76	0
比例/%	100	100	20.80	22.79	31.00	32.7	43.75	44.12	4.43	0.39	0.02	0

在各优势树种(组)方面，阔叶类为江阴市森林的优势树种(组)，占 53.68%，其次为香樟占 19.93%，杨树占 5.4%，杉木占 5.12%，桃、梨等果树占 3%，毛竹占 2.33%，其他果树占 2.19%，杂灌占 2.09%，国外松占 1.49%，针叶混交林占 1.37%，银杏、板栗等占 1.3%，桂花占 1.1%，水杉类占 1%。林地龄组反映了森

林的整体年龄结构，是了解林地现状的重要内容。从龄组结构上看，江阴市森林龄组呈现年轻化的特点，以幼龄林和中龄林为主，其中幼龄林一般为杨树、柳树等树木年龄在5年以下，杉木在10年以下；中龄林一般为杨树、柳树等树木年龄在6~10年，杉木在10~20年。幼龄株和中龄林分别占总面积的39%和51.96%。此外，近熟林占4.91%、成熟林占4.02%、过熟林占0.11%。

在公益林方面，江阴市公益林以一般公益林为主，共有5165.19 hm²，占公益林面积的比例为69.56%；其次为省级公益林，共计2126.09 hm²，占公益林面积的比例为28.64%；国家级公益林133.98 hm²，占公益林面积的比例为1.8%。生态公益林蓄积量共计387 708.19 m³，占全市总蓄积量的57.57%。按照地类分，公益林以乔木林地为主，占74.73%，其次为竹林地，占4.59%，灌木林地占3.64%，宜林地占1.11%，疏林地占0.09%（表5-7）。

表5-7 江阴市生态公益林各地类面积统计表

面积	生态公益林	乔木林地	竹林地	疏林地	灌木林地	苗圃地	无立木林地	宜林地
面积/hm²	7425.71	5549.27	341.11	7.05	270.2	8.61	1167.15	82.32
比例/%	100	74.73	4.59	0.09	3.64	0.12	15.72	1.11

从空间底线管控上看，江阴市林地大多数位于生态保护红线和城镇开发边界以外，仅有95.34 hm²的林地位于生态保护红线内，2102.05 hm²的林地位于城镇开发边界内。从郁闭度上看，除了部分地块郁闭度缺失外，江阴市林地郁闭度在数值上分布整体较为均匀（图5-19），郁闭度具体数值主要为0.3、0.5、0.6、0.8，其面积分别为1474.26 hm²、1761.77 hm²、2738.71 hm²、1317.93 hm²。在空间分布上，植被覆盖度较高的林地主要分布于江阴要塞森林公园、绮山森林公园、华西公园、定山等地，整体分布较为分散。

从林地分布的地貌特点上看，江阴市地势整体相对平坦，以平原地形为主，境内有少量丘陵分布，位于丘陵附近的林地坡度相对较大、坡向和坡位也更为复杂。①坡向：江阴市林地坡向大多数为无坡向，面积约9406.89 hm²，占林地总面积的88.65%。剩余林地在其他各个方向上均有分布，且在数值上分布较为均匀。在空间分布上，有坡向的林地主要分布于江阴市中部的绮山森林公园、华西公园、敔山湾公园、定山、秦望山等地，以及北部的江阴要塞森林公园，整体分布较为分散。具体来看，坡向朝北的有233.4 hm²，朝东北的有90.06 hm²，朝东的有139.45 hm²，朝东南的有91.47 hm²，朝南的有216.2 hm²，朝西南的有88.17 hm²，朝西的有268.55 hm²，朝西北的有76.85 hm²。②坡位：江阴市林地坡位以平地为主，面积约为9353.39 hm²，占林地总面积的88.15%；其余部分在各个坡位均有分布，其中上坡位的面积约223.02 hm²，中坡位的面积约430.49 hm²，下坡位的面积约604.14 hm²。

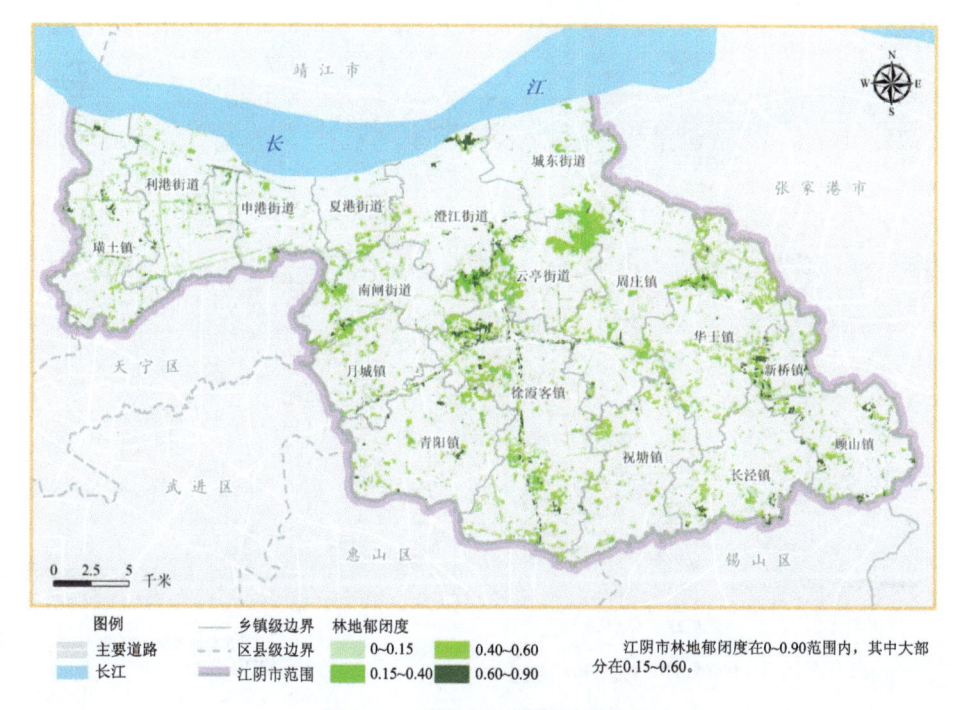

图 5-19 江阴市林地郁闭度分布

③坡度：江阴市林地所处的地势整体较为平缓，坡度大部分小于或等于 6°，面积约 9816.20 hm^2，占林地总面积的 92.51%，其中坡度在 2°～6° 的面积占林地总面积的 74.51%；坡度较大的林地主要分布于境内的丘陵附近，即江阴市中部地区，包括敔山湾公园、江阴要塞森林公园、定山、绮山、华西公园等地，分布比较分散，其中坡度在 6°～15° 的面积约 326.26 hm^2；坡度在 15°～25° 的面积约 426.82 hm^2；坡度大于 25° 的面积约 41.76 hm^2（图 5-20）。

5.3.5 草地调查

草地是指生长草本植物为主的土地，主要包括天然牧草地、沼泽草地、人工牧草地和其他草地等土地利用类型，具有保持水土、美化环境等重要的生态功能。此外，草地对于维持大气组分、美化环境、保持土壤等生态调节服务功能的正常发挥具有重要的基础作用。由外业调查成果和江阴市自然资源和规划局(林业局)长期监测数据可以得知，江阴市草地面积共 1348.85 hm^2，分类仅有其他草地（图 5-21）。其中，澄江街道、城东街道所占比重较高，均在 10% 以上，位于江阴市市区及市区东侧。

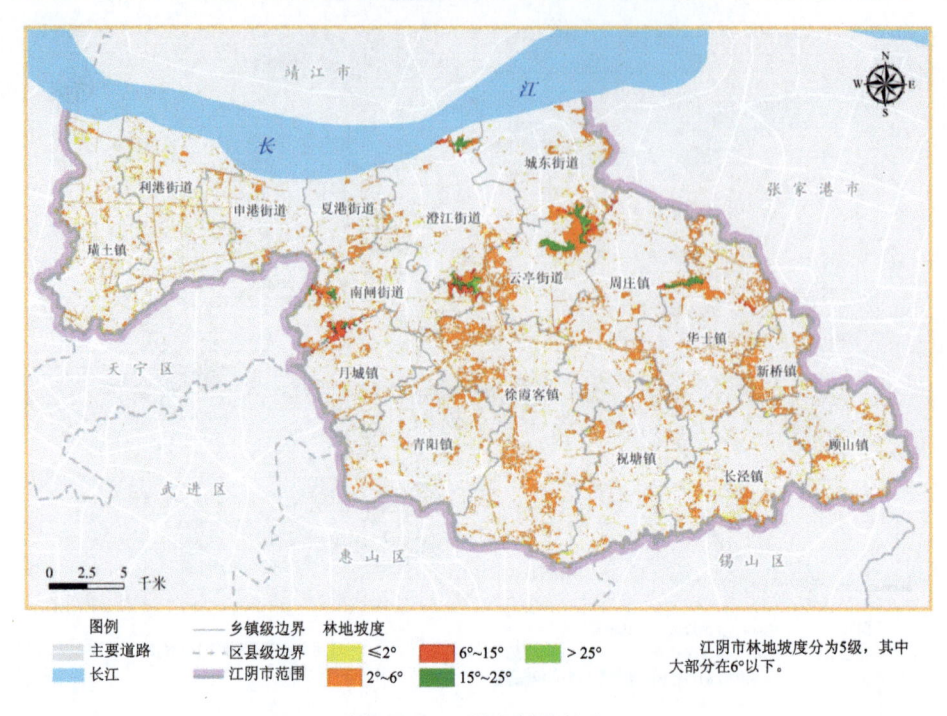

图 5-20　江阴市林地坡度

图 5-21　江阴市草地分布情况

从权属性质上看，江阴市草地权属共有国有土地所有权、国有土地使用权和集体土地所有权三类，其中以集体土地所有权的草地为主，占总量的67.08%。具体来看，权属性质为国有土地所有权的仅有0.84 hm²，国有土地使用权的有520.30 hm²，集体土地所有权的有827.71 hm²。从生态功能区上看，江阴市草地在北部城市林业发展区、南部平原林业发展区及中部生态景观林业发展区内均有分布，其中位于北部城市林业发展区的共有78.24 hm²，位于南部平原林业发展区的共有62.94 hm²，位于中部生态景观林业发展区的共有92.80 hm²（表5-8）。

表5-8　江阴市草地生态功能区分布情况

所属生态功能区	北部城市林业发展区	南部平原林业发展区	中部生态景观林业发展区
面积/hm²	78.24	62.94	92.80

从植被覆盖度上看，江阴市草地覆盖度主要有0.3、0.4、0.5、0.6、0.7、0.8这6个等级，草地覆盖总体以中等水平为主，少量草地植被覆盖较密。从空间分布上看，高覆盖度的草地主要分布于江阴市东部的城东街道、华士镇等地，但分布总体较为分散。从覆盖度具体数值来看，植被覆盖度为0.3的草地共有26.09 hm²；覆盖度为0.4的草地共有7.75 hm²；覆盖度为0.5的草地共有40.25 hm²；覆盖度为0.6的草地共有34.14 hm²；覆盖度为0.7的草地共有0.02 hm²；覆盖度为0.8的草地共有19.81 hm²（表5-9）。

表5-9　江阴市草地覆盖度面积统计

植被覆盖度等级	0.3	0.4	0.5	0.6	0.7	0.8
草地面积/hm²	26.09	7.75	40.25	34.14	0.02	19.81
占比/%	20.37	6.05	31.43	26.66	0.02	15.47

从空间底线管控上看，江阴市草地大多数位于城镇开发边界以内，面积约为809.25 hm²，但也有相当一部分位于城镇开发边界以外，面积约为539.60 hm²；江阴市草地绝大部分位于生态保护红线以外，仅有0.15 hm²的草地位于生态保护红线内。

从草地分布的地貌特点上看，坡向：江阴市草地坡向大多数为无坡向，面积约1242.09 hm²，占草地总面积的92.09%；剩余草地在其他各个方向上均有分布，且分布较为均匀。坡位：江阴市草地坡位以平地为主，面积约为1240.94 hm²，占草地总面积的92.00%；其余部分主要为上坡位、中坡位和下坡位，其中上坡位的面积约10.6 hm²，中坡位面积约26.07 hm²，下坡位面积约32.18 hm²。坡度：江阴市草地所处的地势整体较为平缓，坡度绝大部分小于等于2°，面积约1315 hm²，占草地总面积的 97.49%；坡度 2°～6°的草地面积约 22.12 hm^2；坡度 6°～15°的草地面积约 8.44 hm^2；坡度 15°～25°的草地面积约 6.43 hm^2。从坡度的空间分布上看，江阴市坡度较大的草地主要分布在江阴市中部绮山、定山及西部白石山等周边地区，高坡度草地整体分布较为分散（图 5-22）。

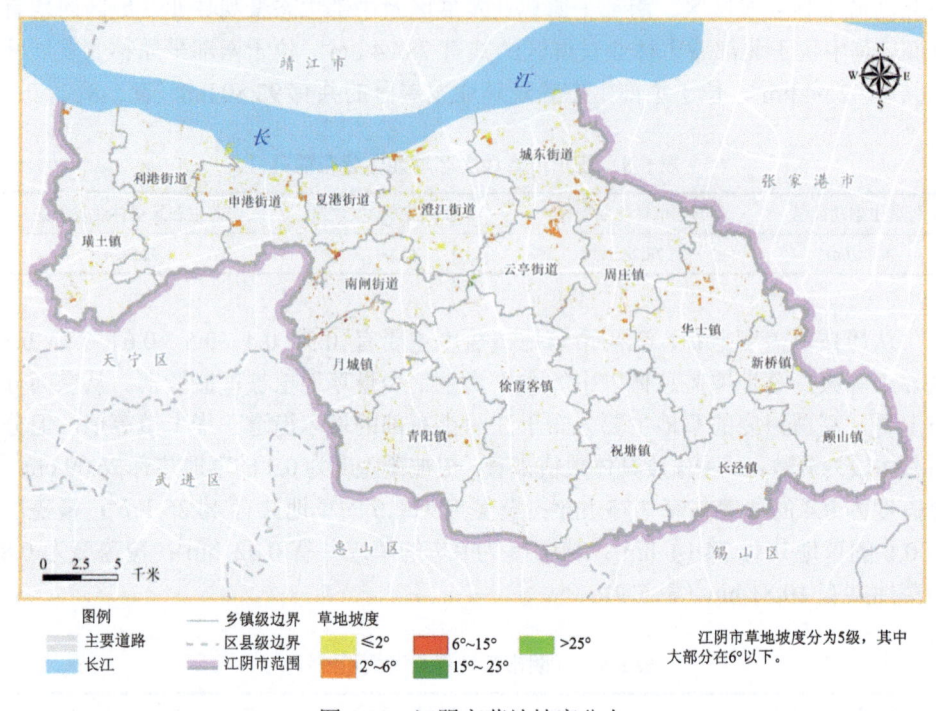

图 5-22　江阴市草地坡度分布

5.3.6　绿地与开敞空间调查

绿地与开敞空间是指城镇、村庄用地范围内的公园绿地、防护绿地、广场等公共开敞空间用地，不包括其他建设用地中的附属绿地，具有调节局部小气候、改善区域景观、保持水土、维持自然生态系统平衡等作用，同时也是城乡居民重要的户外活动场所。此外，其对于江阴生态改善具有重要的保障功能，可以调节城市温度与湿度，提高二氧化碳转化率，增加空气中氧气含量，吸收城市中的有害气体。

由外业调查成果和江阴市自然资源和规划局（林业局）长期监测数据可以得知，江阴市绿地与开敞空间面积约为 1198.49 hm^2，约占土地总面积的 1.20%。从土地利用类型上看，江阴市绿地与开敞空间以公园与绿地为主，同时包含少量的广场用地。从空间分布（图 5-23）上看，江阴市绿地与开敞空间主要分布于江阴市区，以及各乡镇集镇区内。具体来看，市区澄江街道公园与绿地面积最多，为421.09 hm²，占总面积的35.14%（表5-10），与此同时，大部分的广场用地亦分布于此。

图5-23 江阴市绿地与开敞空间分布情况

表5-10 江阴市公园与绿地分类分布情况表

行政区	公园与绿地/hm²	比例/%
城东街道	139.78	11.66
澄江街道	421.09	35.14
顾山镇	33.12	2.76
华士镇	51.23	4.27
璜土镇	42.53	3.55
利港街道	33.09	2.76
南闸街道	24.03	2.01
青阳镇	46.95	3.92
申港街道	59.82	4.99
夏港街道	101.99	8.51
新桥镇	44.26	3.69
徐霞客镇	19.84	1.66
月城镇	17.62	1.47
云亭街道	41.40	3.45

续表

行政区	公园与绿地/hm²	比例/%
长泾镇	27.16	2.27
周庄镇	61.35	5.12
祝塘镇	33.24	2.77

从权属性质来看，江阴市绿地与开敞空间中 66.08%为国有土地使用权性质，33.92%为集体土地所有权性质。从分布占用情况来看，江阴市 91.60%的绿地与开敞空间分布在城市开发边界以内，8.40%的绿地与开敞空间分布在城市开发边界以外；99.68%的绿地与开敞空间分布在生态保护红线以外，仅 0.32%的绿地与开敞空间分布在生态保护红线以内。

在绿地建设方面，近年来江阴市建设迅速，人居环境显著改善，划定了首批永久性绿地。具体来看，江阴市首批永久性绿地划定为要塞森林公园、五星公园和鹅鼻嘴公园等 38 块城市公园绿地，总绿地面积为 533.83 hm²；11 块防护绿地，总绿地面积为 430.24 hm²，合计总绿地面积为 964.07 hm²，占江阴绿化总面积的 20.08%（表 5-11）。

表 5-11　江阴市首批永久性城市绿地统计

编号	名称	类型	面积/hm²
YJLD01	黄山湖公园	公园绿地	32.40
YJLD02	中山公园	公园绿地	5.65
YJLD03	天鹤公园	公园绿地	2.21
YJLD04	朝阳公园	公园绿地	1.58
YJLD05	五星公园	公园绿地	7.17
YJLD06	红柳公园	公园绿地	14.12
YJLD07	百花园	公园绿地	3.15
YJLD08	文庙	公园绿地	0.79
YJLD09	兴国园	公园绿地	3.42
YJLD10	赞园	公园绿地	1.48
YJLD11	徐霞客广场	公园绿地	2.88
YJLD12	青山遗址公园	公园绿地	2.03
YJLD13	敔山湾公园	公园绿地	103.47
YJLD14	黄田港公园	公园绿地	11.76
YJLD15	韭菜港公园	公园绿地	5.61
YJLD16	鲥鱼港公园	公园绿地	4.80
YJLD17	适园	公园绿地	0.23

续表

编号	名称	类型	面积/hm²
YJLD18	船厂公园	公园绿地	6.67
YJLD19	长江之心公园	公园绿地	27.50
YJLD20	永安公园	公园绿地	9.44
YJLD21	芙蓉湖公园	公园绿地	23.47
YJLD22	长江大桥通车市民纪念林	公园绿地	4.64
YJLD23	花园小游园	公园绿地	0.98
YJLD24	刘氏兄弟故居	公园绿地	0.51
YJLD25	君山公园	公园绿地	10.95
YJLD26	望江公园	公园绿地	24.49
YJLD27	普惠公园	公园绿地	4.12
YJLD28	鹅鼻嘴公园	公园绿地	14.58
YJLD29	锡澄运河公园样板段	公园绿地	6.27
YJLD30	北潮河公园	公园绿地	1.24
YJLD31	金井河公园	公园绿地	1.85
YJLD32	朝阳湖公园	公园绿地	9.58
YJLD33	应天河公园	公园绿地	14.95
YJLD34	文明广场	公园绿地	3.30
YJLD35	江阴要塞森林公园	公园绿地	113.96
YJLD36	八字桥公园	公园绿地	3.36
YJLD37	大桥公园	公园绿地	44.55
YJLD38	金苑公园	公园绿地	4.67
YJLD39	滨江西路防护绿地	防护绿地	31.46
YJLD40	京沪高速防护绿地	防护绿地	64.95
YJLD41	滨江东路防护绿地	防护绿地	13.53
YJLD42	绮山水源地防护绿地	防护绿地	12.51
YJLD43	芙蓉大道防护绿地	防护绿地	122.14
YJLD44	新长铁路防护绿地	防护绿地	59.32
YJLD45	白屈港防护绿地	防护绿地	46.95
YJLD46	科技大道防护绿地	防护绿地	25.2
YJLD47	澄张线防护绿地	防护绿地	20
YJLD48	海港大道防护绿地	防护绿地	9.97
YJLD49	长山大道防护绿地	防护绿地	24.21
合计			964.07

5.3.7 陆地水域调查

陆地水域是指陆域内的河流、湖泊、冰川及常年积雪等天然陆地水域，以及水库、坑塘水面、沟渠等人工陆地水域。陆地水域具有提供正常生产生活用水、物质资源供给等重要作用。与此同时，在生态调节方面，具有调蓄洪水、调节局部小气候等功能，对于江阴市调蓄洪水、改善环境、保持土壤等生态调节服务功能的正常发挥具有重要的基础作用。

由外业调查成果和江阴市自然资源和规划局（林业局）长期监测数据可以得知，江阴市陆地水域面积共 16 356.69 hm^2，江阴市水域分布广泛，江南水网特征明显，占江阴市总面积的 16.57%（图 5-24）。经过多年建设，江阴市逐渐形成了蓄引提结合、相对完善的水资源开发利用工程体系，供水总量稳步增长，有力地支撑了社会经济的快速发展。在水资源方面，江阴市多年平均水资源总量为 5.31 亿 m^3，水资源量最丰的 1991 年达到 5.87 亿 m^3，而最枯的 1978 年仅 2.81 亿 m^3，丰枯相差达 1.09 倍。

图 5-24 江阴市陆地水域分布情况

从子地类上来看，江阴市陆地水域主要由养殖坑塘、坑塘水面、水工建筑用地、水库水面、沟渠、河流水面、湖泊水面等地类构成。其中，养殖坑塘面积为 2790.72 hm^2、坑塘水面面积为 3589.33 hm^2、水工建筑用地面积为 229.18 hm^2、水库水面面积为 45.17 hm², 沟渠面积为 362.56 hm²、河流水面和湖泊水面面积为 9339.73 hm²(表 5-12)。

表 5-12 江阴市陆地水域子地类面积统计表

子地类	养殖坑塘	坑塘水面	水工建筑用地	水库水面	沟渠	河流水面和湖泊水面
面积/hm²	2790.72	3589.33	229.18	45.17	362.56	9339.73

从权属性质上看,江阴市陆地水域用地权属共有国有土地所有权、国有土地使用权和集体土地所有权三类,其中以集体土地使用权的水域为主。具体来看,国有土地所有权的有 6271.79 hm²、国有土地使用权的有 465.84 hm²、集体土地所有权的有 9619.05 hm²。从空间底线管控上看,江阴市陆地水域大多数位于城镇开发边界和生态保护红线以外,仅有 2533.65 hm²(约占陆地水域总面积的 15.49%)的陆地水域位于城镇开发边界内;700.5 hm² 陆地水域位于生态保护红线内。

从各乡镇(街道)分布来看,利港街道、徐霞客镇、城东街道所占比重较高,均在 10%以上,其中位于北部沿江地区的城东街道陆地水域面积主要来源于长江江阴段,占其水域面积的 96.35%;位于北部的利港街道,由于其境内有大量的坑塘水面,长江面积占比相对较小,约占 55.02%;而位于南部的徐霞客镇,由于距离长江较远,水域由河流水面和坑塘水面组成,境内水网星罗棋布,主要河道有白屈港河、冯泾河、青祝河和马镇河(界河)等 10 条,总长度 67 km。境内最大河流为白屈港河纵贯徐霞客镇中部(表 5-13)。

表 5-13 江阴市陆地水域分类分布情况表

行政区	河流水面/hm²	湖泊水面/hm²	坑塘水面/hm²	水库水面/hm²	总计/hm²	比例/%
璜土镇	548.25	0	703.18	0	1251.44	7.65
利港街道	1246.52	0	1019.2	0	2265.72	13.85
申港街道	619.78	0	338.62	0	958.39	5.86
夏港街道	771.25	0	64.30	0	835.55	5.11
月城镇	321.19	0	257.51	0	578.70	3.54
青阳镇	526.63	0	622.00	0	1148.64	7.02
徐霞客镇	744.86	0	1236.49	0	1981.35	12.11
华士镇	265.40	0	418.92	0	684.32	4.18
周庄镇	302.77	0	342.62	2.32	647.71	3.96
新桥镇	115.20	0	62.76	0	177.95	1.09
长泾镇	323.32	0	368.22	0	691.54	4.23
顾山镇	377.26	0	365.46	0	742.72	4.54
祝塘镇	385.87	0	581.83	0	967.7	5.92

续表

行政区	河流水面/hm²	湖泊水面/hm²	坑塘水面/hm²	水库水面/hm²	总计/hm²	比例/%
南闸街道	202.80	0	290.19	0	492.99	3.01
云亭街道	127.26	55.88	185.60	38.38	407.12	2.49
城东街道	1596.37	0.33	55.60	4.47	1656.77	10.13
澄江街道	794.66	14.13	59.28	0	868.07	5.31

5.4 江阴市文化服务类生态产品调查

江阴市文化服务类生态产品资源主要为依托生态用地的综合类旅游景区、自然类旅游景区、古树名木资源等。作为吴文化发祥地之一，江阴市拥有深厚的文化底蕴，有较多的文化遗迹与旅游资源。由实地调研成果与江阴市文体广电和旅游局数据可知，江阴市 2021 年全年接待国内游客 979.22 万人次，旅游总收入 318.30 亿元。为体现生态产品的自然属性和经济属性特征，对江阴市旅游观光类生态产品、休闲度假类生态产品和文化教育类生态产品进行重点调研。

5.4.1 调查资源点与调查清单

旅游观光地包括兴国寺塔、长泾古镇文化旅游区等多个景点，所需调查的指标包含年度游客总人次及增幅、游客人均花费、年度营收净利润、游客满意度指数、门票总收入和平均旅游天数等（表 5-14）。同理，休闲度假类和文化教育类生态产品调查清单如表 5-15 和表 5-16 所示。通过设计并发放调查问卷，明确江阴市文化服务类生态产品的旅游人数、旅游收入、旅游天数、游客满意度和游客支付意愿等情况。根据江阴市统计年鉴，2021 年在疫情影响下，江阴市旅游消费水平显著下降，人均旅游消费水平为 774.14 元。

表 5-14 江阴市旅游观光类生态产品调查清单

类别	名称	指标	来源
旅游观光	兴国寺塔	年度游客总人次及增幅	统计局、旅游局
		游客人均花费	统计局、旅游局
		年度营收净利润	统计局、旅游局
		游客满意度指数	实地调查
		门票总收入	实地调查
		平均旅游天数	实地调查
	长泾古镇文化旅游区	年度游客总人次及增幅	统计局、旅游局
		游客人均花费	统计局、旅游局
		年度营收净利润	统计局、旅游局

续表

类别	名称	指标	来源
旅游观光	长泾古镇文化旅游区	游客满意度指数	实地调查
		门票总收入	实地调查
		平均旅游天数	实地调查
	双泾生态园	年度游客总人次及增幅	统计局、旅游局
		游客人均花费	统计局、旅游局
		年度营收净利润	统计局、旅游局
		游客满意度指数	实地调查
		门票总收入	实地调查
		平均旅游天数	实地调查

……

表 5-15　江阴市休闲度假类生态产品调查清单

类别	名称	指标	来源
休闲度假	滨江要塞旅游区	年度游客总人次及增幅	统计局、旅游局
		游客人均花费	统计局、旅游局
		年度营收净利润	统计局、旅游局
		游客满意度指数	实地调查
		门票总收入	实地调查
		平均旅游天数	实地调查
	璜土村	年度游客总人次及增幅	统计局、旅游局
		游客人均花费	统计局、旅游局
		年度营收净利润	统计局、旅游局
		游客满意度指数	实地调查
		门票总收入	实地调查
		平均旅游天数	实地调查
	季子文化公园	年度游客总人次及增幅	统计局、旅游局
		游客人均花费	统计局、旅游局
		年度营收净利润	统计局、旅游局
		游客满意度指数	实地调查
		门票总收入	实地调查
		平均旅游天数	实地调查

续表

类别	名称	指标	来源
休闲度假	江苏学政文化旅游区	年度游客总人次及增幅	统计局、旅游局
		游客人均花费	统计局、旅游局
		年度营收净利润	统计局、旅游局
		游客满意度指数	实地调查
		门票总收入	实地调查
		平均旅游天数	实地调查
	泰清寺	年度游客总人次及增幅	统计局、旅游局
		游客人均花费	统计局、旅游局
		年度营收净利润	统计局、旅游局
		游客满意度指数	实地调查
		门票总收入	实地调查
		平均旅游天数	实地调查
	华西新市村	年度游客总人次及增幅	统计局、旅游局
		游客人均花费	统计局、旅游局
		年度营收净利润	统计局、旅游局
		游客满意度指数	实地调查
		门票总收入	实地调查
		平均旅游天数	实地调查
	红豆村	年度游客总人次及增幅	统计局、旅游局
		游客人均花费	统计局、旅游局
		年度营收净利润	统计局、旅游局
		游客满意度指数	实地调查
		门票总收入	实地调查
		平均旅游天数	实地调查
	双泾村	年度游客总人次及增幅	统计局、旅游局
		游客人均花费	统计局、旅游局
		年度营收净利润	统计局、旅游局
		游客满意度指数	实地调查
		门票总收入	实地调查
		平均旅游天数	实地调查

……

表 5-16 江阴市文化教育类生态产品调查清单

类别	名称	指标	来源
文化教育	适园	年度游客总人次及增幅	统计局、旅游局
		游客满意度指数	实地调查

第 5 章　生态产品调查结果

续表

类别	名称	指标	来源
文化教育	中共江阴县第一次党代会会址	年度游客总人次及增幅 游客满意度指数	统计局、旅游局 实地调查
	吴焜烈士埋葬处纪念碑	年度游客总人次及增幅 游客满意度指数	统计局、旅游局 实地调查
	南菁书院旧址	年度游客总人次及增幅 游客满意度指数	统计局、旅游局 实地调查
	黄山标校塔	年度游客总人次及增幅 游客满意度指数	统计局、旅游局 实地调查
	国民党江阴要塞司令部旧址	年度游客总人次及增幅 游客满意度指数	统计局、旅游局 实地调查
	私立尚仁初级商科职业学校旧址	年度游客总人次及增幅 游客满意度指数	统计局、旅游局 实地调查
	吴文藻冰心故居	年度游客总人次及增幅 游客满意度指数	统计局、旅游局 实地调查
	渡江战役烈士墓	年度游客总人次及增幅 游客满意度指数	统计局、旅游局 实地调查
	周水平烈士墓	年度游客总人次及增幅 游客满意度指数	统计局、旅游局 实地调查
	奚佐尧烈士墓	年度游客总人次及增幅 游客满意度指数	统计局、旅游局 实地调查
	刘氏兄弟故居	年度游客总人次及增幅 游客满意度指数	统计局、旅游局 实地调查
	江阴蚕种场	年度游客总人次及增幅 游客满意度指数	统计局、旅游局 实地调查
	徐霞客故居	年度游客总人次及增幅 游客满意度指数	统计局、旅游局 实地调查

……

5.4.2　文化资源与遗址

　　江阴历史悠久、文化底蕴深厚，是古代吴文化的重要发源地之一，素有"延陵古邑""春申旧封"之称。同时，江阴也是著名的江防要塞、徐霞客故里、中国民乐之乡和崇文重教之地。2001 年，江阴市被评为省级历史文化名城；2010 年，长泾镇被评为中国历史文化名镇。作为吴文化发祥地之一，江阴市有祁头山、高城墩等古建筑、古遗址、古墓葬 66 处；有兴国寺塔、徐霞客故居、适园、黄山炮台旧址、刘氏兄弟故居、国民党江阴要塞司令部旧址、佘城遗址（以上7处均为国家文物保护单位）、文庙、梁武堰遗址、江苏学政衙署遗址等古代和近现代建筑（图5-25）。

图5-25 江阴市不可移动文物分布

花山佘城青铜时代古城遗址、高城墩良渚文化遗址、祁头山马家浜文化遗址等，都是江阴市内具有典型价值的旅游文物。其中，祁头山遗址墓葬，居址密集，层位关系复杂，是江浙沪所见马家浜文化遗址中保存面积最大的遗址之一，在陶器组合和彩陶系统方面具有独特性。高城墩遗址位于江阴西境的石庄、璜土和武进的龙虎塘交界处的高城墩村，是良渚文化的重要遗存和江阴文明史的有力见证。相关历史资料表明，佘城及西边的花山遗存年代介于良渚之后、春秋之前，主体相当于早期吴文化的遗存。城南北长约800 m，东西最宽处约400 m，总面积约30万 m^2。

作为吴文化中的一个支系，江阴市非物质文化遗产日益丰富，如江南丝竹、民间舞蹈、民间美术、传统手工艺、本地民俗、传统医药、特种美食等。具有江阴地方特色的非物质文化遗产具体包括民间音乐江南丝竹，民间歌舞渔篮虾鼓舞、茶花担舞，特色菜肴红烧河豚，民间手工艺麦秆画、泥塑，传统医药诊疗等（图5-26）。通过线上直播与线下宣传相结合的方式，雕版印刷、珠绣、剪纸、虎头鞋等非遗项目的文化底蕴得以展现。

图 5-26　江阴市非物质文化遗产分布

5.4.3　主要景区与场馆

　　江阴市共有国家 A 级景区 6 处，包括滨江要塞旅游区(国家 4A 级景区)、江苏学政文化旅游区(国家 4A 级景区)、长泾古镇文化旅游区(国家 3A 级景区)等。另有江苏省乡村旅游区 13 个，全国乡村旅游重点村 1 个，无锡市美丽乡村休闲旅游示范村 4 个(图 5-27)。

　　以滨江要塞旅游区为例介绍调查内容，滨江要塞旅游区位于江苏省无锡市江阴市山前路，地处江阴市区东郊，因处江阴黄山炮台军事要塞之地而得名，北滨长江，枕山负水。滨江要塞旅游区是国家 4A 级景区，主要由江阴市长江大桥、黄山森林公园、鹅鼻嘴公园、黄山湖公园、军事文化博物馆、船厂公园、芙蓉湖公园、渡江战役纪念馆等景点组成，汇聚有人文景观和历史遗存，是江阴市代表性旅游景区之一。总面积 125.5 万 m^2；建筑面积 10 800 m^2，水域面积 65 万 m^2，绿地面积 101.2 万 m^2。依托边防文化与自然生态资源，滨江要塞旅游区开展了各项旅游活动，分为常设活动项目、专项活动项目与大型活动等。其中，常设活动项目包括爱国主义教育游、水上项目、陆上项目等。

图 5-27　江阴市主要景区与场馆分布

5.4.4　古树名木资源

古树名木是指树龄在百年以上的稀有、珍贵树木，是具有极其重要的历史价值、文化价值、纪念意义的林木。古树名木是中华民族悠久历史的见证和璀璨文化的载体，是绿色文物、活的化石，是自然界和前人留下的无价珍宝。古树名木种类繁多，有着丰富的科学内涵，是研究林业史的活资料，其拥有的丰富森林文化底蕴，更是一笔珍贵的历史文化财富。古树名木作为珍贵树木、珍稀和濒危植物，在维护生物多样性、生态平衡和环境保护中也有着不可替代的作用，同时也是我国重要的森林旅游资源，对发展旅游经济具有重要的文化和经济价值。保护古树名木，关系我国生物资源和历史文化遗产的保护。

近几年，城市扩大、道路修建、自然和人为灾害、环境污染及盲目兴起的大树移植之风，严重威胁着古树名木的生存，使得一定数量的古树名木出现不同程度的退化、老化，甚至死亡的现象。因此江阴市亟须掌握古树名木的分布情况和保护现状，以便进一步提高保护水平。调查结果表明，江阴市辖区内古树名木共114 株，隶属 13 科 17 属 19 种，其中裸子植物 3 科 3 属 4 种，被子植物 10 科 14 属 15 种。由表 5-17 可知江阴市现有的 114 株古树名木中，属于国家一级古树（≥

500 a)的有 11 株，占 9.6%；二级古树(300~499 a)有 23 株，占 20.2%；三级古树(100~299 a)有 72 株，占 63.2%；名木(<100 a)有 8 株，占 7.0%。江阴市古树名木的树龄多为 100~300 年年龄段，这可能是受近代中国战争频繁、灾害连年的影响，多数大龄古树得不到很好的保存，同时也与江阴市所处的长江重要交通枢纽和战略要地的地理位置相关。

表 5-17 江阴市古树名木树龄统计表

树龄/a	株数	百分比/%
<100（名木）	8	7.0
100~299	72	63.2
300~499	23	20.2
≥500	11	9.6
合计	114	100

根据调查统计可知，江阴市有古树名木数量 114 株，其中以银杏的数量最多，有 70 株，占 61.40%。紫薇、紫藤次之，分别为 8 株、6 株，占总量的 7.02%和 5.26%。古树名木数量在 5 株以上的种类有 3 种，共有 84 株，占全市古树名木数量的 73.68%。经统计，在各镇、街道的数量分布中，以澄江街道古树名木分布数量最多，有 32 株；其次是夏港街道，有 12 株；株数在 10 株以上的镇(街区)有 4 个，数量在 5~9 株的镇(街区)有 4 个。而从古树名木的树种分布看，树种最多的镇(街区)有 2 个，分别为澄江街道和长泾镇，为 7 种和 8 种；其次是云亭街道和利港街道，均为 4 种。

江阴市古树名木生长状况统计结果表明，全市 114 株古树名木中，枝繁叶茂、生长旺盛的仅 15 株，占总数的 13.16%。生长状况一般的有 70 株，占总数的 61.40%，主要是在一定程度上受到了城市建设及环境污染的影响。而主干中空腐心、有枯枝、树体残缺、长势低下、生长较差的有 23 株，占到了总数的 20.18%，主要原因为部分古树年龄较大，树体开始老化；加之部分村庄把古树裸露部分及边缘泥土均浇筑水泥，对古树的生长有较大的影响；各村镇对古树的保护力度不一，少数村民对古树树体有一定的损害行为。主干腐损严重、整体大部分枯死、空干、只有少量活枝、处于濒死状态的古树名木有 6 株，占总数的 5.26%，这些古树受到环境和人为的损坏较为严重，生长状况较差。

5.5 江阴市生态产品调查评价及建议

5.5.1 总体评价

总体来看，江阴市的生态产品数量丰富、价值量较高，整体上南部地区的生态产品分布更多、价值量更高。具体来看，江阴市物质供给类生态产品较为丰富，特色农产品优势突出。江阴市南部乡镇的物质供给类生态产品与质量等级整体高于北部。如徐霞客镇、月城镇、顾山镇等，西北部璜土镇水果生产与粮食生产产量也较高。徐霞客镇是拥有"两品一标"高质量产品最多的乡镇。总体上，江阴市生态产品的品牌效应有待提升，亟须加大对于产品特色的宣传力度。

原生植被方面，调查发现，江阴市古树名木的树龄多为100～300年年龄段，一定数量的古树名木均有不同程度的退化、老化，甚至死亡的现象。胡桃等其他国家Ⅱ级保护植物只在定山、黄山和敢山湾少量出现，且长势较差。总体来看，江阴市大多群落优势树种比较单一，使得树木多样性偏低，杉木林表现得尤为明显。此类森林中纯林多，且多为同龄树和中、老龄树；林分结构简单，森林缺乏层次和变化，色调、季相比较单调。植物群落简单导致森林生态系统的稳定性、生态效益和景观效果都较差。此外，管理不善、人类休闲活动影响等造成游客破坏植被的现象频发，侵占林地、破坏林木、干扰植物生存和生长环境条件的情况严峻。由于直接或间接的人为活动，外来植物的种类较多，大部分为草本植物，减少了江阴乡土植物多样性，如路旁、荒地常见的加拿大一枝黄花，以及江阴市河道、长江边、城乡接合部池塘中泛滥的水花生、水葫芦等。

园林绿化方面，调查发现，江阴市城市园林绿化较为注重乔木的选择应用，对林下景观的配置却缺乏特色，大多数道路景观植物种类单调，群落结构存在缺陷，缺乏层次、季相和色相的变化，景观雷同。虽然显示了基调树种的特点，但缺少变化，彩叶植物种类较少，在城市景观美化上没有突出江阴市的特色。在城市绿化建设中，江阴市主要城市绿地的园林植物中草本植物有64种，但能用于观花的只有18种，且大多数在园林中应用得比较少，主要是一些宿根、球根花卉，如白车轴草、红花酢浆草、萱草、鸢尾等。一、二年生草花应用比较少，如景天类、矮牵牛等均生长较好，但是在园林绿地中应用次数和数量均较少。此外，江阴市城市园林绿化的管理和养护呈现出明显的不平衡，在城区中央，特别是靠近城市中心的市政广场、黄山湖公园、大桥公园等地，城市公园、道路绿化的管护都比较到位，植物生长良好，修剪平整，病虫害也较少，杂草枯树几乎不见踪迹；而在城区外围的街头公园(如徐霞客公园等)和道路绿化的管护则相对较差，杂草丛生，植物生长不良，部分植物景观也遭到破坏。

从生态用地类型来看，耕地面积最大，林地、园地空间分布相对集中，南部及山地丘陵带生态资源尤为丰富，湿地主要集中分布在北部沿江地区，绿地与开敞空间主要集中于江阴市区及集镇内部，而陆地水域除了长江江阴段之外，全域水网密集，分散分布。

具体来看，水田在耕地资源中占比较大，主要分布于江阴南部和西北部，耕地资源质量相对较好。近年来，江阴市农业生产长足发展，2019~2022年粮食产量较为稳定，但土地利用过程中仍存在一些问题。比如，耕地利用的不尽合理，人地矛盾的不断加深，限制了耕地潜力的进一步提高；同时，耕地与村镇建设用地之间犬牙交错，削弱了土地利用的规模效益，降低了土地的使用效率；农业基础设施不够完善，存在部分基本农田基础设施老化、不配套、基本农田保护片（块）面积小和分布零散等问题，对粮食安全构成一定隐患。

林地整体空间布局较为分散，除个别地区有较为集中的片状森林外，大多数森林资源以林带形式存在，分布比较均匀。森林资源多沿道路、河流等呈带状分布，生态公益林比重相对较大。与此同时，江阴市林地发展也存在一系列问题。首先是保护与发展的矛盾突出，江阴市土地资源十分紧张，随着国家生态优先和林业战略的转变，经济开发和林地保护的矛盾日益突出，未批先用、违法使用林地的现象时有发生，林地保护任务艰巨。此外，林地资源结构也不够合理，树种组成单一，外来绿化树种比例较大，乡土树种偏少。

园地分布较为集中，以果园为主，其中月城镇园地占比达18.30%，为全市最高，位于江阴市西部；徐霞客镇、璜土镇园地所占比重也较高，均在10%以上。与此同时，江阴市园地也存在着集约化水平较低，生产效益相对低下，对园地的管理较为落后等问题，制约着江阴市园地的进一步可持续发展。

江阴市草地资源相对较少，且分布也较为集中，其中澄江街道、城东街道所占比重较高，位于江阴市市区及市区东侧。分类仅有其他草地类型，种类单一。同时也存在着管理落后，生产效率较低，资源类型分布不合理等问题，给江阴市生态系统功能的正常发挥带来一定的风险。

此外，江阴市具有强大生态功能的湿地资源相对稀少，但仍为无锡市域湿地的主力，主要分布于江阴东北角和东南角，长江江阴段沿岸属于沿江湿地，有待继续健全湿地保护体系，保护湿地生态系统结构功能。与此同时，江阴市湿地资源利用及管理仍存在诸多问题。比如，湿地周边区域工业化程度较高、湿地污染问题、对湿地缺乏科学系统的管理等。

江阴市水网密布，具有典型的江南水乡特征，以河流水面、坑塘水面为主，湖泊水面和水库水面占比较少。与此同时，江阴市也存在水环境质量改善任重道远、产业结构不平衡、基础建设短板突出等一系列问题和挑战。

同样，江阴市绿地与开敞空间面积较小，但对于无锡市公园绿地的贡献较为突出，占无锡市绿地与开敞空间的 30.6%。在空间分布上，江阴市绿地与开敞空间主要位于市区及各乡镇集镇区内。与此同时，绿地与开敞空间作为城市生态环境的重要组成部分，对于城市的发展有着重要的作用。然而，江阴市绿地发展也存在管理措施相对落后、绿地分布不够合理等问题，给江阴市人居环境可持续发展带来一定挑战。

受新冠肺炎疫情影响，江阴市文化服务类生态产品受到一定冲击。调查期内，江阴市文化服务类生态产品供给丰富，然而品牌效应有待提升。2021 年江阴市具有 6 个国家 A 级景区，全国乡村旅游重点村 1 个；同时作为吴文化发祥地之一，江阴市也具有丰富的历史文化遗址。乡村旅游与吴文化历史文化旅游是江阴市文化服务类生态产品的重要特色。但文化旅游形象定位尚不明确，缺乏对文化底蕴的深入挖掘，其独特的文化魅力没有完全凸显。文化旅游资源与周边市县重叠，特色不明显。悠久的历史给江阴带来了各种类型的文化资源，但每种类型的资源给人的印象都不够深刻，不能形成足够的吸引力。江阴市在文化旅游资源开发过程中忽视了文化的特色，没有找到一个恰当的文化定位。此外，江阴市文化旅游资源丰富，但这些资源呈现单体式离散分布的特点，各个乡镇和村在开发过程中也是以零散化为主，以地方文化为主线和核心的整合性开发较少，区域联动、资源整合不到位，没有形成整体资源一盘棋的格局。

5.5.2 提升建议

基于以上调查内容结果与评价，本次生态产品调查对于生态产品的价值提升、价值实现、产品管理等方面提出以下建议。

1. 物质供给类生态产品提升建议

特色农产品是江阴市的重要优势，涵盖粮食作物、水果与渔业水产，耕地与长江水资源保护是物质供给类生态产品提升的重要落脚点。严格落实相关耕地保护政策，防止耕地"非粮化"，基于基本农田保护制度与高标准基本农田建设等政策，保证江阴市耕地面积，提升江阴市耕地质量；结合农学技术，增加和提升物质供给类产品供应数量及质量。坚持"长江大保护"这一国家战略，保护长江水资源，联合周边地区共同推动长江生态环境改善，是进一步提升江阴市渔业水产发展质量的根基。从产品管理与政策支持方面，鼓励发展优质大米、特色水果、特种水产三大农业特色主导产业和绿色蔬菜、生态畜禽两大菜篮子保供产业，有效保障设施农业发展的合理用地需求。利用"两品一标"进行江阴市农产品品牌打造与推广。

针对江阴市原生植被的特点与存在的问题，江阴市植被的恢复和重建应遵循群落演替规律，研究植被退化过程及特点、群落中种群生态位特征，以及群落在干扰停止后的发展和物种出现与消亡的规律，选择最佳的植物组合，促进植被的迅速恢复。此外，要遵循适地适树(草)原则，长期适应自然条件的结果，使植物形成一定的分布区，如不加区分地引入，势必违反适地适树(草)原则，因此在植被恢复中，应鼓励选择乡土树种。生态系统整体的基本功能是能量流动、物质循环和信息联系，并具有调节系统稳定性的作用。不当的重建措施，会破坏原来的生态系统的稳定性，必然造成生态系统的崩溃，要避免不当的人为重建措施。

生物多样性的保护依赖于人与环境的和谐相处。协调好植物资源的保护、合理开发利用与社会发展的关系是当前亟须解决的难题之一，这不仅需要有完备的环境保护法律法规、完善的野生生物资源保护体系，以及自然保护区的合理建设和科学管理，同时还要加强宣传教育，增强群众的环境保护意识，发动群众积极参与环境保护事业。为了有效保护江阴市的珍稀濒危植物，以实现植物资源的可持续利用，首先，建议加强珍稀濒危植物保护区建设，在珍稀濒危植物相对集中的地区建立保护区，对于零星分散的物种设置围栏或挂牌建档进行就地保护。其次，应对部分珍稀濒危植物迁地保护。对于原产地的生境破坏较严重，已不利于珍稀濒危植物生存的部分物种，实行迁地保护。再次，加强环保宣传教育同样是十分必要和迫切的任务。要采取多种宣传方式，如科教、学术交流、培训、展览、咨询等形式，进行广泛深入的宣传教育，使全社会都认识到保护生物资源的重要性和重大意义，把自然保护事业变成广大人民群众的自觉行为。最后，建议加强对珍稀濒危植物的科学研究工作。在调查清楚各类珍稀资源的数量、分布、生物学和生态学特点、种群和群落特征的基础上，建立资源档案，重点对珍稀植物种类的生长规律、再生能力、天然更新或人工促进天然更新进行研究，探讨繁殖的机制，提高种群适应能力，以达到恢复和扩大种群量的目的。

2. 调节服务类生态产品提升建议

生态调节功能的价值实现较为间接，对人地关系和谐、可持续发展等方面具有重要意义，也是生态产品价值实现领域中方法不断改进与探索的方面。江阴市的城市内涝、废弃矿山与河道的生态环境问题得到了一定程度的改善，然而环境优化、价值提升工程仍在进行中。基于江阴市当下生态本底资源，运用科学手段修复废弃矿山遗留问题，包括地质灾害、生态破坏等；修复江阴市河道环境，对于自然环境优化、城市给排水改善、长江水资源保护等都具有重大意义。

依据现有调查结果，建议将湿地、耕地、园地、林地、草地、绿地与开敞空间、陆地水域这几类生态用地的固碳释氧价值显化，以符合碳中和、碳达峰发展目标，更快推进绿水青山向金山银山的有效转化。固定并减少大气中的二氧化碳和增加大气中的氧气，这对维持地球大气中二氧化碳和氧气的动态平衡、减轻温室效应及提供人类生存的基础来说，有着巨大和不可替代的作用。为促进城市可持续发展和土地合理利用，基于固碳释氧能力，结合景观生态学和城市绿地系统规划相关理论，以 RS 和 GIS 技术为支撑，能够对资源优化配置、区域竞争优势提高和经济合理布局产生重要影响。

在城市化带来的环境问题中，噪声已成为影响城市居民身心健康的主要因素之一，而配置合理的绿地对噪声具有明显的降低作用。噪声引起的心理反应主要是烦恼或烦躁，尤其是对神经脆弱或神经极度过敏的人来说，容易因为高分贝噪声的长期干扰而产生厌恶心理，甚至精神分裂。城市建设中一般运用的降噪措施主要是设置隔音墙和隔音窗，不仅影响城市景观，造价也颇为昂贵。而绿地既对噪声有明显的降低作用，具有较高的生态价值，又有利于美化城市景观，同时造价也相对低廉。不同结构绿地的降噪能力不同。结构搭配合理的绿地，即使在宽度有限的情况下也能起到良好的降噪作用。在今后的城市绿化过程中，首要考虑的应是绿地的结构搭配，不同面积、不同结构搭配的绿地生态效益差别显著，在此基础上还应该考虑景观美学，充分发挥城市绿地的功能。

此外，从土地利用类型角度，建议进一步优化土地利用结构，增加公园绿地用地比例、提高林地生产力，加强园林垂直绿化植物的应用，提高草本花卉在园林植物应用中的比例等。通过提高土地利用质量和土地利用水平，减少单位土地中的碳排放量。具体而言，首先，可设立有针对性的土地利用政策，有效促进土地高质量利用。结合用能、产出效率、劳动效率、科技创新等指标，设定差别化的土地供应政策等，促进土地的高质量利用。其次，应促进空间利用结构及产业结构优化，促进产业能级提升、产业提质。土地供应指标应当向服务业和高科技产业倾斜，并减少落后和高能耗产业的土地供应指标，以促进产业能级提升和产业提质。将工业用地价格与产业绩效联系起来，也可以实现高质量利用土地的目标。最后，政府应大力实施建设用地减量化，盘活现有闲置或低效存量建设用地。政府管控下的土地指标跨地区交易能有效促进土地的高质量利用。

3. 文化服务类生态产品提升建议

近年来，江阴市高度重视旅游资源开发，加大了文化资源的旅游开发力度，虽然取得了一定的成绩，但在城市形象的塑造、文化品牌和城市知名度的提升方面有待提升。总体来看，江阴市文化服务类生态产品供给较为丰富。通过塑造文化品牌效应，以打造特色文化产品等方式提升文化服务类生态产品供给质量。围绕乡村旅游及吴文化主题，以 A 级景区与全国乡村旅游重点村为主要空间落脚点，打造江阴市文化旅游线路，形成江阴市文化与旅游品牌。

江阴市文化旅游资源开发要打开思路，将全市历史文化遗存和旅游资源看成一盘棋，以整体的视角谋划旅游的协调发展，对市辖区内旅游资源统一规划、统一开发，实现区域合力，由单打独斗向区域联合转变，使江阴市文化旅游景点连成片，形成合力，打造精品旅游线路，促使江阴市从"单体旅游景点"向"文化旅游目的地"转变。

此外，应充分考虑游客旅游体验的需求，旅游规划、项目设置和设施配备等环节应以为游客提供良好的旅游体验为目标，着力于提升各项目的内涵品位。可以充分利用江阴民乐之乡的优势，开发以江南丝竹、二胡为代表的民乐体验旅游项目；精心挑选开发渔篮虾鼓舞、倒花篮等民间歌舞项目；将面塑、麦秆画等民间手工艺制作技艺融入旅游体验项目中；也可利用人民群众对健康服务的迫切需求，结合江阴传统中医学要素开发中医健康旅游体验项目，充分提升文化服务类生态产品价值和游客满意度及支付意愿，提高江阴市文化服务类生态产品内涵品位。

徐霞客故居位于江阴市马镇南旸岐村，在故居遗址地先后修建了徐霞客故居、晴山堂、仰圣园和徐霞客碑刻园等景观，2001年被列入全国重点文物保护单位，是江阴市代表性旅游景区。徐霞客文化资源的开发逐步得到包括江阴市政府、徐霞客镇政府等各级政府的支持，但不管是徐霞客镇的组建、纪念徐霞客系列活动，还是徐霞客节庆活动的开展均是由政府牵头，其延续性和长效机制也比较缺乏，部分活动的宣传推广力度不够，没有引起广大群众的关注。江阴本地居民对徐霞客其人其事，往往也只是知其然而不知其所以然，更没有形成文化自豪感和建立文化自信。建议提升群众信心，吸引本地企业投资开发徐霞客文化旅游产品，让本地居民自愿充当宣传大使，扩大宣传面，让越来越多的人认识徐霞客文化，让徐霞客文化产生更大更好的效益。可通过深度挖掘并利用好徐霞客个人的品格和精神来激发游客内心的共鸣，激发人们产生前往其故乡与之精神对话的动机。也可通过积极争取与周边旅游景区、徐霞客文化资源丰富的其他地区联合营销推广等活动，提升江阴重点区域文化服务类生态产品价值。

对于古树名木而言，首先，主管部门可以运用图片展、电视专题片、报刊系列报道等形式，广泛宣传保护古树的相关政策、法律、法规、意义和作用，系统宣传有关保护古树名木的内容，让公众熟悉古树名木，了解古树名木的丰富内涵，切实增强民众的保护意识。其次，充分利用各新闻媒体，发挥好舆论监督的作用，大力宣传保护古树名木的重要性，在全社会形成保护古树名木的良好氛围。最后，还可以积极开展古树名木认管认养活动，鼓励社会各界参与古树名木保护，把保护落实到个人。有关部门应要求管护责任单位定期观察，及时采取常年养护、适时追肥、防治病虫害、建立围栏、更换营养土、加大地表通气透水范围等具体管理措施，保证古树名木的正常生长。对年代比较久远、长势衰弱的古树，更要及时采取抢救性治疗保护措施，并开展相关研究，恢复树势。此外，可建立并完善古树名木信息库，在原有档案材料的基础上，进一步健全古树名木档案及保护台账，将古树名木的现状、管护单位（人）、生长过程中出现的问题与采取的保护措施、措施实施后取得的成效情况等逐一记入台账，实行一树一账，逐株挂牌，并利用计算机技术建立动态监测系统，保护好在档的每一株古树名木。

第 6 章 生态产品价值核算

生态产品价值核算作为自然资源领域生态产品价值实现机制的重要环节，其回应了"人类终极问题"转向之后的生态环境需求问题，将良好生态环境这一"最普惠的民生"纳入生产函数和消费函数，体现了物质文明、政治文明、精神文明、社会文明、生态文明相互贯通、相互促进的内在联系(侯元兆等，1995；Lautenbach et al.，2011；刘耕源等，2022)。生态系统生产总值核算以生态系统提供的产品和服务为根本，为推动形成人与自然和谐共生新格局提供理论和现实依据。近年来，随着生态系统生产总值概念正式引入，我国积极开展生态系统生产总值核算的就地化研究，并在核算理论方法方面取得了一系列成果，逐步建立了规范化的核算框架(王金南等，2018；石垚等，2012；中国工程院"福建省生态资产核算与生态产品价值实现战略研究"课题组，2020)。开展生态产品价值核算是发掘经济增长新源泉、加快绿色低碳进程、打通"两山"转化通道的必然要求。

6.1 价值核算原则

"生态产品"一词最早源于《全国主体功能区规划》，强调生态系统通过生态过程或与人类社会生产共同作用为增进人类及自然可持续福祉提供的产品和服务。狭义的生态产品指良好的自然生态系统提供的生态系统服务，而广义的生态产品既包括了良好的自然生态系统服务，也应包含为保护、修复、治理、维持、管理生态系统及其过程形成的产品及衍生产品，即自然生态系统、半自然生态系统和人工生态系统(林亦晴等，2023；Jacobs et al.，2015)。生态产品价值实现中的生态产品是生态保护前提下的生态产品，但是，并非所有这些生态产品的价值都需要实现。由于生态系统可以提供的服务功能众多，部分服务功能还存在难以找到合适的表征指标或评估指标、缺少定量化评估方法等突出问题。因此，在建立生态产品价值核算指标体系之前必须先确定应纳入核算的基本原则，这将会有效避免出现评估指标选取随意、评估结果难以对比分析等问题。

6.1.1 生物生产性原则

生物生产性原则是指纳入核算的生态产品必须是由生物生产且可以提供持续产生的、可再生性的服务，而单纯由自然界物理化学过程产生的、不可再生性的生态产品不应予以核算。人类的生产活动是国民经济的核心，是 GDP 核算的对象和基础。同样，生态系统服务产生于生物生产过程，生物生产是生态系统价值产生的基础，生物生产参与的生态系统服务是生态产品价值核算的对象和基础（傅伯杰等，2017；马鹏嫣等，2018）。煤、石油、天然气、盐业资源等需要经过长期的地质过程产生，内河航运、水力发电、闪电过程产生的空气负离子等则是生态系统中的物理化学过程产生的，这些没有生物生产过程参与的生态系统服务是不可持续更新的或不受人类控制的，不能纳入生态产品价值核算。此外，有些产品，如农林产品、旅游休憩等是生物生产活动和人类生产活动共同作用的结果，如果能将生物生产和人类生产明确区分，则应只将生物生产产生的服务纳入生态产品价值核算；但是如果生物生产和人类生产贡献率很难区分，则可将该项服务全部纳入生态产品价值核算。

6.1.2 人类收益性原则

人类收益性原则是指纳入核算的生态产品必须是对人类福祉最终直接产生收益的，而不对人类福祉产生直接收益的，或者仅是生态系统维持自身功能或生态系统服务中间过程产生的一些服务收益不应予以核算。有些生态功能和过程对于生态系统自身的维持非常重要，但对人类福祉不直接产生收益，或者通过其他功能和过程才会产生对人类有益的物质产品和服务。例如，生物地球化学循环、土壤形成、植被蒸腾、水文循环过程等生态系统维持功能对人类福祉并没有产生直接收益。又如，植物授粉服务、病虫害控制等生态系统支持服务对于粮食和林木生产是一个必不可少的过程，但对人类福祉没有产生直接收益，但该服务在人类收获的农林产品中得到了体现，为避免核算内容重复，也不应予以核算。

6.1.3 经济稀缺性原则

经济稀缺性原则是指纳入核算的生态产品必须具有经济稀缺性，而数量无限或人类没有能力控制的生态产品不应予以核算。资源的稀缺性是经济学的前提，同样，生态产品的稀缺性是其价值产生的前提。随着人类社会的进步，特别是工业革命以来，很多生态产品的数量相对于人类无限增长的欲望及生产、生活的需要来说都是很有限的，具有稀缺性。例如，阳光、风等气象条件及大气中的氧气等在自然界广泛存在，其数量无限或人类难以控制和利用，不应予以核算。

6.1.4 保护成效性原则

保护成效性原则是指纳入核算的生态产品必须是能够灵敏地体现人类保护或破坏活动对生态系统的影响或者改变，而主要取决于其地理区位、自然状况或人类无法控制的服务不应予以核算（Sierra and Russman，2006）。一些生态系统服务对人类活动不敏感，或者数量特别巨大且不受人类控制，或者在人类活动影响下几乎不变。例如,海洋的温度调节服务受人类活动影响非常小,阳光、风等气候资源几乎不受人类活动影响。如果将这些纳入生态产品价值核算,就会使一些区域的生态产品价值在很大程度上取决于其地理区位、自然状况,掩盖了其他生态系统服务对人类福祉的贡献。

6.2 价值核算思路

6.2.1 基于功能的生态产品价值核算

生态产品是良好的生态系统以可持续的方式提供的满足人类直接物质消费和非物质消费的各类产出。核算生态产品价值,其本质是分析与评价生态系统为人类生存与福祉提供的最终产品与服务的经济价值,通常情况下,生态产品价值评估内容可划分为直接使用价值和间接使用价值两个部分(邱坚坚等,2023)。其中,生态系统物质产品价值为直接使用价值,调节服务价值和文化服务价值为间接使用价值。值得注意的是,生态产品价值核算通常不包括生态支持性服务功能,如有机质生产、营养物质循环、生物多样性维持等(欧阳志云等,1999b)。原因是依据核算原则,这些功能与物质产品供给和生态调节服务功能之间具有交叉性和间接性,已体现在生态产品价值核算的相关指标中,并非直接作用于人类福祉,故不予以考虑。

综上,江阴市生态产品价值核算目录包括物质供给类、调节服务类和文化服务类三类内容(表 6-1)。其中,物质供给服务是生态系统通过生物生产及与人工生产相结合的方式为人类提供的物质产品,包括食物、药材、原材料、淡水资源和生态能源等。生态调节服务是人们从生态系统中获取的土壤保持、水源涵养、洪水调蓄、气候调节、空气净化、水质净化、固碳释氧等享受性惠益(Groot et al.,2002;Wallace,2007)。生态文化服务则是人们从生态系统中获取的丰富精神生活、生态认知与体验、自然教育、休闲游憩和美学欣赏等体验性惠益。

表 6-1 江阴市生态产品价值核算目录

生态产品基本功能	核算内容
物质供给类	种植业
	林业
	畜牧业
	渔业
	淡水资源
	……

续表

生态产品基本功能	核算内容
调节服务类	水源涵养
	土壤保持
	防风固沙
	洪水调蓄
	空气净化
	水质净化
	碳固定
	氧气提供
	气候调节
	噪声消减
	……
文化服务类	旅游观光
	休闲度假
	文化教育
	……

生态产品价值凝结在生态产品各种要素之中，对生态产品价值对应的经济价值量进行货币化核算，可以反映生态系统服务对经济财富和社会福祉的贡献程度（高敏雪，2020）。对于列入生态资源价值评估范围的对象应予以准确界定，仅考虑进入经济社会领域的最终产出。生态系统功能及其价值如图 6-1 所示。对于没有生物生产过程参与的、生态系统服务不可持续更新或者不受人类控制的生态资源不予评估，如长期地质过程所产生的煤、石油、天然气等。为避免内容重复，

图 6-1 生态系统功能及其价值

对不直接作用于人类福祉的，或者生态系统维持自身功能过程中所产生的服务收益均不予以评估，如植被蒸腾等。生态资源还应具备经济稀缺性，不考虑数量无限且广泛存在的阳光、风、氧气等。根据数据的可获得性和时效性原则，采用2020年作为核算时间单元，进行江阴市生态产品价值核算工作。

6.2.2 基于地类的生态产品价值核算

基于第三次全国国土调查土地分类成果，结合《国土空间调查、规划、用途管制用地用海分类指南》中的用地用海分类标准，对江阴市内与生态产品价值核算具有相关性的地类进行提取。最终得到湿地、耕地、园地、林地、草地、绿地与开敞空间、陆地水域七个类别（图6-2、表6-2）。其中，湿地包括内陆滩涂1项二级类，面积为3.25 km^2；耕地包括水田、水浇地、旱地3项二级类，面积为255.44 km^2；园地包括其他园地、果园、可调整果园、可调整其他园地、茶园、可调整茶园6项二级类，面积为34.17 km^2；林地包括竹林地、乔木林地、其他林地、灌木林地、可调整乔木林地、可调整其他林地6项二级类，面积为107.01 km^2；草地包括其他草地1项二级类，面积为15.49 km^2；绿地与开敞空间包括公园与绿地、广场用地2项二级类，面积为11.46 km^2；陆地水域包括坑塘水面、养殖坑塘、沟渠、可调整养殖坑塘、河流水面、湖泊水面、水库水面7项二级类，面积为168.60 km^2。

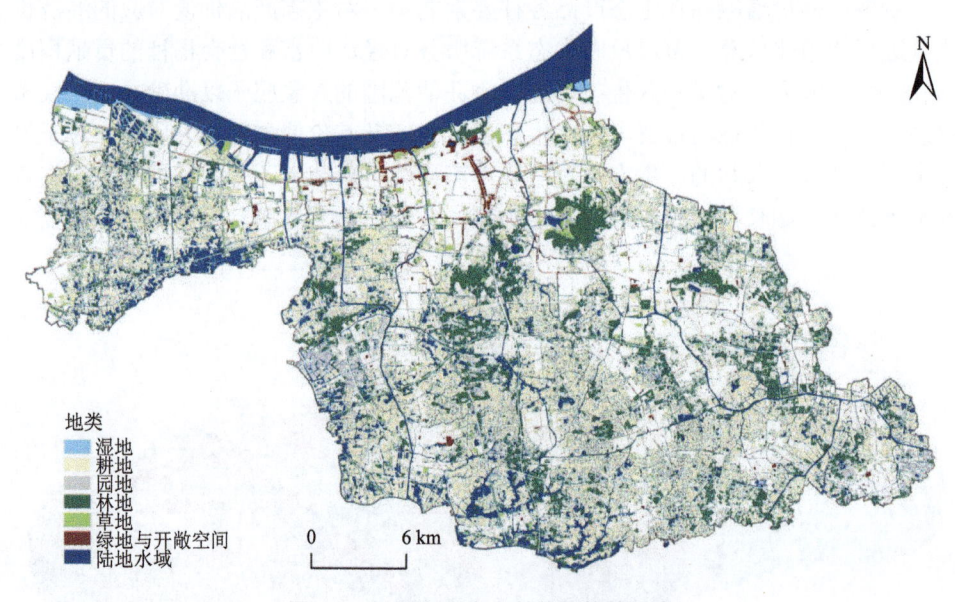

图6-2 江阴市生态产品价值核算地类

表 6-2　江阴市生态产品价值核算地类构成及面积

一级类	二级类	面积/km²
湿地	内陆滩涂	3.25
耕地	水田 水浇地 旱地	255.44
园地	其他园地 果园 可调整果园 可调整其他园地 茶园 可调整茶园	34.17
林地	竹林地 乔木林地 其他林地 灌木林地 可调整乔木林地 可调整其他林地	107.01
草地	其他草地	15.49
绿地与开敞空间	公园与绿地 广场用地	11.46
陆地水域	坑塘水面 养殖坑塘 沟渠 可调整养殖坑塘 河流水面 湖泊水面 水库水面	168.60

根据不同土地类型上生态产品的基本功能和附加功能进行划分，得到基于地类的江阴市生态产品价值分类核算目录(表 6-3)。以湿地为例，内陆滩涂不仅具有基本的林业产品物质供给功能和旅游观光、休闲度假等文化服务功能，还可为生态系统提供水源涵养、土壤保持、防风固沙、洪水调蓄、空气净化、碳固定、氧气提供和气候调节等功能。同样，耕地包括水田、水浇地、旱地等，可以为生态系统提供物质供给及水源涵养、土壤保持、防风固沙、空气净化、碳固定、氧气提供和气候调节等调节服务类功能。

表 6-3　基于地类的江阴市生态产品价值分类核算目录

生态用地类型		生态系统功能供给
湿地(00)	内陆滩涂(1106)	林业产品 水源涵养 土壤保持 防风固沙 洪水调蓄 空气净化 碳固定 氧气提供 气候调节 旅游观光 休闲度假
耕地(01)	水田(0101)、水浇地(0102)、旱地(0103)	种植业 水源涵养 土壤保持 防风固沙 空气净化 碳固定 氧气提供 气候调节
……	……	……

6.2.3 核算流程

生态产品价值核算的主要工作程序包括：根据核算目的，确定生态产品价值核算区域范围；明确生态产品类型与分布；编制由此形成的生态产品目录清单；数据资料收集；确定核算模型方法与适用技术参数，开展各类生态产品实物量与价值量核算；最后计算区域内生态产品总价值。

(1) 确定核算的区域范围。根据核算目的，确定生态产品价值核算的行政区域，如省、市、县、乡、村。其他功能相对完整的生态地理单元，如一片森林、一个湖泊、一片沼泽或不同尺度的流域，以及由不同生态系统类型组合而成的地域单元。江阴市全域为此生态产品价值核算的空间范围。

(2) 明确生态产品类型与分布。明确核算区域内的林地、草地、湿地、耕地、绿地与开敞空间、陆地水域等生态产品类型、面积与分布，绘制生态产品空间分布图。

(3) 编制生态产品目录清单。结合生态产品价值核算原则，确定核算范围内生态产品的种类，编制生态产品目录清单。

(4) 数据资料收集。收集开展生态产品价值核算所需要的部门统计数据、调查监测资料、相关文献资料及基础地理信息图件等，开展必要的实地观测调查，进行数据预处理及参数本地化。

(5) 开展生态产品实物量核算。根据确定的核算基准时间，选择科学合理、符合核算区域特点的实物量核算技术参数，核算各类生态产品的实物量。

(6) 开展生态产品价值量核算。根据生态产品实物量，运用土地租金法、残值法、市场价值法、替代成本法、旅行费用法等方法，核算各类生态产品的货币价值。

(7) 计算生态产品总价值。将核算区域范围内的各类生态产品价值加总，得到生态产品总价值。

6.2.4 核算指标

1997 年，Costanza 首次对全球生态系统服务进行了评估，并提出了含有 17 个评估指标的生态系统服务分类。2001 年联合国发起的《千年生态系统评估》(MA) 又将生态系统服务归纳为供给服务、调节服务、文化服务和支持服务 4 个功能类别。此后，生态系统与生物多样性经济学 (The Economics of Ecosystems and Biodiversity, TEEB) 和《2021 年环境经济综合核算体系：实验性生态系统核算》(*System of Environmental-Economics Accounting 2012 Experimental Ecosystem Accounting*，SEEA-EEA) 在 MA 核算框架的基础上形成了新的核算体系 (United Nations et al., 2014)。

我国在充分借鉴国际核算经验的基础上，对生态系统服务评估指标体系进行了积极的探索，先后发布了《海洋生态资本评估技术导则》(GB/T 28058—2011)、《荒漠生态系统服务评估规范》(LY/T 2006—2012) 和《森林生态系统服务功能评估规范》(GB/T 38582—2020) 等导则、规范，推动了海洋、荒漠和森林生态系统服务的评估进程。欧阳志云等 (2013)、谢高地等 (2015)、刘纪远等 (2016)、傅伯杰等 (2017) 又先后构建了中国生态系统服务评估指标体系。本书借鉴中国生态系统服务评估指标体系，并根据生态产品价值的核算原则对各评估指标进行了筛选，确定了江阴市生态产品价值核算指标体系 (表 6-4)。

依据《生态产品总值核算规范》和生态系统功能基本分类，江阴市生态产品价值核算指标体系共包含物质供给、调节服务、文化服务 3 项类别，共 12 项一级核算指标。其中，物质供给类别主要指生物质供给；调节服务类别主要包括水源涵养、土壤保持、防风固沙、洪水调蓄、空气净化、水质净化、碳固定、氧气提供、气候调节、噪声消减 10 项核算指标；文化服务类别则主要指包括旅游观光、休闲度假、文化教育等活动在内的休闲旅游指标。

表 6-4　江阴市生态产品价值核算指标体系

类别	核算指标	湿地	耕地	园地	林地	草地	绿地与开敞空间	陆地水域
物质供给	生物质供给	√	√	√	√	√	√	√
调节服务	水源涵养	√	√	√	√	√	√	√
	土壤保持	√	√	√	√	√	√	√
	防风固沙	√	√	√	√	√	√	√
	洪水调蓄	√			√	√	√	√
	空气净化	√	√	√	√	√	√	√
	水质净化	√						√
	碳固定	√	√	√	√	√	√	√
	氧气提供	√	√	√	√	√	√	√
	气候调节	√	√	√	√	√	√	√
	噪声消减						√	
文化服务	休闲旅游	√	√	√	√	√	√	√

6.3　价值核算方法

6.3.1　生态产品价值核算内容

生态系统生产总值是生态系统为人类提供的最终产品和服务的价值总和。根据生态系统服务功能评估的方法，生态系统生产总值可以从生态产品功能量和生态产品价值量两个角度进行核算。

生态系统生产总值功能量可以用生态系统提供的生态产品与生态服务功能量表达，如粮食产量、水资源提供量、洪水调蓄量、污染物净化量、土壤保持量、固碳量、自然景观吸引的旅游人数等。虽然生态产品功能量的表达指标较为直观，给人以明确具体的印象，但由于计量单位的不同，不同生态系统产品的产量和服务量难以直接加和。

生态系统生产总值价值量，则借助价格将不同生态系统产品产量与功能量转化为货币单位表示的经济产出。不同生态产品与服务的计量单位经统一，能够使所有生态产品与生态服务的价值汇总加和成为可能，最终得到的汇总结果即为生态产品总价值。

1. 生态产品功能量核算

生态系统最终产品与服务的功能量核算，主要是从功能量的角度对生态系统提供的各项服务进行定量评价，即根据不同区域、不同生态系统的结构、功能和过程，从生态系统服务功能机制出发，利用适宜的定量方法确定最终产品与服务的物质数量。生态产品功能量核算，即统计人类从生态系统中直接或间接得到的最终产品的实物量，如生态系统提供的粮食产量、木材产量、水土保持量、污染物净化量、固碳量，以及自然景观吸引的旅游人数等。

大多数生态系统产品产量可以通过现有的经济核算体系获得，部分生态系统调节服务功能量可以通过现有水文、环境、气象、森林、草地、湿地监测体系获得，部分生态系统服务功能量可以通过生态系统模型估算。生态系统及其要素的监测体系、生态系统的长期监测、水文监测、气象台站、环境监测网络等可以为生态系统最终产品与服务功能量的核算提供数据和参数。功能量核算的特点是能够比较客观地反映生态系统的生态过程，进而反映生态系统的可持续性。运用功能量核算方法对生态系统最终产品与服务进行核算，其结果比较直观，且仅与生态系统自身健康状况和提供服务功能的能力有关，不会受市场价格不统一和波动的影响。功能量核算特别适合于同一生态系统不同时段提供服务功能能力的比较研究，以及不同生态系统所提供的同一项服务功能能力的比较研究，是生态系统服务功能评价研究的重要手段。

2. 生态产品价值量核算

生态产品价值量核算是在生态产品功能量核算的基础上，选择适当的定价方法，核算各类生态产品的价值量。其中，物质供给价值主要使用市场价值法、土地租金法或残值法等进行核算，调节服务价值主要使用替代成本法和影子工程法进行核算，文化服务价值主要使用旅行费用法、特征价格法等进行核算。最后，将核算区域内各类生态产品价值加总，即得到生态产品总价值。

(1) 市场价值法。该方法适用于能够直接在市场上进行交易的生态产品，如非木质林产品、固碳服务等。使用的是生态产品的市场价格，并扣除当中的人类投入贡献，以获得生态产品的"净"价值。

(2) 土地租金法。该方法适用于作物物质供给类产品。土地的贡献等于其为生产作物而收到的报酬。

(3) 残值法。该方法计算的是生态产品对应的产品(或行业)总产出，然后扣除其中劳动力、生产资产和中间投入等所有其他投入的成本，以此估算生态产品的价值量。

(4) 替代成本法。该方法通过估算生态系统服务遭到破坏或因人类活动而减少的情况下所需要的代替成本来反映生态系统服务价值,也被称为重置成本法。替代品可以是消费品(如家庭的空气过滤装置替代了树木的空气净化服务)或资本投入(如兴建水处理厂)。在所有情况下,如果替代品提供相同的价值,则认为生态产品的价格等于通过替代品提供与一单位生态产品相同的惠益的成本(如一吨饲料的价格)。在单一情况下,可以根据在该情况下使用替代品的总成本来估算核算项目的价格(如单个农场提供的生态产品的价格)。

(5)影子工程法。作为恢复成本法的一种特殊形式,影子工程法是指在生态系统被破坏后,人工建造一个工程来代替生态系统的某种服务功能,用建造新工程的投资成本来估算生态系统服务的价值。

(6)旅行费用法。根据游客对旅行地点的偏好来估算休闲区的价值。假设人们对参观娱乐或文化场所有相似的偏好,通过观察在不同费用下前往该场所的实际出行次数,估计娱乐需求函数。旅行费用包括家庭或个人到达娱乐场所的交通支出、入场费、食宿费用等,还可能包括旅行和参观该场所的时间及机会成本。

(7)特征价格法。该方法适用于衡量在特定地点向居民提供便利设施的相关服务。通过估计因生态系统特征(如清洁空气、当地公园)对地产价值或租金价值(或其他复合商品)的影响而产生的差异化溢价,估算生态产品的价值量。

6.3.2 江阴市生态产品价值核算方法

1. 生态产品价值核算方法体系构建

江阴市生态产品价值核算综合考虑生态产品的类型、生态保护与产品开发成本、市场供需等因素,研究制定合理体现生态价值、符合管理需求、简便易行的生态产品价值核算方法,明确核算基本规则、指标体系、具体算法、数据来源等,构建生态产品价值核算技术方法体系(表6-5)。生态产品价值可以从生态功能量和生态价值量两个方面来直接核算,如粮食生产量、旅游年收入、土壤保持量、洪水调蓄量等,但是由于不同生态系统生态产品产量和功能量难以直接加总,故

表6-5 江阴市生态产品价值核算方法

一级分类	二级分类	功能量评估方法	价值量评估方法
物质供给类	种植业	统计调查法	市场价值法
	林业		
	畜牧业		
	渔业		
	淡水资源		
	……		

第 6 章　生态产品价值核算

续表

一级分类	二级分类	功能量评估方法	价值量评估方法
调节服务类	水源涵养	水量平衡法	影子工程法
	土壤保持	修正通用土壤流失方程	替代成本法
	防风固沙	修正风力侵蚀模型	替代成本法
	洪水调蓄	水量平衡法	替代成本法
	空气净化	生态系统自净能力法	替代成本法
	水质净化	水质净化模型	替代成本法
	碳固定	净生态系统生产力法	替代成本法和市场价值法
	氧气提供	净生态系统生产力法	市场价值法
	气候调节	蒸散模型	替代成本法
	噪声消减	绿化带降噪模型	替代成本法
	……		
文化服务类	旅游观光		
	休闲度假	年度游客总人次	旅行费用法
	文化教育		
	……		

借助市场价格或者替代价值方法，如影子工程法、恢复成本法、市场价值法等，将不同生态系统产品产量和功能量转化为货币单位，并加和为生态产品总价值。生态产品价值核算可以为揭示生态系统对经济社会发展和人类福祉的贡献、分析地域单元之间的生态关联性和生态保护效益提供科学支撑。

2. 物质供给类生态产品价值核算方法

物质供给类生态产品主要指农林牧渔业能够提供的直接使用的部分，具体包括农产品、林产品、牧产品、渔产品等。结合实地调查和统计数据，可以获取江阴市物质供给类生态产品的数量和单价，最终得到江阴市物质供给类生态产品总价值。

1) 功能量

根据实地调查结果和统计年鉴数据，可以获取江阴市农产品、林产品、牧产品和渔产品产量，以及淡水资源和农林牧渔服务业产值。其中，农业包括种植业和其他农业产量；林业包括林木的培育和种植、竹木采运及林产品的产量；畜牧业包括牲畜饲养、家禽饲养、狩猎和捕捉动物及其他畜牧业产量(表 6-6)。

2) 价值量

生态系统在一定时间内提供的各类物质供给类产品的产量可以通过现有的经济核算体系获得，物质供给类产品的产量可以通过农业、林业、渔业及统计部门的统计资料和实地调查获取。在获取江阴市物质供给类生态产品功能量的基础上，依据单位功能量市场价格,对其进行价值量核算。

表 6-6 物质供给类生态产品功能量核算指标

一级指标	二级指标
农业	谷物及其他作物
	蔬菜园艺作物
	水果、坚果、饮料和香料作物
	中药材
	……
林业	林木的培育和种植
	竹木采运
	林产品
	……
畜牧业	牲畜饲养
	家禽饲养
	其他畜牧业
	狩猎和捕捉动物
	……
渔业	海水产品
	淡水产品
	……
淡水资源	农业灌溉用水
	城镇公共用水
	工业用水
	居民生活用水
	省外输出水资源
	水力发电
	……
农林牧渔服务业	……

$$V_\mathrm{m} = \sum_{i=1}^{n} E_i \times P_i \tag{6-1}$$

式中,V_m 为生态系统提供的物质产品价值(元/a);E_i 为第 i 类生态系统提供的物质产品的产量(根据产品的计量单位确定,如 kg/a);P_i 为第 i 类生态系统提供的物质产品的价格(根据产品的计量单位确定,如元/kg)。

3. 水源涵养功能类生态产品价值核算方法

水源涵养服务是生态系统通过拦截滞蓄降水，增强土壤下渗、蓄积，涵养土壤水分，调节暴雨径流和补充地下水，增加可利用水资源的功能。水源涵养量大的地区不仅可以满足核算区内生产生活的水源需求，还可以持续地向区域外提供水资源。选用水源涵养量作为生态系统水源涵养功能量的评价指标。其中，核算区域的降水量、地表径流量、蒸散发量等数据通过气象部门、核算区域的相关文献或实测获取。

1) 功能量

水源涵养功能重要性评价的目的是识别现状和未来可以承担水源涵养功能的重要区域，以水源涵养量作为衡量指标，主要考虑河流源区、河流供水功能、地表覆盖、地形等因子。评价方法为水量平衡法。计算公式如下：

$$TQ = \sum_{i=1}^{j}(P_i + K \times P_i - K \times R_i - ET_i) \times A_i \times 10^{-3} \quad (6-2)$$

式中，TQ 为水源涵养量(m^3)；P_i 为降水量(mm)；R_i 为地表径流量(mm)；ET_i 为蒸散发量(mm)；K 为产流降水量占降水量的比例，根据《中国森林生态系统服务功能及其价值评价》，在秦岭—淮河以南，K 取 0.6；A_i 为第 i 类生态系统的面积(m^2)；i 为研究区第 i 类生态系统类型；j 为研究区生态系统类型总数。

对于耕地、园地、林地而言，土地利用类型面积较大，且土壤中的非毛管孔隙可以为土壤存储水提供便利场所，通过迅速排水和吸纳新渗的雨水，能够有效减少地表径流。林学界和水土保持领域，常以非毛管静态蓄水量作为计算土壤蓄水量的基准(马雪华等，1993)，耕地、园地和林地非毛管蓄水量的具体公式如下：

$$W = h \times R \times S + M \times L \quad (6-3)$$

式中，W 为非毛管蓄水量(t/hm^2)；h 为土层深度(m)，根据土地利用类型、性质和主要作物适宜的土壤深度，考虑灌溉耕作影响强烈的耕作层，紧实且孔隙度小的犁底层，以及生物生产后期供应水肥的心土层影响，研究区内耕地、园地、林地土层深度分别取 0.15 m、0.4 m 和 0.5 m；R 为土壤的非毛管孔隙度(%)，借用杨恒山等(2005)在东北农牧交错带对玉米表层土壤的实测值，取值为 8.5%；S 为耕地、园地或林地面积(m^2)；M 为枯落物层干重(t/hm^2)，根据《浙江山地森林枯落物(层)的生态水文效应》(周重光等，1989)可知研究区耕地和园地的枯落物层干重为 4.56 t/hm^2，林地枯落物层干重平均值近似为 8.84 t/hm^2；L 为饱和吸水率(%)，采用 24 小时的平均饱和吸水率 167.0%。

此外，对于林地、草地、绿地与开敞空间用地而言，植被覆盖情况同样具有补充性水源涵养功能，因此参考森林生态系统的蓄水效应来衡量以上生态系统类型涵养水分的功能(刘军会和高吉喜,2008)。

$$Q = 0.55 \times P_i \times K \times S \times P_f \times 10^{-3} \tag{6-4}$$

与裸地相比,森林植被可以增加一定的水源涵养量,这与其植被覆盖率、森林植被面积、产流降水量与总降水量的比例关系均存在关联性。具体而言,Q 为水源涵养量,m³;P_i 为降水量,mm;K 为研究区产流降水量占降水量的比例,取值 0.6;S 为林地、草地、绿地与开敞空间用地等生态系统的面积(m²);P_f 则为植被覆盖度,根据归一化植被指数(normalized differential vegetation index,NDVI),统计林地、草地和绿地与开敞空间等各类型地类的植被覆盖情况,从而求得 P_f,取值为 0.632 921。

2) 价值量

水源涵养价值主要表现在蓄水保水的经济价值。可运用影子工程法,即模拟建设蓄水量与生态系统水源涵养量相当的水利设施,以建设该水利设施所需要的成本核算水源涵养价值。

$$V_{wr} = Q_{wr} \times C_{we} \tag{6-5}$$

式中,V_{wr} 为水源涵养价值(元/a);Q_{wr} 为核算区内总的水源涵养量(m³/a);C_{we} 为水库单位库容的工程造价及维护成本(元/m³)。

4. 土壤保持功能类生态产品价值核算方法

土壤保持功能是生态系统(如森林、草地等)通过林冠层、枯落物、根系等各个层次消减雨水的侵蚀能量,增加土壤抗蚀性,从而减轻土壤侵蚀,减少土壤流失,保持土壤的功能。土壤保持功能是生态系统服务功能的一个重要方面,它为土壤形成、植被固着、水源涵养等提供了重要基础,同时也为生态安全和生态系统服务提供了保障。

1) 功能量

选用土壤保持量,即通过生态系统减少的土壤侵蚀量(潜在土壤侵蚀量与实际土壤侵蚀量的差值),作为生态系统土壤保持功能的评价指标。其中,实际土壤侵蚀量是指当前地表覆盖情形下的土壤侵蚀量,潜在土壤侵蚀量则是指没有地表覆盖因素情形下可能发生的土壤侵蚀量。修正通用土壤流失方程如下。

$$A_{ae} = R \times K \times L \times S \times C \tag{6-6}$$

$$A_{pe} = R \times K \times L \times S \tag{6-7}$$

$$Q_{sr} = A_{pe} - A_{ae} = R \times K \times L \times S \times (1-C) \tag{6-8}$$

式中,A_{ae} 为实际土壤侵蚀量(t/a);A_{pe} 为潜在土壤侵蚀量(t/a);Q_{sr} 为土壤保持量(t/a);R 为降雨侵蚀力因子[MJ·mm/(hm²·h)],用多年平均年降雨侵蚀力指数表示；K 为土壤可蚀性因子 $[\text{t·hm}^2\text{·h}/(\text{hm}^2\text{·MJ·mm})]$，表示为标准样方上单位降雨侵蚀力所引起的土壤流失量；L 为坡长因子；S 为坡度因子；C 为植被覆盖因子。降雨侵蚀力因子 R、土壤可蚀性因子 K、坡长因子 L、坡度因子 S 和植被覆盖因子 C 的测算来自实测数据或者相关文献。

2) 价值量

生态系统的土壤保持价值是指通过生态系统减少土壤侵蚀产生的生态效应，包括减少泥沙淤积和减少面源污染两个指标。

减少泥沙淤积：土壤侵蚀使大量的泥沙淤积于水库、河流、湖泊中，在一定程度上增加了干旱、洪涝灾害发生的概率。如未采取任何水土保持措施，需要人工清淤作业进行消除。根据土壤保持量和淤积量，运用替代成本法，采用水库清淤工程所花费的费用计算减少泥沙淤积的价值。

减少面源污染：土壤营养物质（主要是氮、磷、钾）在土壤侵蚀的情况下大量流失，进入受纳水体（包括河流、湖泊、水库和海湾等），造成大面积的面源污染，如未采取任何水土保持措施，需要通过环境工程降解受纳水体中过量的营养物质（氮、磷、钾），减少面源污染。根据土壤保持量和土壤中有机质、氮、磷、钾的含量，运用替代成本法，通过环境工程降解成本计算减少面源污染的价值。

土壤保持价值量计算公式如下：

$$V_{sr} = V_{sd} + V_{dpd} \tag{6-9}$$

式中，V_{sr} 为生态系统土壤保持价值（元/a）；V_{sd} 为减少泥沙淤积的价值（元/a）；V_{dpd} 为减少面源污染的价值（元/a）。

减少泥沙淤积价值：

$$V_{sd} = \lambda \times (Q_{sr}/\rho) \times c \tag{6-10}$$

式中，V_{sd} 为减少泥沙淤积的价值（元/a）；Q_{sr} 为土壤保持量（t/a）；c 为水库清淤工程费用（元/m³）；ρ 为土壤容重（t/m³）；λ 为泥沙淤积系数。按照中国主要流域的泥沙运动规律，全国土壤侵蚀流失的泥沙有 24% 淤积于水库、江河、湖泊。因此，本书中生态系统因保持土壤而减少泥沙淤积的体积按照 24% 的比例估算。根据《生态产品总值核算规范》可知，江苏省土壤容重为 1.377 t/m³。依据《森林生态系统服务功能评估规范》（GB/T 38582—2020），单位水库清淤工程费用取值为 15.12 元/m³。

减少面源污染价值：

$$V_{dpd} = \sum_{i=1}^{n} Q_{sr} \times c_i \times p_i \tag{6-11}$$

式中，V_{dpd} 为减少面源污染的价值（元/a）；Q_{sr} 为土壤保持量（t/a）；c_i 为土壤中有机质、氮、磷、钾的纯含量(%); p_i 为环境工程降解成本(元/t)。土壤养分含量主要包括有机质、氮、磷、钾,数据来源于中国 1:100 万土壤类型图,取值分别为 1.88%、0.103%、0.072%和 1.66%。环境工程降解成本依据中华人民共和国国家发展和改革委员会价格监测中心的物质价格取值:有机肥为 1089.27 元/t、尿素为 1992.25 元/t、磷酸二铵为 569.22 元/t、氯化钾为 2083.22 元/t。

5. 防风固沙功能类生态产品价值核算方法

防风固沙功能是指生态系统通过其结构与过程,降低因风蚀导致的地表土壤裸露,增强地表粗糙程度,减少风蚀输沙量,减少土地沙化的功能,是生态系统提供的重要调节功能之一。

在风蚀过程中,植被可通过多种途径对地表土壤形成保护,减少风蚀输沙量。地表植被可以通过根系固定表层土壤,改良土壤结构,减少土壤裸露的机会,进而提高土壤抗风蚀的能力;植被还可以通过增加地表粗糙度、阻截等方式降低起沙风速和大风动能,从而削弱风的强度和挟沙能力,减少风力侵蚀和风沙危害。

1) 功能量

选用防风固沙量,即通过生态系统减少的风蚀量(潜在风蚀量与实际风蚀量的差值),作为生态系统防风固沙功能的评价指标。修正风力侵蚀模型的计算公式如下:

$$Q_{sf} = 0.1699 \times (WF \times EF \times SCF \times K')^{1.3711} \times (1 - C^{1.3711}) \qquad (6\text{-}12)$$

式中, Q_{sf} 为防风固沙量(t/a); WF 为气候侵蚀因子; K' 为地表糙度因子; EF 为土壤侵蚀因子; SCF 为土壤结皮因子; C 为植被覆盖因子。

2) 价值量

生态系统防风固沙价值主要体现在减少土地沙化的经济价值。根据防风固沙量和土壤沙化覆沙厚度,核算出减少的沙化土地面积;运用替代成本法,根据单位面积沙化土地治理费用(将沙地恢复为有植被覆盖的草地/农田所花费的费用),计算治理这些沙化土壤的成本,作为生态系统防风固沙功能的价值。防风固沙量由功能量核算得到,土壤容重来自土壤调查或文献资料,单位治沙工程成本或单位植被恢复成本来自物价部门。

$$V_{sf} = \frac{Q_{sf}}{\rho \times h} \times c \qquad (6\text{-}13)$$

式中, V_{sf} 为防风固沙价值(元/a); Q_{sf} 为防风固沙量(t/a); ρ 为土壤容重(t/m³); h 为土壤沙化覆沙厚度(m); c 为单位治沙工程的成本或单位植被恢复成本(元/m²)。参考《生态产品总值核算规范》,江苏省土壤容重为 1.377 t/m³。根据实地调查结果，江阴市土壤沙化覆沙厚度为 0.40 m。依据《森林生态系统服务功能评估规范》(GB/T 38582—2020)，同时考虑时间变化，结合调研可知，单位治沙工程的成本或单位植被恢复成本取值为 126.171 36 元/m²。

6. 洪水调蓄功能类生态产品价值核算方法

洪水调蓄功能是指自然生态系统所特有的生态结构能够吸纳大量的降水和过境水，蓄积洪峰水量，削减并滞后洪峰，以缓解汛期洪峰造成的威胁和损失的功能。只核算年降水量大于 400 mm 的湿润区、亚湿润区生态系统的洪水调蓄价值。干旱区、亚干旱区和极干旱区洪水威胁较少，不核算该指标。

1) 功能量

选用植被调蓄水量和洪水期滞水量(水库、湖泊、沼泽)表征生态系统的洪水调蓄能力，即调节洪水的潜在能力。暴雨降水量数据来源于气象部门；暴雨径流量、沼泽湿地土壤蓄水深度、沼泽湿地土壤饱和含水率、沼泽湿地洪水淹没前的自然含水率、沼泽湿地地表滞水高度参考相关研究文献或通过实测获得。利用水量平衡法计算洪水调蓄功能量的公式如下：

$$C_{\mathrm{fm}} = C_{\mathrm{vfm}} + C_{\mathrm{rfm}} + C_{\mathrm{lfm}} + C_{\mathrm{mfm}} \tag{6-14}$$

式中，C_{fm} 为生态系统洪水调蓄量(m³/a)；C_{vfm} 为植被洪水调蓄量(m³/a)；C_{rfm} 为水库洪水调蓄量(m³/a)；C_{lfm} 为湖泊洪水调蓄量(m³/a)；C_{mfm} 为沼泽洪水调蓄量(m³/a)。

2) 价值量

核算减轻洪水威胁的经济价值，运用替代成本法(即水库的建设成本)核算生态系统的洪水调蓄价值。

$$V_{\mathrm{fm}} = C_{\mathrm{fm}} \times C_{\mathrm{we}} \tag{6-15}$$

式中，V_{fm} 为生态系统洪水调蓄价值(元/a)；C_{fm} 为生态系统洪水调蓄量(m³/a)；C_{we} 为水库单位库容的工程造价及维护成本(元/m³)。依据《森林生态系统服务功能评估规范》(GB/T 38582—2020)，结合 2005～2020 年历年居民消费价格指数(consumer price index, CPI)折算至 2020 年，可知水库单位库容的工程造价及维护成本为 9.021 14 元/m³。

7. 空气净化功能类生态产品价值核算方法

空气净化功能是指生态系统吸收、过滤、阻隔和分解大气污染物(如二氧化硫、氮氧化物、粉尘等)，净化空气污染物，改善大气环境的功能。空气净化功能主要体现在净化污染物和阻滞粉尘方面。根据《环境空气质量标准》(GB 3095—2012)中对空气质量应控制的项目和限值的规定，主要选取对二氧化硫、氮氧化物、烟粉尘三种污染物的空气净化能力指标作为生态系统空气净化功能的评价指标。

1) 功能量

空气净化功能量的核算依据污染物浓度是否超过环境空气功能区质量标准选择不同的方法。根据数据的可获得性及实地调研结果，研究采用生态系统自净能力法估算功能量。

$$Q_{ap} = \sum_{i=1}^{n}\sum_{j=1}^{m} Q_{ij} \times A_j \tag{6-16}$$

式中，Q_{ap}为生态系统空气净化能力(kg/a)；Q_{ij}为单位面积第j类生态系统对第i种大气污染物的净化量[kg/(km²·a)]；i为大气污染物类别，$i=1, 2, \cdots, n$；n为大气污染物类别的数量；j为生态系统类型，$j=1, 2, \cdots, m$；m为生态系统类型的数量；A_j为第j类生态系统类型面积(km²)。

2) 价值量

生态系统空气净化价值是指生态系统吸收、过滤、阻隔和分解减少大气污染物(如二氧化硫、氮氧化物、粉尘等)，使大气环境得到改善产生的生态效应。采用替代成本法(工业治理大气污染物成本)，核算生态系统空气净化价值。

二氧化硫、氮氧化物、烟粉尘净化价值的计算方法为运用二氧化硫、氮氧化物、烟粉尘三种污染物的空气净化功能量，分别乘以单位二氧化硫、氮氧化物、烟粉尘的处理费用，核算空气净化价值。

$$V_{ap} = \sum_{i=1}^{n} Q_i \times c_i \tag{6-17}$$

式中，V_{ap}为生态系统空气净化的价值(元/a)；Q_i为第i种大气污染物的净化量(t/a)；i为大气污染物类别，$i=1, 2, \cdots, n$；n为大气污染物类别的数量；c_i为第i类大气污染物的治理成本(元/t)。大气污染物治理成本数据来源于《长江、黄河中上游地区退耕还林工程生态效益特征及价值化研究》(师贺雄，2016)，其中，二氧化硫、氮氧化物、一般性粉尘排污费为1.93元/kg、1.01元/kg和0.24元/kg。

除此之外，还需要考虑负离子价值。负离子价值采用替代成本法进行评估。

$$U_A = 5.256 \times 10^{15} \times A \times H \times K_A \times Q_A / L \tag{6-18}$$

式中，U_A为负离子价值(元/a)；A为生态系统面积(hm²)；H为植被高度(m/a)；K_A为负离子生产费用(元/个)；Q_A为负离子浓度(个/cm³)；L为负离子寿命(min)。其中，负离子浓度数据来源于《浙江省空气负离子浓度分布特征》(姚益平等，2019)，可知森林负离子浓度约为3000个/cm³，瀑布溪流负离子浓度约为10 000个/cm³，城市绿地负离子浓度约为500个/cm³，本书中各类型生态系统空气负离子浓度见表6-7。参考《中国城市环境中空气负离子研究进展》(王薇和余庄，2013），负离子寿命为 20 min。负离子生产费用来源于《森林生态系统服务功能评估规范》(GB/T 38582—2020)，为 5.8185×10^{-18} 元/个。植被高度参考常绿阔叶林，约为 20 m。

表 6-7　各类型生态系统空气负离子浓度　　　　　（单位：个/cm³）

地类	湿地	耕地	园地	林地	草地	绿地与开敞空间	陆地水域
空气负离子浓度	500	500	2000	3000	1000	500	10 000

8. 水质净化功能类生态产品价值核算方法

水质净化功能是指湖泊、河流、沼泽等水域湿地生态系统吸附、降解、转化水体污染物，净化水环境的功能。水质净化服务价值评估主要是利用监测数据，根据水体生态系统中污染物构成和浓度变化，选取适当的指标对其进行定量化评估。常用指标包括氨氮、化学需氧量(COD)、总氮、总磷及部分重金属含量等。根据《地表水环境质量标准》(GB 3838—2002)中对水环境质量应控制的项目和限值的规定，选取 COD、氨氮、总磷污染物净化量指标作为生态系统水质净化功能的主要评价指标。

1) 功能量

选用水体污染物净化量作为生态系统水质净化功能的评价指标，各类生态系统面积来源于自然资源部门，生态系统对污染物的单位面积净化量来源于参考文献和实地调查分析。水体污染物净化量的具体计算公式如下：

$$Q_{\mathrm{wp}} = \sum_{i=1}^{n}\sum_{j=1}^{m} P_{ij} \times A_j \tag{6-19}$$

式中，Q_{wp} 为水体污染物净化量(kg/a)；P_{ij} 为单位面积第 j 类生态系统对第 i 种污染物的净化量[kg/(km²·a)]；i 为水体污染物类别，$i=1, 2, \cdots, n$；n 为水体污染物类别的数量；j 为生态系统类型，$j=1, 2, \cdots, m$；m 为生态系统类型的数量；A_j 为第 j 类生态系统的面积(km²)。

2) 价值量

采用替代成本法确定单位水资源品质的价格，其思路为：因污染物排放导致河流湖库受到污染，按照现行的治理技术和水平去除水体中的超标污染物从而使受损环境恢复所需要的费用。因污染尚未发生，故此费用为虚拟治理成本，其计算公式如下：

$$P = \sum_{i=1}^{n} P_i \times Q_i \tag{6-20}$$

式中，P 为受污染水体的环境恢复成本(元/a)；P_i 为第 i 个污染物的单位虚拟治理成本价格(元/kg)；Q_i 为受污染水体中第 i 个污染物的质量(kg)；i 为研究区第 i 类水体污染物类别，$i=1,2,\cdots,n$；n 为研究区水体污染物类别的数量。其中，COD、氨氮、总磷的净化价格根据江阴市排污权储备交易中心提供的主要水污染物市场交易价格，再结合多年生产价格指数(producer price index, PPI)，折算得到核算年主要水污染物市场交易价格的可比价，分别为 3.12 元/kg、3.80 元/kg 和 8.67 元/kg。此外，水质净化价值量还需考虑水资源定价。依据 2022 年优惠期无锡市水价标准，以生活用水、工商服务用水和特种行业用水价格的平均值为基础进行调整，可得水资源价格为 6.06 元/kg。

9. 碳固定功能类生态产品价值核算方法

生态系统碳固定功能是指自然生态系统吸收大气中的二氧化碳(CO_2)合成有机质，将碳固定在植物或土壤中的功能。该功能有利于降低大气中二氧化碳浓度，减缓温室效应。生态系统的碳固定功能，对降低减排压力具有重要意义。本书选用固定二氧化碳量作为生态系统碳固定功能的评价指标。

1) 功能量

陆地生态系统碳固定功能的计算方法主要有两种[固碳速率法或净生态系统生产力(net ecosystem productivity, NEP)法]，本书根据数据可获取性，选择净生态系统生产力法(NEP 法)。计算公式如下：

$$Q_{CO_2} = M_{CO_2}/M_C \times NEP \tag{6-21}$$

式中，Q_{CO_2} 为生态系统固碳量(t CO_2/a)；$M_{CO_2}/M_C=44/12$，为 C 转化为 CO_2 的系数；NEP 为净生态系统生产力(t C/a)。

2) 价值量

生态系统固碳释氧价值是指生态系统通过植物光合作用固定 CO_2 并释氧 O_2，实现大气中 CO_2 与 O_2 的稳定而产生的生态效应，体现在固碳价值和释氧价值两个方面。生态系统固碳价值核算常用的方法有碳税法、碳交易价格法、造林成本法、工业减排法，其中采用较多的是造林成本法和瑞典的碳税法。

本书中生态系统固碳价值采用替代成本法(造林成本法、工业减排成本)与市场价值法(碳交易价格)进行核算。

$$V_{Cf} = Q_{CO_2} \times C_{CO_2} \tag{6-22}$$

式中，V_{Cf} 为生态系统固碳价值(元/a)；Q_{CO_2} 为生态系统固碳量(t CO_2/a)；C_{CO_2} 为二氧化碳价格(元/t)。固碳价格参考瑞典碳税率，为 1200 元/t。

10. 氧气提供功能类生态产品价值核算方法

生态系统的氧气提供功能指植物在光合作用过程中,释放出氧气的功能。这种功能对于维持大气中氧气的稳定,改善人居环境具有重要意义。本书选用释氧量作为生态系统氧气提供功能的评价指标。

1) 功能量

陆地生态系统固碳释氧功能的计算方法主要有两种(固碳速率法或 NEP 法),本书根据数据可得性选择净生态系统生产力法(NEP 法)。计算公式见式(6-21)。

根据光合作用化学方程式可知,植物每吸收 1 mol CO_2,就会释放 1 mol O_2,可以据此测算出生态系统释放氧气的质量:

$$Q_{op} = M_{O_2}/M_{CO_2} \times Q_{CO_2} \tag{6-23}$$

式中,Q_{op} 为生态系统释氧量(t O_2/a);M_{O_2}/M_{CO_2} =32/44,为 CO_2 转化为 O_2 的系数;Q_{CO_2} 为生态系统固碳量(t CO_2/a)。

2) 价值量

生态系统固碳释氧价值是指生态系统通过植物光合作用固定 CO_2 并释氧 O_2,实现大气中 CO_2 与 O_2 的稳定而产生的生态效应,体现在固碳价值和释氧价值两个方面。生态系统释氧价值核算常用的方法有工业制氧法、造林成本法。

本书采用市场价值法(医疗制氧价格)核算生态系统氧气提供的价值。

$$V_{op} = Q_{op} \times C_o \tag{6-24}$$

式中,V_{op} 为生态系统释氧价值(元/a);Q_{op} 为生态系统释氧量(t O_2/a);C_o 为医疗制氧价格(元/t)。制氧价格参考中华人民共和国国家卫生健康委员会网站中春季氧气平均价格 1000 元/t(吕文广,2017)。

11. 气候调节功能类生态产品价值核算方法

生态系统气候调节功能是指生态系统通过蒸腾作用与光合作用、水面蒸发过程降低气温、缩小气温变化范围、增加空气湿度,从而改善人居环境舒适程度的生态效应。生态系统的水面蒸发和植被蒸腾是气候调节的主要物质基础。水面蒸发吸收(释放)热量,从而可以减缓环境温度变化,并向空气中释放水汽,增加环境湿度。

1) 功能量

生态系统通过植物的光合作用吸收太阳光能,减少环境中光能向热能的转变,从而减缓气温的升高;生态系统通过蒸腾作用,将植物体内的水分以气体形式通过气孔扩散到空气中,使太阳光的热能转化为水分子的动能,消耗热量,降低空气温度,同时散发到空气中的水汽能增加空气的湿度。本书采用地表实际蒸散发量作为气候调节的功能量。

2) 价值量

本书首先将地表蒸散的能量转换为电能，再采用电网企业全国平均销售电价进行生态系统气候调节服务功能价值的核算。气候调节价值的计算公式为

$$V_{et} = \sum Q_i \times \alpha \times \text{COP} \times P \tag{6-25}$$

式中，V_{et} 为气候调节价值(元/a)；$\sum Q_i$ 为总蒸散能量(J/a)；α 为地表蒸散的能量与电能的转换系数，取 0.278×10^{-6} kW·h/J；COP 为空调制冷系数，设为 3；P 为电价[元/(kW·h)]。参考电网企业全国平均销售价格，结合实地调查结果，将江阴市生活消费电价确定为 0.664 71 元/(kW·h)。

12. 噪声消减功能类生态产品价值核算方法

噪声消减是城市绿地生态系统的典型功能之一。城市绿地噪声消减的原理主要通过以下四个方面产生协同作用：当声波入射到植物体特别是叶片时，植物体具有的屏障效应导致声波的反射和衍射衰减；部分声能被植物体吸收，并使植物体产生阻尼振动，转化为植物体的固有振动频率，导致声衰减；绿地土壤和地被植物能反射和吸收低频声波，产生声衰减；绿地形成的小气候导致的温度、湿度的梯度变化也会产生声衍射。

1) 功能量

本书选用噪声消减量作为城市生态系统噪声消减功能的评价指标。将具有交通绿化带且非高架道路的路段按照宽度、流量、道路等级进行分类，每类道路两侧设置监测样点，采集相关数据。绿化带降噪模型如下：

$$Q_{\text{NA}} = \frac{\sum_{i=1}^{n} R_i \times \text{NA}_i}{\sum_{i=1}^{n} R_i} \tag{6-26}$$

式中，Q_{NA} 为噪声消减量(dB)；R_i 为第 i 类道路的长度(km)；NA_i 为第 i 类道路两侧的平均降噪分贝(dB)，降噪分贝数由绿化带靠近路侧和远路侧噪声差值确定。

2) 价值量

噪声消减量可以作为城市生态系统噪声消减功能的评价指标，采用声污染对江阴市城镇常住居民人均可支配收入的损失进行评估，具体公式如下：

$$\text{SV} = K - S \tag{6-27}$$

$$K = f \sum M \tag{6-28}$$

$$S = \frac{K}{1 + 2.132 \times 10^8 \times e^{-0.3396C}} \times A_i \tag{6-29}$$

式中，SV 为声环境服务价值(元/a)；K 为声环境创造的总价值(元/a)；S 为当声级为 C 时的声污染损失值(元/a)；f 为比例系数，城市居民可取 f=1/20；M 为区域居民的人均可支配收入(元/人)；$\sum M$ 表示该区域的居民收入，其值等于区域人均可支配收入乘以该区域人口；C 为噪声源声级大小(dB)；A_i 为某一地类面积占区域总面积的比例。根据统计数据可知，2020 年江阴市城镇常住居民人均可支配收入为 72 185 元，常住人口为 177.99 万人。通过《2020 年度江阴市环境状况公报》，可以查阅得到江阴市噪声源声级大小为 54.2 dB。

13. 文化服务类生态产品价值核算方法

文化服务类价值是指休憩资源等为人类提供休憩服务所体现的价值。这类价值主要通过直接价值与间接价值来体现。直接价值是游客在旅游休憩过程中的消费支出，包括交通费用、景点门票、食宿购物及娱乐项目费用等，这一部分价值是地区生产总值的一项重要来源。不同的职业、收入水平、基础设施配置程度和服务水平等可以导致游客产生不同的支付意愿，也会形成不同的旅游人数和旅游收入。间接价值则指旅游休闲活动可能带来的景观溢价、房地产溢价增值、教育价值等。因此，文化服务价值的大小与旅游休憩资源品质、交通便利程度等因素相关，可以通过实际旅游收入来衡量。

1) 功能量

江阴市文化服务价值的功能量主要体现在旅游人数上，可以参考《江阴统计年鉴 2021》得到 2020 年的旅游人数，确定为核算期江阴市文化服务类生态产品功能量。

2) 价值量

运用旅行费用法核算人们通过休闲旅游活动体验生态系统与自然景观美学价值，并获得知识和精神愉悦的非物质价值。自然景观名录、旅游人数通过旅游、园林等部门获取，游客的社会经济特征、旅行费用情况、休闲旅游活动支付意愿等可以通过问卷调查获得。

$$\text{TC}_j = \sum_{j=1}^{n} N_j \times C_j \tag{6-30}$$

式中，TC_j 表示核算期内总文化服务类价值(元/a)；N_j 为 j 地到核算地区旅游的总人数(人/a)；j 为来到被核算地点旅游的游客所在区域(区域按离核算地点的距离画同心圆)，j=1, 2, ⋯, n；C_j 为来自 j 地的游客花费的平均直接旅行费用(元/人)，包括游客从 j 地到核算区域的交通费用 $C_{\text{tc},j}$ (元/人)、食宿花费 $C_{\text{lf},j}$ (元/人)和门票费用 $C_{\text{ef},j}$ (元/人)等，由消费意愿调查得到。

第7章 生态产品价值核算结果分析

7.1 基于功能的生态产品价值核算结果

7.1.1 物质供给类生态产品价值

参考《江阴统计年鉴 2021》，2020 年江阴市物质供给类产品价值量为 62.49 亿元。其中，农业产品价值量为 35.40 亿元，林业产品价值量为 5.40 亿元，畜牧业产品价值量为 3.80 亿元，渔业产品价值量为 8.45 亿元，农林牧渔服务业产品价值量为 9.44 亿元。

7.1.2 水源涵养功能类生态产品价值

1. 指标测算结果

1）降水量

根据可获得的水文监测站点及其年降水量监测数据，将降水量（P_i）取为江阴市内重要水文监测站点年降水量的平均值，包括肖山水文站、工农闸水文站和青阳水文站，得到年降水量的平均值为 1392.2 mm。

2）蒸散发量

蒸散发量（ET_i）为根据豪德法得到的区域蒸发量。豪德法是道尔顿法的一种形式，它主要考虑不饱和水汽压差对蒸发的影响，只需要每日 14 时的气温和 14 时的相对湿度即可，公式如下：

$$ETP = f(mon)(es_{14} - ea_{14}) \tag{7-1}$$

式中，ETP 为可能日蒸散发量(mm/d)；$f(mon)$ 为逐月经验系数，见表 7-1；es_{14} 为 14 时的空气饱和水汽压(hPa)，即

$$es_{14} = 6.11 \times 10^{7.48 \times T_{14}/(237+T_{14})} \tag{7-2}$$

ea_{14} 为 14 时的空气实际水汽压(hPa)，即

$$ea_{14} = es_{14} \times h_{14} \tag{7-3}$$

其中，T_{14} 为 14 时气温月平均值(℃)；h_{14} 为 14 时相对湿度的月平均值(%)。将 14 时气温月平均值近似等同于月最高气温平均值，结合月平均湿度数据（表 7-2），利用蒸散发量的月因数表，最终计算得到江阴市年蒸散发量为 599.2465 mm。

表 7-1 可能蒸散发量计算月因数表

月份	f(mon)	月最大日照时数 S_{max}/(h/d)	到达大气顶的太阳辐射 RE/(W/m^2)
1	0.22	10.1	209
2	0.22	11.0	266
3	0.22	11.9	342
4	0.29	13.1	416
5	0.29	14.0	464
6	0.28	14.5	487
7	0.26	14.3	473
8	0.25	13.5	436
9	0.23	12.4	371
10	0.22	11.3	300
11	0.22	10.3	226
12	0.22	9.8	187

表 7-2 江阴市全年逐月平均湿度和温度表

月份	平均湿度/%	日均最高气温/℃	日均最低气温/℃	历史最高气温/℃	历史最低气温/℃
1	67	8	0	22	−9
2	71	10	2	22	−6
3	66	16	7	28	−1
4	64	23	13	31	2
5	66	28	18	36	10
6	75	30	22	37	16
7	74	34	27	40	18
8	76	33	26	39	19
9	75	28	21	34	13
10	70	23	15	29	0
11	73	16	8	25	−4
12	67	10	2	18	−6

3) 地表径流量

地表径流量（R_i）通过以下公式计算求得：

$$R_i = P_i \times \alpha \tag{7-4}$$

式中，α 为平均地表径流系数，按地表生态类型计算，各生态系统类型平均地表径流系数如表 7-3 所示。

表 7-3　江阴市各类型生态系统地表径流系数均值

一级地类	二级地类	生态系统类型	径流系数/%
湿地	内陆滩涂	湿地	0
耕地	旱地	旱地	46.96
	水浇地	水田	34.70
	水田		34.70
园地	茶园	灌木园地	7.90
	果园	乔木园地	9.57
	可调整茶园	灌木园地	7.90
	可调整果园	乔木园地	9.57
	可调整其他园地	灌木园地	7.90
	其他园地	灌木园地	7.90
林地	灌木林地		
	可调整其他林地		
	可调整乔木林地	常绿阔叶林	2.67
	其他林地		
	乔木林地		
	竹林地		
草地	其他草地	草原	4.78
绿地与开敞空间	公园与绿地	草本绿地	18.27
	广场用地		
陆地水域	沟渠	运河/水渠	0
	河流水面	河流	
	湖泊水面	湖泊	
	坑塘水面		
	养殖坑塘	水库/坑塘	
	可调整养殖坑塘		
	水库水面		

各个地类选取的径流系数如下。湿地：江阴市湿地面积为 3.25 km², 湿地的二级地类是内陆滩涂，径流系数为 0。耕地：江阴市耕地面积为 255.44 km², 耕地的二级地类为旱地、水浇地和水田，其中，旱地面积为 9.84 km², 水田和水浇地面积为 245.60 km², 旱地的径流系数为 46.96%, 水浇地和水田的径流系数均为 34.7%。园地：江阴市园地面积为 34.17 km², 园地的二级地类为茶园、果园、可调整茶园、可调整果园、可调整其他园地和其他园地，其中，灌木园地面积为 9.74 km², 乔木园地面积为 24.43 km², 茶园、可调整茶园、可调整其他园地、其他园

地的径流系数均为 7.90%，果园、可调整果园的径流系数为 9.57%。林地：江阴市林地面积为 107.01 km^2，林地的二级地类分为灌木林地、可调整其他林地、可调整乔木林地、其他林地、乔木林地和竹林地，考虑到江阴的实际情况，地表径流系数统一采用常绿阔叶林这一生态系统类型的地表径流系数，为 2.67%。草地：江阴市草地面积为 15.49 km^2，草地的二级地类为其他草地，参考草原的径流系数，数值为 4.78%。绿地与开敞空间：江阴市绿地与开敞空间面积为 11.46 km^2，绿地与开敞空间的二级地类为公园与绿地、广场用地，两者采用草本绿地的径流系数 18.27%。陆地水域：江阴市陆地水域面积为 168.60 km^2，陆地水域的二级地类为沟渠、河流水面、湖泊水面、坑塘水面、养殖坑塘、可调整养殖坑塘和水库水面，它们的径流系数均为 0。

2. 功能量核算结果

在利用水量平衡法的基础上，考虑耕地、园地的非毛管静态蓄水量可以减少地表径流量，以及林地、草地、绿地与开敞空间用地生态系统与裸地相比可以增加的蓄水效应，最终计算得到江阴市水源涵养功能量为 1 860 627 969.65 m^3/a。按单位面积（亩）统计不同地类的水源涵养功能量，并得到其功能量的空间分布，如图 7-1 所示。

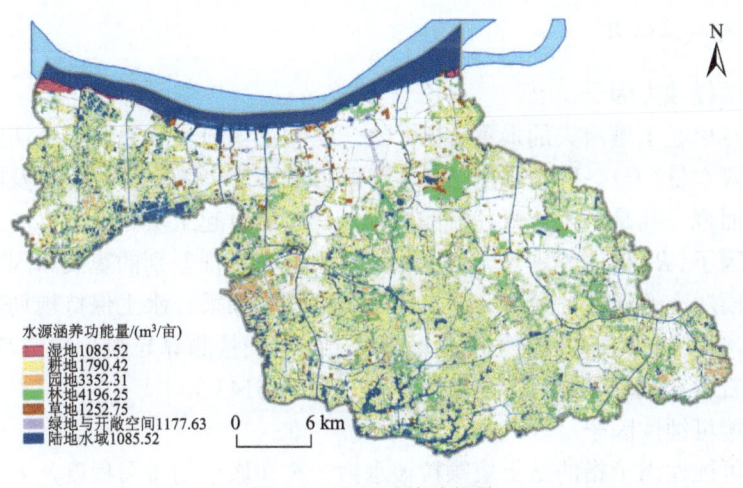

图 7-1 水源涵养功能量

3. 价值量核算结果

水库单位库容的工程造价及维护成本来自《森林生态系统服务功能评估规范》（GB/T 38582—2020），依据 2005～2020 历年 CPI 指数折算至 2020 年，为

9.021 14 元/m³。根据江阴市水源涵养功能量和水库单位库容工程造价及维护成本计算可知,江阴市水源涵养功能类生态产品价值量为167.85亿元。通过统计单位面积(亩)生态系统地类的价值量,最终得到其价值量空间分布,如图7-2所示。

图7-2 水源涵养价值量

7.1.3 土壤保持功能类生态产品价值

1. 指标测算结果

1)降雨侵蚀力因子

降雨是引起土壤流失的最重要因子之一,与土壤流失关系比较密切的降雨特性参数有降水量(P)、降雨强度(I)、降雨历时(T)、瞬时雨率(N)及降雨雨型等。一般而言,凡是产生地表径流的降雨,均能够引起土壤流失。不同区域的降雨侵蚀力因子(R)值的差别是导致区域间水土流失特征差别的重要原因之一,准确评估降雨对土壤侵蚀的潜在作用,将对土壤流失预报、水土保持规划等产生积极的意义。本书的核算参考《生产建设项目土壤流失量测算导则》(SL 773—2018)附录C中江阴市的年降雨侵蚀力因子,其数值为5143.9。

2)土壤可蚀性因子

土壤可蚀性因子指的是土壤颗粒被水力分离和搬运的难易程度,主要与土壤质地、有机质含量、土体结构、渗透性等土壤理化指标有关。土壤可蚀性因子(K)需要根据项目区周边标准小区实际观测资料计算,但标准小区观测资料较难获取,土壤理化性质数据不能较好地匹配相关计算,因此,参考《生产建设项目土壤流失量测算导则》(SL 773—2018)附录C中江阴市的土壤可蚀性因子,其数值为0.004。

3)地形(坡度和坡长)因子

地形因子包括坡度因子(S)和坡长因子(L),这两个因子是土壤侵蚀模型中的重要参数，均基于江阴市自然资源和规划局提供的数字高程模型(digital elevation model, DEM)数据生成。坡度是指地表一点的切平面与水平面的夹角，描述地表面在该点的倾斜程度。其影响着地表物质流动与能量转换的规模与强度，制约着生产力的空间布局。借助 ArcGIS 10.2 软件，利用坡度工具计算得到江阴市域的坡度，而后参考国内外研究成果，在不同的坡度范围下选用不同的公式来计算坡度因子。具体计算方法采用如下的公式：

$$S = \begin{cases} 10.8\sin\theta + 0.03, & \theta < 5° \\ 16.8\sin\theta - 0.5, & 5° \leqslant \theta \leqslant 10° \\ 21.9\sin\theta - 0.96, & \theta > 10° \end{cases} \tag{7-5}$$

式中，θ 指坡度(°)。

由图 7-3 可知，江阴市地形坡度整体上较为平缓，相较于南部和北部，中部地区的坡度变化较大。具体而言，江阴长山、定山、绮山、花山、秦望山等区域的坡度较大。从空间分布来看，云亭街道、南闸街道的平均坡度最高；华士镇、

图 7-3 坡度因子空间分异及区域统计

周庄镇、城东街道、澄江街道和月城镇的平均坡度次之；顾山镇、新桥镇、徐霞客镇、申港街道、祝塘镇、青阳镇、夏港街道及璜土镇的平均坡度较低；长泾镇和利港街道的平均坡度最低。

坡长通过影响坡面径流的流速和流量，影响水流挟沙力，进而影响土壤侵蚀强度，因而是定量计算土壤保持功能的重要指标。坡长因子的计算方法较多，由于所用资料及研究方法的不同，其结果存在一些差异。部分学者为了使不同地区的数据可以在一起进行比较分析，消除土壤侵蚀的区域差异，将不同地区的土壤侵蚀量都标准化到通用土壤流失方程（USLE）和修正通用土壤流失方程（RUSLE）的标准小区坡长 22.13 m 上，本书中核算采用孔亚平等（2008）《土壤侵蚀研究中的坡长因子评价问题》一文中的计算方法。计算公式为

$$L = (\lambda / 22.13)^m \tag{7-6}$$

$$\lambda = \text{flowacc} \times \text{cell size} \tag{7-7}$$

$$m = \beta / (\beta + 1) \tag{7-8}$$

$$\beta = (\sin\theta / 0.0896) / (3.0\sin^{0.8}\theta + 0.56) \tag{7-9}$$

式中，L 为标准化到 22.13 m 坡长上的土壤侵蚀量；m 为坡长因子指数；β 为细沟侵蚀量与细沟间侵蚀量的比值；θ 为坡度；λ 为坡长；flowacc 为流水累积量；cell size 为像元大小。借助 ArcGIS 10.2 软件，采用填洼、流向、流量工具，计算得到江阴市坡长的空间分布特征。由图 7-4 可知，江阴市坡长因子的空间分布与坡度因子的空间分布具有较强的相似性，大部分地区的地形坡长因子数值较小，坡长因子的空间差异较小；中部地区小范围的地形坡长因子数值较大，集中分布于定山、绮山、花山、秦望山等区域。从空间分布来看，城东街道、云亭街道、澄江街道、南闸街道的平均坡长因子最大；周庄镇、月城镇、夏港街道的平均坡长因子次之；新桥镇、申港街道、利港街道、华士镇、徐霞客镇、青阳镇、璜土镇的平均坡长因子较小；顾山镇、长泾镇、祝塘镇的平均坡长因子最小。

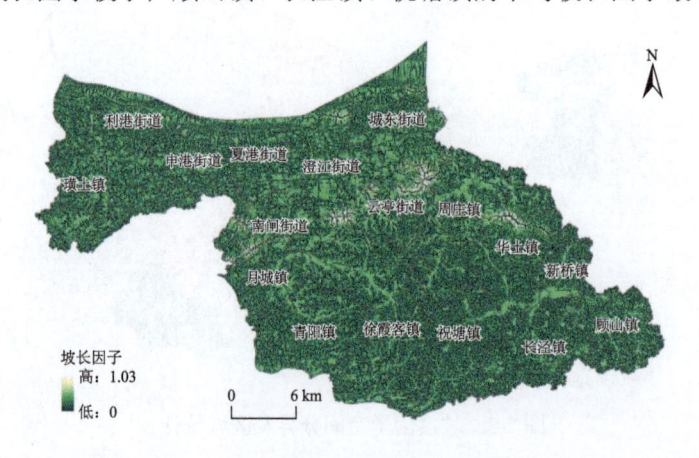

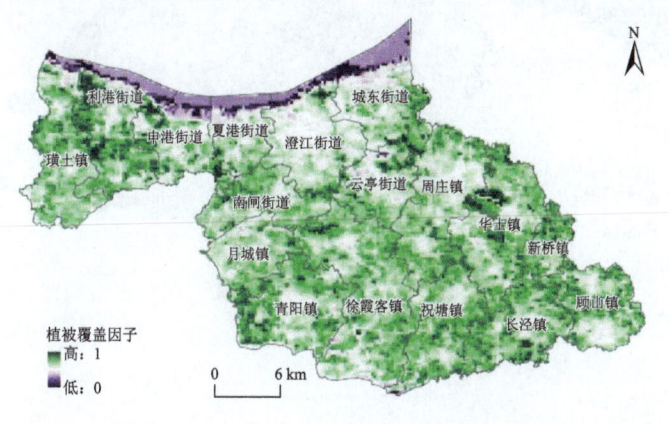

图 7-4　坡长因子空间分异及区域统计

4) 植被覆盖因子

基于中分辨率成像光谱仪 (MODIS) 遥感数据的 NDVI 产品 MOD13Q1, 利用此 NDVI 数据计算植被覆盖度, 表征植被覆盖因子 (C), 其中 NDVI 数据来源于地理空间数据云 (https://www.gscloud.cn/)。归一化植被指数 (NDVI) 是反映土地覆盖植被状况的一种遥感指标, 定义为近红外通道与可见光通道反射率之差与之和的商, 即 NDVI = (NIR − R) / (NIR + R), NIR、R 分别为近红外波段、红光波段的反射值。植被覆盖因子 (C) 的计算公式如下:

$$C = (\text{NDVI} - \text{NDVI}_{\min}) / (\text{NDVI}_{\max} - \text{NDVI}_{\min}) \tag{7-10}$$

式中, $\text{NDVI}_{\min}$ 为 NDVI 的最小值; $\text{NDVI}_{\max}$ 为 NDVI 的最大值。C 取值范围为 0~1, 值越大表示植被覆盖越好。

总体而言, 江阴市全域植被覆盖因子较高, 空间差异较小 (图 7-5)。从空间分布来看, 新桥镇和长泾镇的平均植被覆盖因子最高; 顾山镇、华士镇、祝塘镇、徐霞客镇、青阳镇、南闸街道的平均植被覆盖因子次之; 周庄镇、云亭街道、月城镇、利港街道、璜土镇、申港街道的平均植被覆盖因子较低; 夏港街道、澄江街道、城东街道的平均植被覆盖因子最低。

图 7-5　植被覆盖因子空间分异及区域统计

2. 功能量核算结果

根据土壤保持功能的指标测算和公式运算，最终得到 2020 年江阴市土壤保持功能量为 7866.87 t/a（图 7-6）。基于镇域统计江阴市土壤保持功能量（表 7-4），从江阴市 17 个镇和街道的土壤保持功能量来看，徐霞客镇、利港街道、城东街道、璜土镇、青阳镇最高，土壤保持功能量分别为 980.17 t/a、676.73 t/a、646.86 t/a、571.19 t/a、543.12 t/a，分别约占总量的 12.46%、8.60%、8.22%、7.26%、6.90%。长泾镇、云亭街道、顾山镇、夏港街道、新桥镇的土壤保持功能量最低，分别为 360.23 t/a、348.32 t/a、333.56 t/a、321.28 t/a、114.15 t/a。

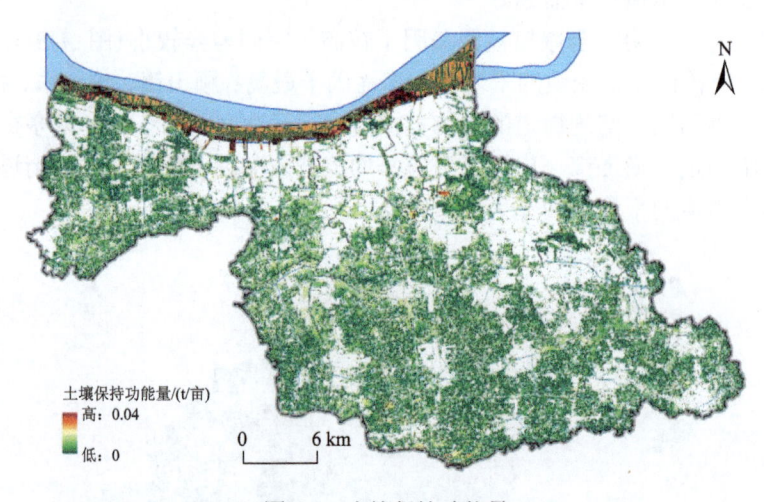

图 7-6　土壤保持功能量

第 7 章 生态产品价值核算结果分析

表 7-4 镇域土壤保持功能量

序号	镇域名称	功能量/(t/a)	序号	镇域名称	功能量/(t/a)
1	璜土镇	571.19	10	新桥镇	114.15
2	利港街道	676.73	11	长泾镇	360.23
3	申港街道	379.07	12	顾山镇	333.56
4	夏港街道	321.28	13	祝塘镇	424.75
5	月城镇	362.62	14	南闸街道	403.42
6	青阳镇	543.12	15	云亭街道	348.32
7	徐霞客镇	980.17	16	城东街道	646.86
8	华士镇	432.89	17	澄江街道	515.42
9	周庄镇	453.08			

3. 价值量核算结果

土壤保持价值量包括减少泥沙淤积价值和减少面源污染价值，其中减少泥沙淤积价值通过水库清淤工程所花费的费用来替代，减少的面源污染价值采用土壤中有机质、氮、磷、钾的养分含量及相应的有机肥、尿素、磷酸二铵、氯化钾的环境工程降解成本来计算，最终得到江阴市各地类土壤保持总价值量为 0.45 亿元（图 7-7）。从镇域（表 7-5）来看，徐霞客镇、利港街道、城东街道、璜土镇、青阳镇的土壤保持价值量最高，分别为 5 640 679.12 元、3 894 468.63 元、3 722 550.34 元、3 287 071.60 元、3 125 536.56 元，分别约占总价值量的 12.46%、8.60%、8.22%、7.26%、6.90%。长泾镇、云亭街道、顾山镇、夏港街道、新桥镇的土壤保持价值量最低，分别为 2 073 037.45 元、2 004 520.84 元、1 919 586.77 元、1 848 885.91 元、656 903.73 元。

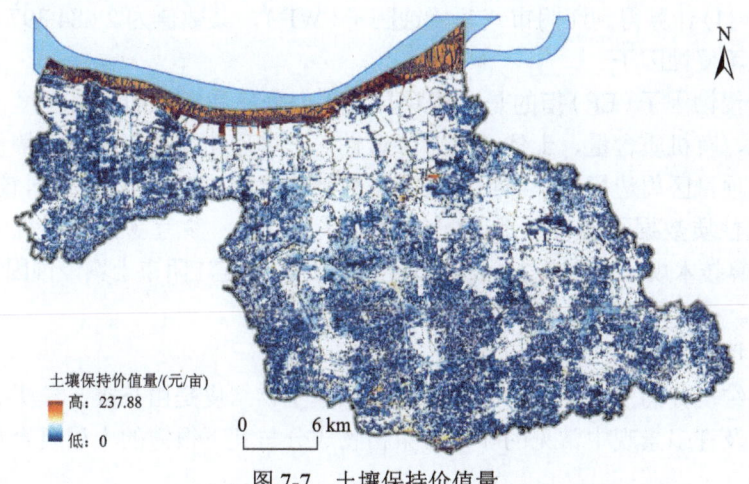

图 7-7 土壤保持价值量

表 7-5 镇域土壤保持价值量

序号	镇域名称	价值量/元	序号	镇域名称	价值量/元
1	璜土镇	3 287 071.60	10	新桥镇	656 903.73
2	利港街道	3 894 468.63	11	长泾镇	2 073 037.45
3	申港街道	2 181 452.75	12	顾山镇	1 919 586.77
4	夏港街道	1 848 885.91	13	祝塘镇	2 444 374.23
5	月城镇	2 086 806.64	14	南闸街道	2 321 625.10
6	青阳镇	3 125 536.56	15	云亭街道	2 004 520.84
7	徐霞客镇	5 640 679.12	16	城东街道	3 722 550.34
8	华士镇	2 491 205.61	17	澄江街道	2 966 118.93
9	周庄镇	2 607 389.43			

7.1.4 防风固沙功能类生态产品价值

1. 指标测算结果

1）气候侵蚀因子

气候侵蚀因子（WF）表征了在考虑土壤湿度、雪盖等因素下风力对土壤颗粒的搬运能力。其计算公式如下：

$$\text{WF}=\text{Wf} \times \frac{\rho}{g} \times \text{SW} \times \text{SD} \tag{7-11}$$

式中，WF 为气候侵蚀因子；Wf 为多月平均风力因子，取值为 2；ρ 为空气密度，取值为 1.218 926 297 kg/m³；g 为重力加速度，取值为 9.8 m/s²；SW 为各月多年平均土壤湿度因子，取值为 879.764 706；SD 为雪盖因子，取值为 12.265 886。根据式（7-11）计算得到江阴市气候侵蚀因子（WF），其数值为 2 684.397 499。

2）土壤侵蚀因子

土壤侵蚀因子（EF）指的是土壤颗粒被水力分离和搬运的难易程度，主要与土壤质地、有机质含量、土体结构、渗透性等土壤理化指标有关。土壤侵蚀因子需要根据项目区周边标准小区实际观测资料计算，但标准小区观测资料较难获取，土壤理化性质数据不能较好地匹配相关计算，因此，参考《生态系统生产总值（GEP）核算技术规范》（DB 3201/T 1041—2021），确定江阴市土壤侵蚀因子数值为 0.025 726。

3）土壤结皮因子

土壤结皮分为生物结皮和物理结皮。土壤生物结皮是由苔类、藻类、真菌和细菌，以及许多景观中常见的非维管束植物成分与其下很薄的土层复合形成的复杂聚合体；土壤物理结皮是由降雨打击夯实表层土壤，导致土壤团聚体发生物理变化而形成的结构性结皮。结合江阴市的自然地理环境特征，确定其土壤结皮因子数值为 0.999 634 047。

4）地表糙度因子

地表糙度因子（K'）是指在一个特定的区域内，地球表面积与其投影面积之比。其是反映地表形态的一个宏观指标。计算公式如下：

$$K' = \frac{AB}{AC} = 1/\cos\alpha \tag{7-12}$$

式中，假设 ABC 是一个栅格单元的纵剖面，α 为此栅格单元的坡度，则 AB 面的面积为此栅格的表面积，AC 面的面积为此栅格的投影面积，其中，$\cos\alpha = AC/AB$，由此计算得到此栅格单元的地表糙度因子。由于江阴市地形坡度变化较小，根据式(7-12)测算地表糙度因子，结果表明江阴市地表糙度较为均匀，数值为 1。

5）植被覆盖因子

植被覆盖因子具体见土壤保持功能类生态产品价值核算中的相关介绍。

2. 功能量核算结果

2020 年江阴市防风固沙功能量为 6 625 242.34 t/a（图 7-8）。从江阴市 17 个镇和街道的防风固沙功能量(表 7-6)来看，徐霞客镇、利港街道、璜土镇、青阳镇、城东街道最高，防风固沙功能量分别为 864 882.17 t/a、573 403.15 t/a、502 594.17 t/a、498 516.48 t/a、474 091.03 t/a，分别约占总量的 13.05%、8.65%、7.59%、7.52%、7.16%。顾山镇、月城镇、云亭街道、夏港街道、新桥镇的防风固沙功能量最低，分别为 305 159.75 t/a、298 876.97 t/a、264 400.74 t/a、233 274.33 t/a、93 781.00 t/a。

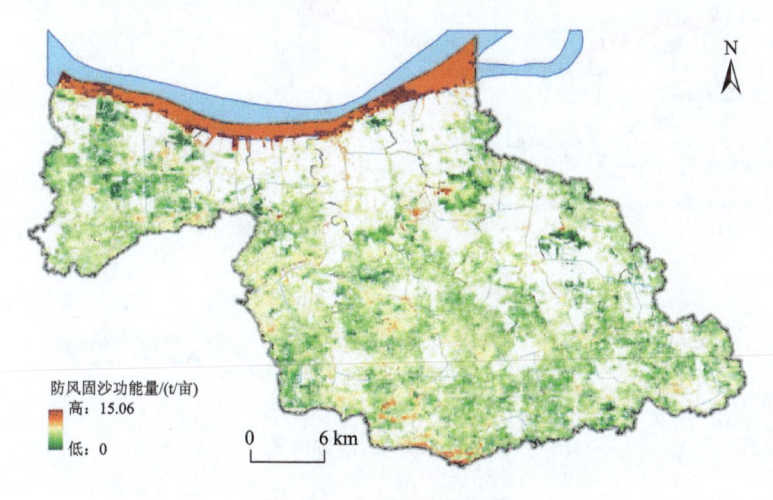

图 7-8 防风固沙功能量

表 7-6 镇域防风固沙功能量

序号	镇域名称	功能量/(t/a)	序号	镇域名称	功能量/(t/a)
1	璜土镇	502 594.17	10	新桥镇	93 781.00
2	利港街道	573 403.15	11	长泾镇	337 362.68
3	申港街道	313 943.88	12	顾山镇	305 159.75
4	夏港街道	233 274.53	13	祝塘镇	422 636.20
5	月城镇	298 876.97	14	南闸街道	310 146.73
6	青阳镇	498 516.48	15	云亭街道	264 400.74
7	徐霞客镇	864 882.17	16	城东街道	474 091.03
8	华士镇	375 772.64	17	澄江街道	373 803.58
9	周庄镇	382 596.83			

3. 价值量核算结果

由江阴市 2020 年防风固沙功能量和单位面积沙化土地治理恢复成本可知，江阴市各地类防风固沙总价值量为 15.18 亿元（图 7-9）。从镇域（表 7-7）来看，徐霞客镇、利港街道、璜土镇、青阳镇、城东街道的防风固沙价值量最高，分别为 1.98 亿元、1.31 亿元、1.15 亿元、1.14 亿元、1.09 亿元，分别约占总价值量的 13.04%、8.63%、7.58%、7.51%、7.18%。顾山镇、月城镇、云亭街道、夏港街道、新桥镇的防风固沙价值量最低，分别为 0.70 亿元、0.68 亿元、0.61 亿元、0.53 亿元、0.21 亿元。

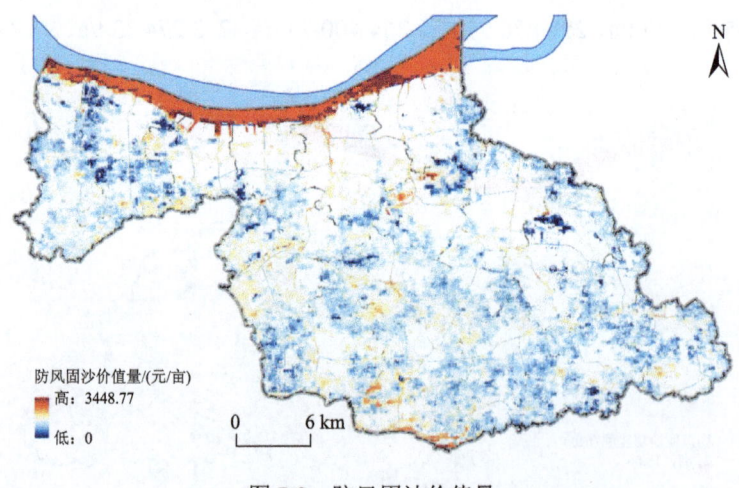

图 7-9 防风固沙价值量

表 7-7 镇域防风固沙价值量

序号	镇域名称	价值量/亿元	序号	镇域名称	价值量/亿元
1	璜土镇	1.15	10	新桥镇	0.21
2	利港街道	1.31	11	长泾镇	0.77
3	申港街道	0.72	12	顾山镇	0.70
4	夏港街道	0.53	13	祝塘镇	0.97
5	月城镇	0.68	14	南闸街道	0.71
6	青阳镇	1.14	15	云亭街道	0.61
7	徐霞客镇	1.98	16	城东街道	1.09
8	华士镇	0.86	17	澄江街道	0.86
9	周庄镇	0.88			

7.1.5 洪水调蓄功能类生态产品价值

1. 指标测算结果

1) 植被洪水调蓄量

洪水调蓄量与暴雨降水量、暴雨地表径流量和植被覆盖类型等因素密切相关。核算模型来源于《生态系统生产总值(GEP)核算理论与方法》(欧阳志云等,2021),具体核算模型如下:

$$C_{\text{vfm}} = \sum_{i=1}^{n}(P_i - R_{fi}) \times A_i \times 1000 \tag{7-13}$$

式中,C_{vfm} 为植被洪水调蓄量(m^3/a);P_i 为暴雨降水量(mm);R_{fi} 为第 i 类植被生态系统的暴雨径流量(mm);A_i 为第 i 类植被生态系统的面积(km^2);i 为核算区的植被生态系统类型,$i=1, 2, \cdots, n$;n 为核算区植被生态系统类型数。

表 7-8 中,P 来自《江阴统计年鉴 2021》,值为 240.2 mm。R 因地类不同数值会变化,且 R 所代表的是植被生态系统,所以江阴的地类中林地、草地和绿地与开敞空间符合条件,根据表 7-8 结合实际情况,林地的生态系统类型为常绿阔叶林,草地类型为草丛,绿地与开敞空间径流系数为 0.15,可得林地、草地和绿地与开敞空间的 R 值分别为 14.6、20.4 和 36.03。

2) 水库洪水调蓄量

水库调蓄洪水的能力,通过水库的实际洪水调蓄库容来计算,根据表 7-9 可知,江阴水库的实际洪水调蓄库容按其总库容的 29%进行计算。计算公式如下:

$$C_{\text{rfm}} = 0.29 \times C_t \tag{7-14}$$

式中,C_{rfm} 为水库防洪库容(m^3/a);C_t 为水库总库容(m^3/a)。

表 7-8 各类型生态系统暴雨径流系数均值

一级地类	二级地类	生态系统类型	暴雨径流
林地	灌木林地	常绿阔叶林	$R=7.7508\times \ln P-27.842$
	可调整其他林地		
	可调整乔木林地		
	其他林地		
	乔木林地		
	竹林地		
草地	其他草地	草丛	$R=6.1564\times \ln P-13.351$
绿地与开敞空间	公园与绿地	公园或绿地	$R=0.15\times P$

表 7-9 水库库容转换为防洪库容的系数

水库区	水库的实际洪水调蓄库容	库容转换为防洪库容系数
东部平原区	$C_{rc}=0.29\times C_t$	0.29
蒙新高原区	$C_{rc}=0.16\times C_t$	0.16
云贵高原区	$C_{rc}=0.13\times C_t$	0.13
青藏高原区	$C_{rc}=0.08\times C_t$	0.08
东北平原与山区	$C_{rc}=0.20\times C_t$	0.20

注：C_{rc} 指水库的实际洪水调蓄库容。

其中，水库总面积的值参考《江阴湿地现状和发展对策》（刘晓宇等，2017），可知江阴水库总面积为 5 614 000 m²；水位高度参考《江阴统计年鉴 2021》中水位站的平均水位 3.63 m，由此可以得到总库容，从而计算得到防洪库容。

3）湖泊洪水调蓄量

考虑区域气候条件的差异，根据《中国湖泊志》，将全国湖泊划分为东部平原、蒙新高原、云贵高原、青藏高原、东北平原与山区 5 个湖泊区，分区构建湖泊换水次数与补给系数的模型，通过补给系数估算湖泊换水次数；按东部平原湖泊区，基于湖面面积与湖泊换水次数建立湖泊洪水调蓄量评价模型：

$$C_{lfm} = e^{4.924} \times A^{1.128} \times 3.19 \tag{7-15}$$

式中，C_{lfm} 为湖泊洪水调蓄量(m³/a)；A 为湖泊水面面积(m²)。

4）沼泽洪水调蓄量

沼泽土壤具有特殊的水文物理性质，草根层和泥炭层孔隙度达 72%～93%，饱和持水量达 830%～1030%，在汛期可储存大量水分。沼泽湿地像一个巨大的天然蓄水库，可以消纳洪水；同时，沼泽湿地植被可拦截径流，减缓洪水流速，削减和滞后洪峰。基于沼泽土壤蓄水量和地表滞水量模型评估沼泽洪水调蓄量：

$$C_{mfm} = C_{sws} + C_{sr} \tag{7-16}$$

式中，C_{mfm} 为沼泽洪水调蓄量 (m³/a)；C_{sws} 为沼泽土壤蓄水量 (m³/a)；C_{sr} 为沼泽地表滞水量 (m³/a)。

沼泽土壤蓄水量的计算公式如下：

$$C_{sws} = S \times h \times \rho \times (F - E)/\rho_w \tag{7-17}$$

式中，C_{sws} 为沼泽土壤蓄水量 (m³/a)；S 为沼泽总面积 (m²)；h 为沼泽湿地土壤蓄水深度 (m)；ρ 为沼泽湿地土壤容重 (g/cm³)；F 为沼泽湿地土壤饱和含水率；E 为沼泽湿地洪水淹没前的自然含水率；ρ_w 为水的密度 (g/cm³)。其中，根据《陆地生态系统生产总值(GEP)核算技术指南》，已知 h 值为 0.4 m，江苏省土壤容重 ρ 的参考值为 1.377 g/cm³，江苏省汛期前后沼泽土壤含水率差值即 $F - E$ 为 0.294 765，ρ_w 为 1 g/cm³。

沼泽地表滞水量的计算公式如下：

$$C_{sr} = S \times H \tag{7-18}$$

式中，C_{sr} 为沼泽地表滞水量 (m³/a)；S 为沼泽总面积 (m²)；H 为沼泽湿地地表滞水高度 (m)，根据《陆地生态系统生产总值(GEP)核算技术指南》，H 为 0.3 m。

2. 功能量核算结果

江阴市洪水调蓄功能量为 1 774 617 375.64 m³/a。其功能量空间分布如图 7-10 所示。

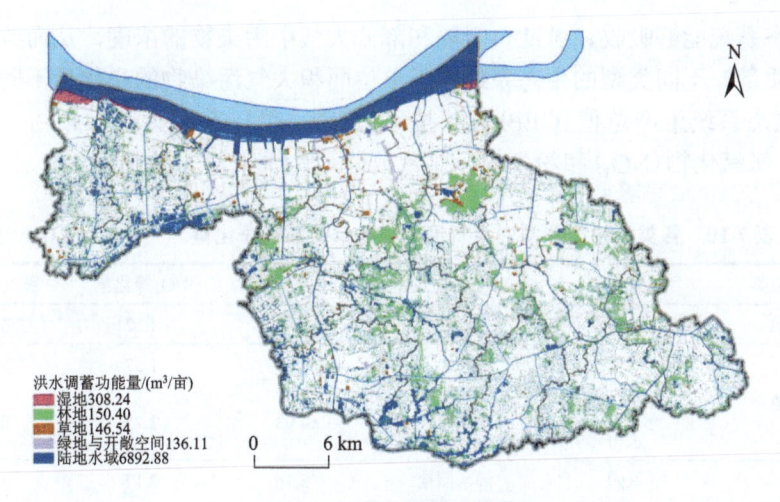

图 7-10 洪水调蓄功能量

3. 价值量核算结果

江阴市洪水调蓄价值量为 160.09 亿元。其价值量空间分布如图 7-11 所示。

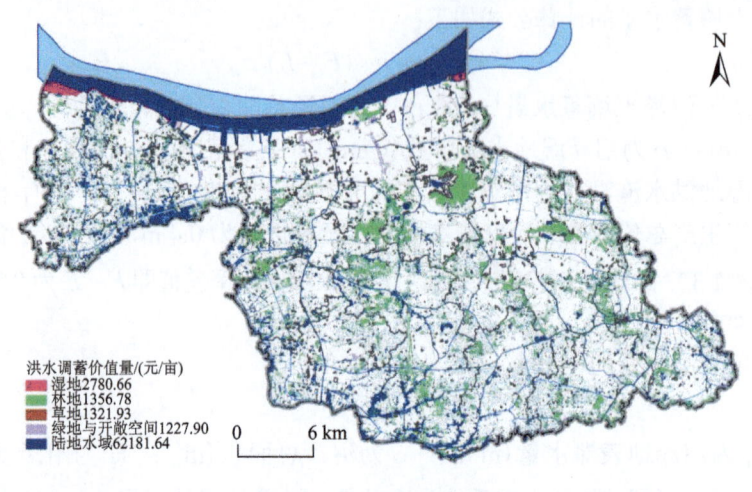

图 7-11 洪水调蓄价值量

7.1.6 空气净化功能类生态产品价值

1. 指标测算结果

生态系统能够吸收、过滤、阻隔和降低大气中污染物的浓度，从而改善区域的空气质量。不同类型的生态系统对于单位面积大气污染物的净化量不同，根据《陆地生态系统生产总值(GEP)核算技术指南》，可以获取大气污染物二氧化硫(SO_2)、氮氧化物(NO_x)和粉尘的净化量数据，具体如表 7-10 所示。

表 7-10 各类型生态系统对大气污染物的单位面积净化量 [单位：$t/(km^2 \cdot a)$]

一级地类	二级地类	生态系统类型	SO_2净化量	NO_x净化量	粉尘净化量
湿地	内陆滩涂	湿地	2.85	1.32	6.73
耕地	旱地	旱地	2.50	1.57	8.41
	水浇地				
	水田	水田	4.03	2.75	8.87
园地	茶园	灌木园地	3.16	2.17	6.17
	果园	乔木园地	3.38	2.56	8.41
	可调整茶园	灌木园地	3.16	2.17	6.17
	可调整果园	乔木园地	3.38	2.56	8.41

第 7 章　生态产品价值核算结果分析

续表

一级地类	二级地类	生态系统类型	SO₂净化量	NO$_x$净化量	粉尘净化量
园地	可调整其他园地	灌木园地	3.16	2.17	6.17
	其他园地	灌木园地	3.16	2.17	6.17
林地	灌木林地	常绿阔叶林	4.03	2.64	11.76
	可调整其他林地				
	可调整乔木林地				
	其他林地	常绿阔叶林	5.75	3.52	11.76
	乔木林地				
	竹林地				
草地	其他草地	草原	2.94	1.57	8.41
绿地与开敞空间	公园与绿地	草本绿地	2.54	1.52	7.18
	广场用地				
陆地水域	沟渠	运河/水渠	7.06	0	10.08
	河流水面	河流			
	湖泊水面	湖泊			
	坑塘水面				
	养殖坑塘	水库/坑塘			
	可调整养殖坑塘				
	水库水面				

2. 功能量核算结果

空气净化主要包括净化污染物和阻滞粉尘两个方面，其中二氧化硫、氮氧化物为主要的污染物指标。根据单位面积(亩)生态系统净化污染物的能力和各生态系统地类的面积，最终得到 2020 年江阴市空气净化功能量为 9 930 604.52 kg。在此基础上，对单位地类面积(亩)的空气净化功能量进行统计，可以得到不同地类空气净化功能量的空间分布情况(图 7-12)，林地、陆地水域、耕地单位面积的空气净化功能量优势显著。

3. 价值量核算结果

依据单位大气污染物的治理成本数据和污染物净化功能量，采用替代成本法，得到江阴市 SO₂、NO$_x$、一般性粉尘净化价值量分别约为 581.93 万元、120.81 万元和 137.26 万元，大气污染物净化价值总量约为 840.00 万元。除此之外，还需要考虑负离子价值，经计算，江阴市 2020 年负离子价值量约为 680.75 万元。最终，结合大气污染物净化价值量和负离子价值量可知，江阴市空气净化价值量约为 1520.75 万元，其价值量空间分布如图 7-13 所示。

图 7-12 空气净化功能量

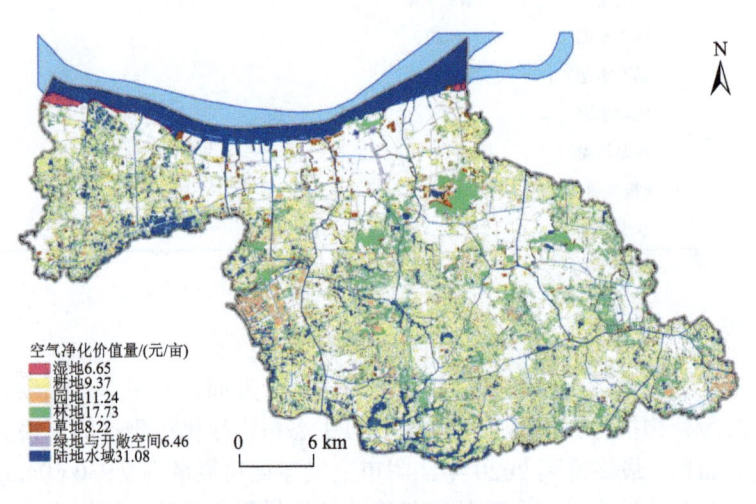

图 7-13 空气净化价值量

7.1.7 水质净化功能类生态产品价值

1. 指标测算结果

湿地是地球上具有多功能的独特生态系统，是自然界最富生物多样性的生态景观和人类最重要的生态环境之一。湿地被人们誉为"地球之肾"。它不但具有丰富的资源，还具有巨大的环境调节功能和环境效益。根据《自然湿地水质净化研究进展》（姚鑫和杨桂山，2009）一文中作者所述，自然湿地对水质净化有重要的生态、经济价值，近年来得到了广泛的重视。对于引起水体富营养化的主要污染物质——氮、磷，湿地去除它们的主要机理是土壤、微生物、植物的相互协同作用，同时自然湿地的面积、结构、分布位置等条件对其去污效果有一定的影响。在过去的数十年里，许多国家和地区的科研机构及管理层广泛参与到了湿地水质净化功能的研究和实践中。

在我国，水质恶化导致可利用水资源减少和水资源供需矛盾加剧。许多湿地具有去除水体中有机、无机和有毒物质的功能。湿地中有氧、厌氧过程的变化，促进反硝化作用、化学沉淀作用和其他化学反应的发生，可以去除水体中的某些化学物质。进入水体生态系统的许多污染物质吸附在沉积物的表面。某些湿地，特别是沼泽和洪泛平原，缓慢的水流速度有助于污染物黏结在沉积物上，随同沉积物沉积而积累起来，也有助于与沉积物结合在一起的污染物储存、转化，使水质得以净化。因此，以湿地为主体进行水质净化的功能量核算，单位面积湿地对三类水体污染物的净化量如表 7-11 所示。

表 7-11　单位面积湿地对三类水体污染物的净化量　　[单位：t/(km^2·a)]

污染物类型	净化量
COD	110.43
氨氮	8.56
总磷	8.56

2. 功能量核算结果

根据湿地对于化学需氧量、氨氮、总磷等污染物指标的净化功能，核算江阴市水质净化功能量。由单位面积湿地对水体污染物的净化量及湿地面积，可以得到江阴市水质净化功能量为 413 962.54 kg/a。其功能量空间分布如图 7-14 所示。

3. 价值量核算结果

由单位面积湿地对污染物的净化能力及湿地面积的统计计算可知，江阴市 2020 年化学需氧量排放量为 2333.714 t，氨氮排放量为 96.922 t，总磷排放量为 10.542 t。化学需氧量、氨氮、总磷的净化价格根据排污权交易中心提供的主要水污染物市场交易价格，再结合多年 PPI 指数，折算得到核算年主要水污染物市场交易价格的可比价，分别为 3.12 元/kg、3.80 元/kg 和 8.67 元/kg。最终，可以得到江阴市水环境质量价值约为 0.08 亿元。

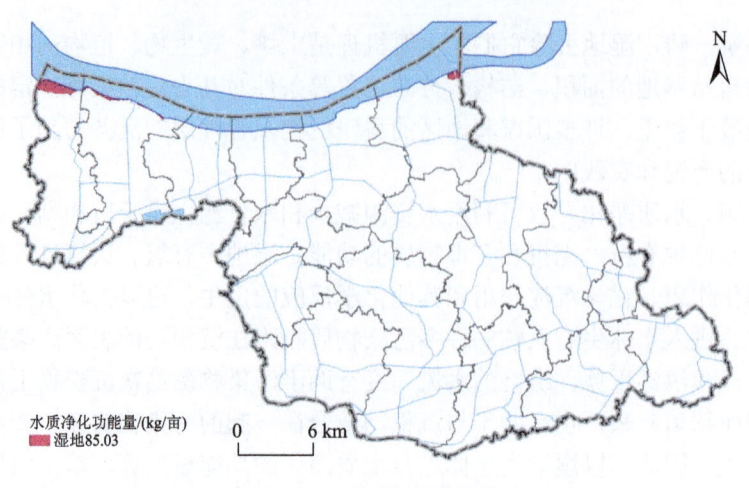

图 7-14 水质净化功能量

另外，湿地对于化学需氧量、氨氮、总磷等水污染物具有净化功能。根据湿地的基本定义，其水深在低潮时不超过 6 m。结合江阴市湿地面积，可以近似得到湿地能够存贮的水资源量。依据无锡市水价标准，以生活用水、工商服务用水和特种行业用水价格的平均值为基础进行调整，可得水资源价格为 6.06 元/m³。由此得到江阴市湿地生态系统的水资源价值约为 1.18 亿元。

综上，江阴市水质净化总价值量为水资源价值和水环境质量价值之和，为 1.26 亿元。其价值量空间分布如图 7-15 所示。

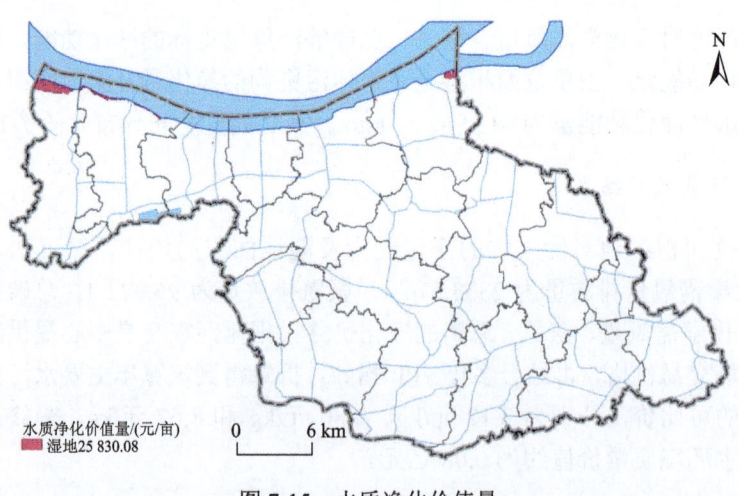

图 7-15 水质净化价值量

7.1.8 碳固定功能类生态产品价值

1. 指标测算结果

1) 净初级生产力

植被净初级生产力(net primary productivity，NPP)是指绿色植被在单位时间、单位面积内通过光合作用产生的有机物质总量中扣除自养呼吸后的剩余部分。作为表征陆地生态过程的关键参数，它是植物光合作用有机物质的净创造，是理解地表碳循环过程不可缺少的部分，是探究陆地生态系统固碳释氧功能的基础和前提。

研究选用的 MODIS NPP 数据来源于美国国家航空航天局(NASA)的 MOD17A3HGF.v006 版本数据，涉及分幅影像网格为 h28 v05，空间分辨率为 500 m，时间分辨率为 1 a。由于数据时间范围的限制，本书利用 ArcGIS 10.2 平台，对植被 NPP 进行空间计算与分析，获得江阴市净初级生产力 NPP 的空间分布与区域统计图。

结果表明，江阴市植被净初级生产力(NPP)的集聚特征明显，呈现南高北低的空间分布格局(图 7-16)。其中，长泾镇、祝塘镇、徐霞客镇、青阳镇和云亭街道为净初级生产力高值区，植被质量状况较好；顾山镇、新桥镇、月城镇、南闸街道、华士镇、周庄镇和璜土镇为植被净初级生产力次高值区；利港街道、申港街道、夏港街道、澄江街道、城东街道为净初级生产力低值区，植被质量状况相对较差。

2) 净生态系统生产力

净生态系统生产力(NEP)是定量化分析生态系统碳源/汇的重要科学指标，生态系统固碳量可以用 NEP 衡量。NEP 已被广泛应用于碳循环研究中，可根据 NEP 与 NPP 的相关转换系数换算得到；转换系数参考 2020 年 9 月发布的《陆地

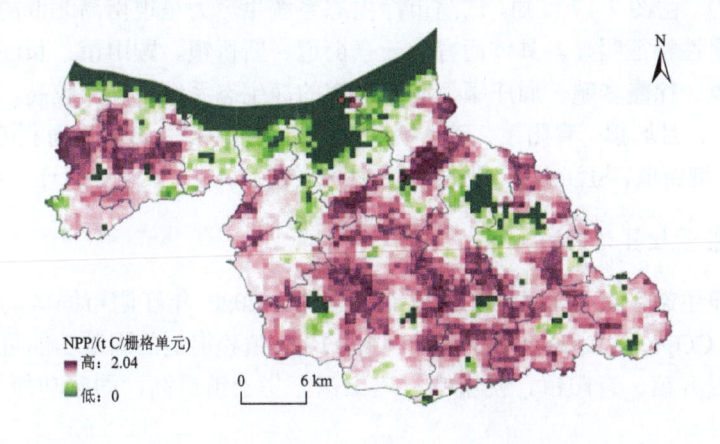

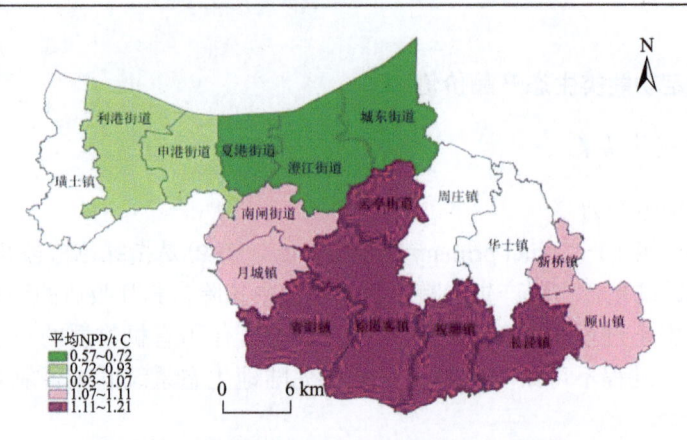

图 7-16 净初级生产力(NPP)空间分异及区域统计

生态系统生产总值(GEP)核算技术指南》(生态环境部环境规划院和中国科学院生态环境研究中心，2020)，然后测算出湿地、耕地、园地、林地、草地、绿地与开敞空间、陆地水域生态系统固定二氧化碳的质量，如下：

$$\mathrm{NEP} = \alpha \times \mathrm{NPP} \times M_{C_6}/M_{C_6H_{10}O_5} \tag{7-19}$$

式中，NEP 为净生态系统生产力(t C/a)；α 为不同生态系统中 NEP 和 NPP 的转换系数(表 7-12)；NPP 为净初级生产力(t C/a)；$M_{C_6}/M_{C_6H_{10}O_5}$ =72/162 为干物质转化为 C 的系数。

表 7-12　江阴市陆地生态系统 NEP 与 NPP 转换系数

生态系统	湿地	耕地	园地	林地	草地	绿地与开敞空间	陆地水域
转换系数	0.069	0.072	0.075	0.140	0.094	0.075	0.069

根据式(7-19)计算得到江阴市净生态系统生产力(NEP)空间分布与区域统计图(图 7-17)。由图 7-17 可知，江阴市净生态系统生产力呈现南高北低的空间分布格局，集聚性特征明显。具体而言，云亭街道、新桥镇、顾山镇、长泾镇、祝塘镇、华士镇、徐霞客镇、周庄镇、南闸街道的净生态系统生产力较高，具有显著的集聚特征；月城镇、青阳镇、璜土镇的净生态系统生产力较好；而利港街道、申港街道、夏港街道、澄江街道、城东街道的净生态系统生产力较差，连片特征显著。

2. 功能量核算结果

根据净生态系统生产力(NEP)法计算可知，2020 年江阴市固碳功能总量为 35 287.27 t CO_2/a，如图 7-18 所示。从江阴市 17 个镇和街道的固碳功能量(表 7-13)来看，徐霞客镇、青阳镇、祝塘镇、璜土镇、华士镇最高，固碳功能量分别为

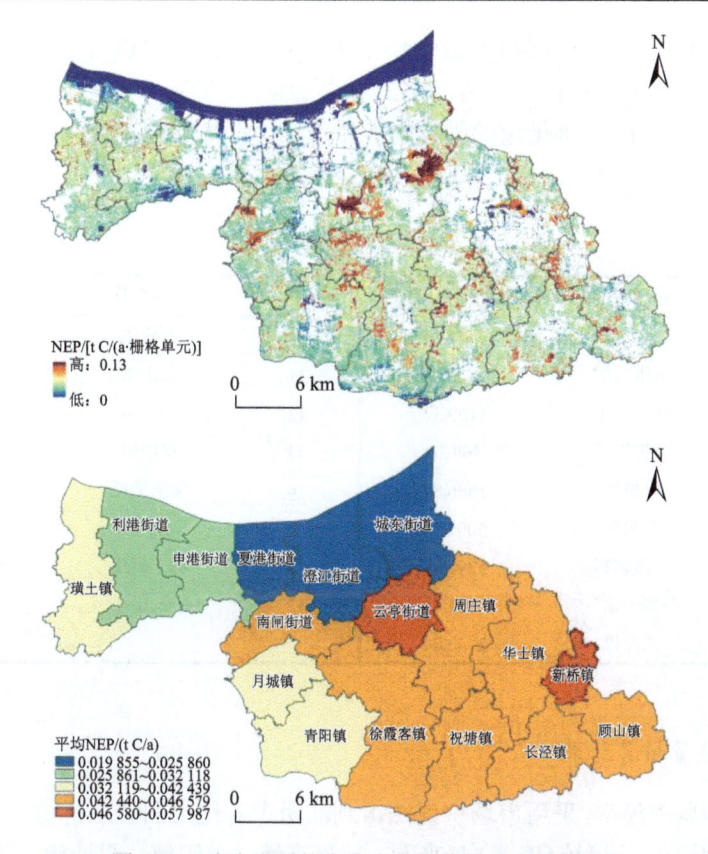

第7章 生态产品价值核算结果分析 ·151·

图 7-17 净生态系统生产力空间分异及区域统计

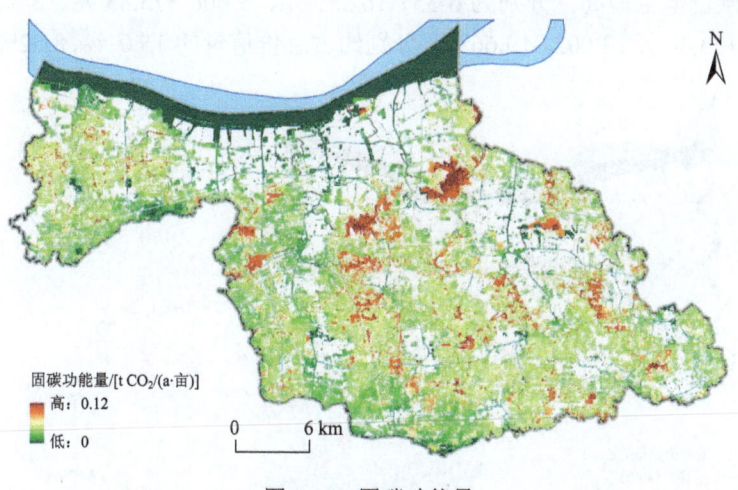

图 7-18 固碳功能量

5297.64 t CO$_2$/a、3005.31 t CO$_2$/a、2654.82 t CO$_2$/a、2547.64 t CO$_2$/a、2501.68 t CO$_2$/a，分别约占总量的 15.01%、8.52%、7.52%、7.22%、7.09%；城东街道、申港街道、澄江街道、新桥镇、夏港街道的固碳功能量最低，分别为 1314.98 t CO$_2$/a、1199.32 t CO$_2$/a、998.55 t CO$_2$/a、777.54 t CO$_2$/a、469.36 t CO$_2$/a。

表 7-13　镇域固碳功能量

序号	镇域名称	功能量/(t CO$_2$/a)	序号	镇域名称	功能量/(t CO$_2$/a)
1	璜土镇	2547.64	10	新桥镇	777.54
2	利港街道	2332.03	11	长泾镇	2368.11
3	申港街道	1199.32	12	顾山镇	1957.10
4	夏港街道	469.36	13	祝塘镇	2654.82
5	月城镇	1566.89	14	南闸街道	1866.01
6	青阳镇	3005.31	15	云亭街道	1987.45
7	徐霞客镇	5297.64	16	城东街道	1314.98
8	华士镇	2501.68	17	澄江街道	998.55
9	周庄镇	2442.84			

3. 价值量核算结果

参考瑞典碳税率，采用市场价值法得到江阴市各地类固碳总价值为 0.42 亿元，如图 7-19 所示。从镇域（表 7-14）来看，徐霞客镇、青阳镇、祝塘镇、璜土镇、华士镇的固碳价值量最高，分别为 6 357 162.21 元、3 606 375.85 元、3 185 789.76 元、3 057 173.44 元、3 002 019.66 元，分别约占总价值量的 15.01%、8.52%、7.52%、

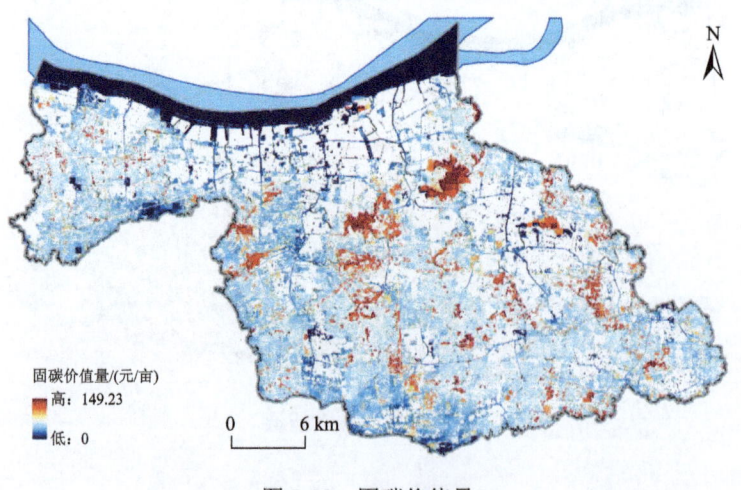

图 7-19　固碳价值量

7.22%、7.09%;城东街道、申港街道、澄江街道、新桥镇、夏港街道的固碳价值量最低,分别为 1 577 979.15 元、1 439 188.85 元、1 198 254.53 元、933 047.33 元、563 230.27 元。

表 7-14 镇域固碳价值量

序号	镇域名称	价值量/元	序号	镇域名称	价值量/元
1	璜土镇	3 057 173.44	10	新桥镇	933 047.33
2	利港街道	2 798 439.02	11	长泾镇	2 841 734.64
3	申港街道	1 439 188.85	12	顾山镇	2 348 524.48
4	夏港街道	563 230.27	13	祝塘镇	3 185 789.76
5	月城镇	1 880 270.90	14	南闸街道	2 239 217.04
6	青阳镇	3 606 375.85	15	云亭街道	2 384 942.45
7	徐霞客镇	6 357 162.21	16	城东街道	1 577 979.15
8	华士镇	3 002 019.66	17	澄江街道	1 198 254.53
9	周庄镇	2 931 406.78			

7.1.9 氧气提供功能类生态产品价值

1. 指标测算结果

净初级生产力(NPP)、净生态系统生产力(NEP)的详细描述如 7.1.8 节所述。

2. 功能量核算结果

根据净生态系统生产力法计算可知,2020 年江阴市氧气提供的总功能量为 25 663.49 t,分布如图 7-20 所示。从江阴市 17 个镇和街道的氧气提供功能量(表 7-15)

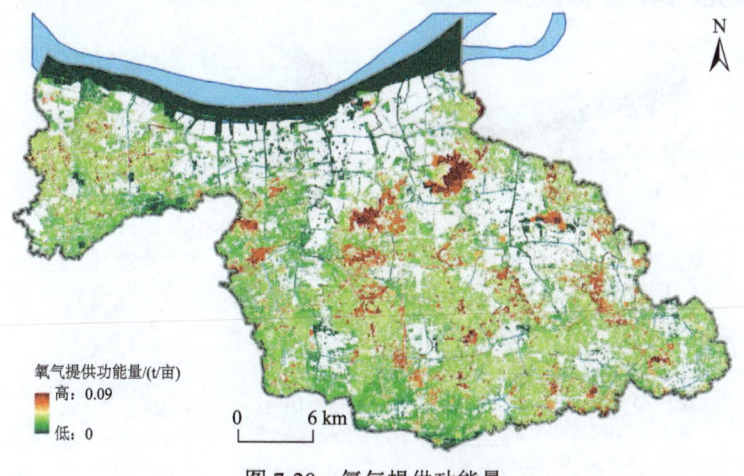

图 7-20 氧气提供功能量

来看，徐霞客镇、青阳镇、祝塘镇、璜土镇、华士镇最高，氧气提供功能量分别为 3852.83 t、2185.68 t、1930.78 t、1852.83 t、1819.41 t，分别约占总量的 15.01%、8.52%、7.52%、7.22%、7.09%；城东街道、申港街道、澄江街道、新桥镇、夏港街道的氧气提供功能量最低，分别为 956.35 t、872.24 t、726.21 t、565.48 t、341.35 t。

表 7-15 镇域氧气提供功能量

序号	镇域名称	功能量/t	序号	镇域名称	功能量/t
1	璜土镇	1852.83	10	新桥镇	565.48
2	利港街道	1696.02	11	长泾镇	1722.26
3	申港街道	872.24	12	顾山镇	1423.35
4	夏港街道	341.35	13	祝塘镇	1930.78
5	月城镇	1139.56	14	南闸街道	1357.10
6	青阳镇	2185.68	15	云亭街道	1445.42
7	徐霞客镇	3852.83	16	城东街道	956.35
8	华士镇	1819.41	17	澄江街道	726.21
9	周庄镇	1776.61			

3. 价值量核算结果

采用市场价值法（医疗制氧价格）得到江阴市各生态系统用地氧气提供总价值为 0.26 亿元（图 7-21）。从镇域（表 7-16）来看，徐霞客镇、青阳镇、祝塘镇、璜土镇、华士镇的氧气提供价值量最高，分别为 3 852 825.58 元、2 185 682.33 元、1 930 781.67 元、1 852 832.38 元、1 819 405.85 元，分别约占总价值量的 15.01%、8.52%、7.52%、7.22%、7.09%；城东街道、申港街道、澄江街道、新桥镇、夏港街道的氧气提供价值量最低，分别为 956 351.00 元、872 235.67 元、726 214.87 元、565 483.23 元、341 351.68 元。

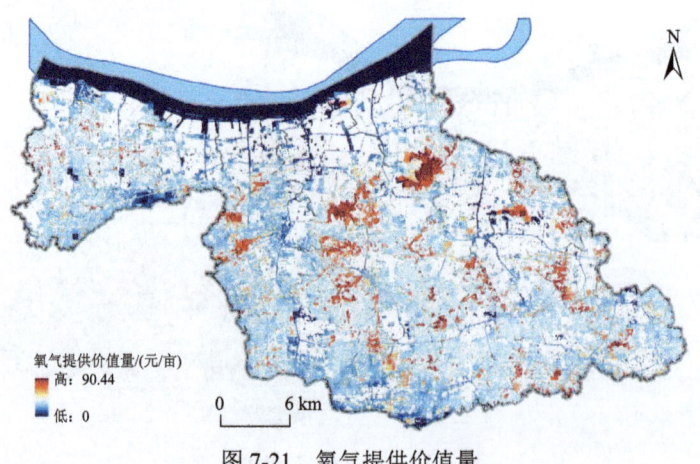

图 7-21 氧气提供价值量

表 7-16　镇域氧气提供价值量

序号	镇域名称	价值量/元	序号	镇域名称	价值量/元
1	璜土镇	1 852 832.38	10	新桥镇	565 483.23
2	利港街道	1 696 023.65	11	长泾镇	1 722 263.42
3	申港街道	872 235.67	12	顾山镇	1 423 348.17
4	夏港街道	341 351.68	13	祝塘镇	1 930 781.67
5	月城镇	1 139 558.12	14	南闸街道	1 357 101.24
6	青阳镇	2 185 682.33	15	云亭街道	1 445 419.68
7	徐霞客镇	3 852 825.58	16	城东街道	956 351.00
8	华士镇	1 819 405.85	17	澄江街道	726 214.87
9	周庄镇	1 776 610.17			

7.1.10　气候调节功能类生态产品价值

1. 指标测算结果

地表蒸散发(evapotranspiration，ET)既包括土壤和植物表面的水分蒸发和冰雪表面升华，也包括植物表面和植物体内的水分蒸腾，是一个发生在相当复杂体系内的连续过程。地表蒸散发是水循环的重要环节之一，由于水分在汽化过程中需要吸收热量，因而蒸散发量也是地表能量平衡的重要组成部分。此外，植物光合作用和蒸腾作用是生态系统能量流动与物质循环最重要的生理生态学过程，而地表蒸散发不仅是陆地生态系统中与碳循环相互耦合的重要生态学过程，也是生态过程与水文过程的重要纽带。本书使用的地表实际蒸散发量数据来源于全球变化科学研究数据出版系统提供的中国-东盟 1 km 分辨率地表蒸散发数据集(贾立等，2017)，以此提取得到江阴市地表实际蒸散发数据集。

由图 7-22 可知，江阴市地表实际蒸散发量呈现出自北向南逐渐降低的空间分布格局。利用区域统计功能对不同地区的地表蒸散发量进行空间分析，具体而言，城东街道、利港街道的平均地表实际蒸散发量最高；澄江街道、夏港街道、申港街道、璜土镇的平均地表实际蒸散发量次之；周庄镇、云亭街道、南闸街道、新桥镇、华士镇、徐霞客镇、青阳镇、月城镇的平均地表实际蒸散发量较低；顾山镇、长泾镇、祝塘镇的平均地表实际蒸散发量最低。

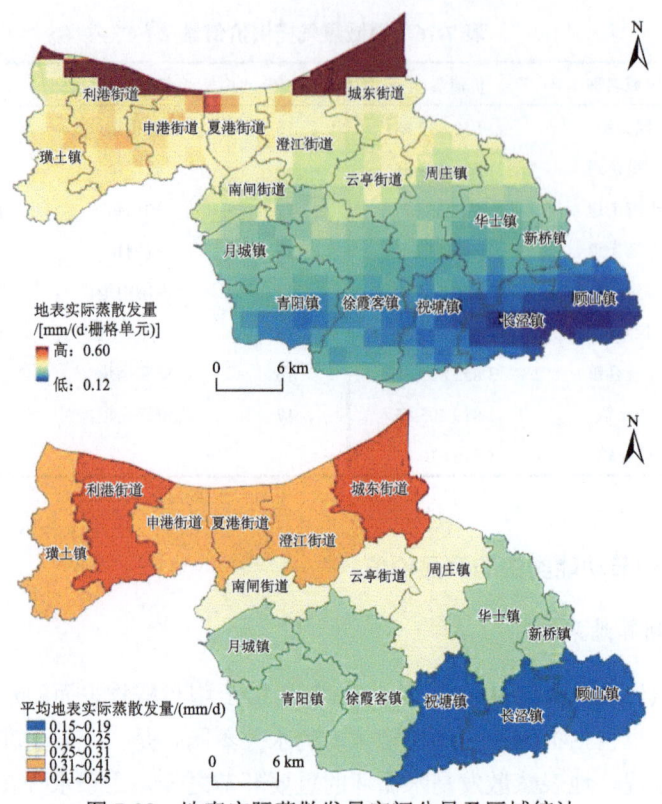

图 7-22 地表实际蒸散发量空间分异及区域统计

2. 功能量核算结果

基于江阴市地表实际蒸散发量数据，借助 ArcGIS 软件的区域统计工具，得到江阴市各地类的地表实际蒸散发量。其中，湿地为 566.80 mm/d，耕地为 27 119.73 mm/d，园地为 3600.12 mm/d，林地为 11 890.97 mm/d，草地为 2030.45 mm/d，绿地与开敞空间为 1521.04 mm/d，陆地水域为 23 184.58 mm/d。而后，将地表实际蒸散发量进行热量单位转化，转换系数为 0.408（表 7-17）；转换后，得到江阴

表 7-17 蒸散发量的转换系数

项目	蒸散发量 /(mm/d)	单位面积体积 m³/(hm²·d)	单位面积体积 L/(s·hm²)	单位面积能量 /[MJ/(m²·d)]
1 mm/d	1	10	0.116	2.45
1 m³/(hm²·d)	0.1	1	0.012	0.245
1 L/(s·hm²)	8.640	86.40	1	21.17
1 MJ/(m²·d)	0.408	4.082	0.047	1

注：蒸散发量的转换系数来自联合国粮农组织（FAO）《作物需水量计算指南》。

市气候调节功能量为 10 411 547.16 MJ/a。对单位面积（亩）上不同生态系统用地类型气候调节量进行统计，可以得到如图 7-23 所示的气候调节功能量空间分布状况。

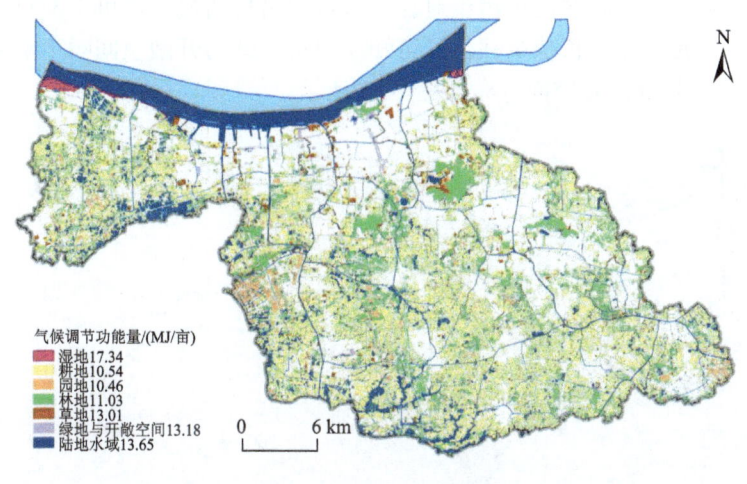

图 7-23 气候调节功能量

气候调节功能量/(MJ/亩)
湿地 17.34
耕地 10.54
园地 10.46
林地 11.03
草地 13.01
绿地与开敞空间 13.18
陆地水域 13.65

3. 价值量核算结果

根据气候调节价值的计算公式，在进行江阴市气候调节功能量和生活消费电价之间转换运算的基础上，得到 2020 年江阴市气候调节总价值为 144.30 亿元。基于不同生态系统用地类型，按单位面积（亩）进行生态系统气候调节功能量统计，其价值量空间分布如图 7-24 所示。

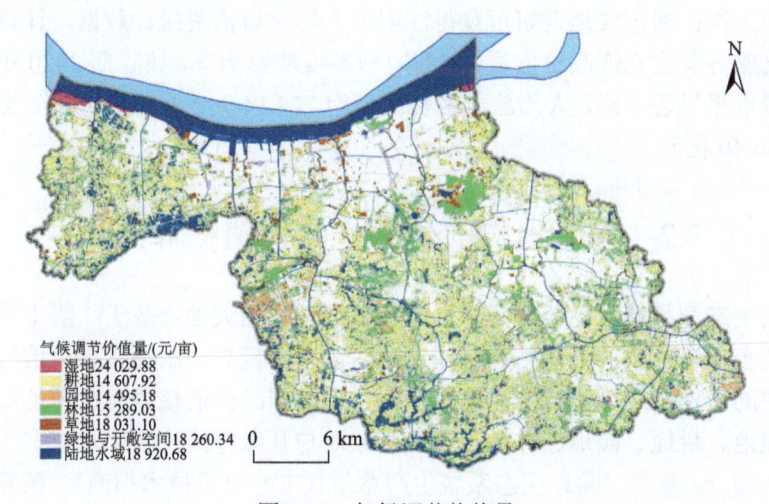

图 7-24 气候调节价值量

气候调节价值量/(元/亩)
湿地 24 029.88
耕地 14 607.92
园地 14 495.18
林地 15 289.03
草地 18 031.10
绿地与开敞空间 18 260.34
陆地水域 18 920.68

7.1.11 噪声消减功能类生态产品价值

绿地与开敞空间可以有效消减噪声，从而减少由噪声污染带来的经济损失。根据噪声消减量可能减弱的声污染对江阴市城镇常住居民人均可支配收入的损失来进行噪声消减功能的价值量评估，可知江阴市绿地与开敞空间噪声消减总价值为 0.51 亿元，其价值量空间分布如图 7-25 所示。

图 7-25 噪声消减价值量

7.1.12 文化服务类生态产品价值

依据《江阴统计年鉴 2021》中的统计数据可知，2020 年江阴市旅游人数为 857.75 万人次；通过实地调研可获得江阴市人均旅游消费统计数据，计算得到江阴市文化服务类生态产品价值量。在新冠肺炎疫情影响下，核算期 2020 年江阴市旅游消费水平显著下降，人均旅游消费水平为 774.14 元，文化服务类生态产品价值量为 66.40 亿元。

7.2 基于地类的生态产品价值核算结果

根据生态产品基本功能及其与土地利用类型的相关性，基于江阴市第三次全国国土调查土地分类成果，结合《国土空间调查、规划、用途管制用地用海分类指南》中的土地利用分类标准，确定江阴市生态产品价值核算有关用地类型，具体包括湿地、耕地、园地、林地、草地、绿地与开敞空间、陆地水域七大地类。基于地类划分，参考《陆地生态系统生产总值(GEP)核算技术指南》，核算不同用地类型可以提供的生态产品功能量和价值量。

7.2.1 湿地价值量

江阴市湿地分布于璜土镇、利港街道、城东街道、申港街道、徐霞客镇、祝塘镇、南闸街道、顾山镇、青阳镇 9 个乡镇(街道)。根据湿地可以提供的主要生态系统服务功能，结合生态产品价值核算基本原则，本书核算湿地的水源涵养、土壤保持、防风固沙、洪水调蓄、空气净化、水质净化、碳固定、氧气提供、气候调节 9 个调节服务类生态产品的功能量和价值量。

1. 功能量核算结果

1) 水源涵养功能量

本书采用水量平衡法测算水源涵养功能量。湿地生态系统的水源涵养功能量是降水输入与暴雨径流和生态系统自身水分消耗量的差值。由气象部门监测数据和核算区域的实际调查，根据降水量、地表径流量和蒸散发量之间的相互关系，计算可得江阴市湿地水源涵养功能量为 5 284 549.11 m^3/a。

2) 土壤保持功能量

本书采用修正通用土壤流失方程测算土壤保持功能量，即生态系统减少的土壤侵蚀量。根据土壤保持功能各指标因子之间的相互关系，计算可得江阴市湿地土壤保持功能总量为 46.85 t/a，主要分布于璜土镇、城东街道、利港街道(图 7-26)。

图 7-26　湿地土壤保持功能量

3) 防风固沙功能量

本书采用修正风力侵蚀模型测算防风固沙功能量。通过湿地生态系统减少的风蚀量，评价湿地生态系统防风固沙功能量。根据计算可得，江阴市湿地防风固沙功能总量为 42 045.34 t/a，主要分布于璜土镇、利港街道、城东街道和申港街道（图 7-27）。

图 7-27　湿地防风固沙功能量

4）洪水调蓄功能量

本书采用水量平衡法测算洪水调蓄功能量。调蓄水量可以表征湿地生态系统的洪水调蓄能力，与暴雨降水量、暴雨地表径流量和植被覆盖等因素相关。根据核算模型计算可得，江阴市湿地洪水调蓄功能量为 1 500 574.66 m^3/a。

5）空气净化功能量

本书采用生态系统自净能力法测算空气净化功能量。空气净化功能主要体现在净化污染物和阻滞粉尘方面，选取二氧化硫、氮氧化物、烟粉尘三种污染物空气净化能力指标作为湿地生态系统空气净化功能的评价指标。污染物排放数据从生态环境部门获取，湿地生态系统对污染物的单位面积净化量来源于实地监测等。根据计算可得，江阴市湿地污染物空气净化功能量为 35 375.86 kg/a。

6）水质净化功能量

本书采用水质净化模型测算水质净化功能量。根据单位面积湿地对于不同污染物的净化能力及湿地面积，计算可得江阴市湿地水质净化功能量为 413 962.54 kg/a，湿地水质净化功能量主要分布于璜土镇和城东街道的北部沿江区域。

7）碳固定功能量

本书采用净生态系统生产力法测算碳固定功能量。根据光合作用化学方程式测算湿地生态系统碳固定功能量，结果表明，江阴市湿地碳固定功能总量为 49.40 t CO_2/a，主要分布于璜土镇、利港街道、城东街道和徐霞客镇（图 7-28）。

第 7 章 生态产品价值核算结果分析

图 7-28 湿地碳固定功能量

8) 氧气提供功能量

本书采用净生态系统生产力法测算氧气提供功能量。根据光合作用化学方程式测算湿地生态系统氧气提供功能量,结果表明,江阴市湿地氧气提供功能量为 35.93 t,主要分布于璜土镇、利港街道、城东街道和徐霞客镇(图 7-29)。

图 7-29 湿地氧气提供功能量

9) 气候调节功能量

本书采用蒸散模型测算气候调节功能量。生态系统气候调节功能是指生态系统通过蒸腾作用与光合作用、水面蒸发过程等改善人居环境舒适程度的生态效应。生态系统的水面蒸发和植被蒸腾是气候调节的主要物质基础,采用地表实际蒸散发量作为气候调节功能量。根据计算可得,江阴市湿地的气候调节功能量为

84 408.30 MJ/a。

2. 价值量核算结果

由于湿地可以提供的物质供给类功能和文化服务类功能难以直接和土地利用调查数据形成对应关系，需要更为详细的实地调查数据，故仅对湿地生态系统可以提供的各类调节服务类生态产品的功能量和价值量予以统计。

基于湿地水源涵养功能、土壤保持功能、防风固沙功能、洪水调蓄功能、空气净化功能、水质净化功能、碳固定功能、氧气提供功能、气候调节功能9类功能量的统计，在利用市场价值法、替代成本法、影子工程法等方法的基础上，计算得到湿地调节服务类生态产品价值量为3.14亿元。

1) 水源涵养价值量

水源涵养价值主要表现为蓄水保水的经济价值。本书采用影子工程法测算水源涵养价值量，即通过模拟建设蓄水量与生态系统水源涵养量相当的水利设施，以建设该水利设施所需要的成本核算湿地生态系统水源涵养价值量。根据水源涵养类功能生态产品价值核算模型计算可得，江阴市湿地生态系统水源涵养价值量为0.48亿元，占水源涵养总价值量的0.29%。

2) 土壤保持价值量

土壤保持价值是指通过生态系统减少土壤侵蚀产生的生态效应。湿地生态系统土壤保持价值主要包括减少面源污染和减少泥沙淤积两个方面。本书根据土壤保持量、土壤中氮和磷等的含量、淤积量，运用替代成本法（即污染物处理的成本、水库清淤工程的费用）核算减少面源污染和减少泥沙淤积的价值。根据土壤保持类功能生态产品价值核算模型计算可得，江阴市湿地生态系统土壤保持价值量为269 631.30元，占土壤保持总价值量的0.60%。

3) 防风固沙价值量

防风固沙价值主要体现在减少土地沙化的经济价值。本书根据防风固沙量和土壤沙化覆沙厚度，核算出减少的沙化土地面积；运用替代成本法，根据单位面积沙化土地治理费用或单位面积植被恢复成本核算湿地生态系统防风固沙功能的价值量。根据防风固沙类功能生态产品价值核算模型计算可得，江阴市湿地生态系统防风固沙价值量为0.10亿元，占防风固沙总价值量的0.66%。

4) 洪水调蓄价值量

洪水调蓄价值主要体现在减轻洪水威胁的经济价值。湿地生态系统的洪水调蓄功能与水库的作用具有相似之处，故运用替代成本法，通过建设水库的费用成本计算湿地生态系统的洪水调蓄价值量。根据洪水调蓄类功能生态产品价值核算模型计算可得，江阴市湿地生态系统洪水调蓄价值量为0.14亿元，占洪水调蓄总价值量的0.09%。

5) 空气净化价值量

空气净化价值是指生态系统吸收、过滤、阻隔和分解降低大气污染物(如二氧化硫、氮氧化物、粉尘等)，使大气环境得到改善产生的生态效应。本书采用替代成本法，通过工业治理大气污染物的成本和空气负离子的价值评估湿地生态系统空气净化价值量。根据空气净化类功能生态产品价值核算模型计算可得，江阴市湿地生态系统空气净化价值量为 32 383.53 元，占空气净化总价值量的 0.21%。

6) 水质净化价值量

水质净化价值是指湿地生态系统通过自身的自然生态过程和物质循环作用降低水体中污染物质的浓度，使水体得到净化产生的生态效应。本书采用替代成本法，通过工业治理水体污染物的成本和水资源定价来评估湿地生态系统水质净化功能的价值量。根据水质净化类功能生态产品价值核算模型计算可得，江阴市湿地生态系统水质净化价值量为 1.26 亿元。

7) 碳固定价值量

碳固定价值是指生态系统通过植物光合作用固定二氧化碳产生的生态效应。本书采用替代成本法和市场价值法测算碳固定价值量。其中，功能量由固碳量核算得到，二氧化碳价格参考瑞典碳税率。根据碳固定类功能生态产品价值核算模型计算可得，江阴市湿地生态系统碳固定价值量为 59 277.41 元，占碳固定总价值量的 0.14%。

8) 氧气提供价值量

氧气提供价值是指生态系统通过植物光合作用释放氧气产生的生态效应。本书采用市场价值法测算氧气提供价值量。其中，功能量由释氧量核算得到，氧气价格参考中华人民共和国国家卫生健康委员会网站中春季氧气平均价格。根据氧气提供类功能生态产品价值核算模型计算可得，江阴市湿地生态系统氧气提供价值量为 35 925.71 元，占氧气提供总价值量的 0.14%。

9) 气候调节价值量

气候调节价值是指通过植被蒸腾作用和水面蒸发过程使大气温度降低、湿度增加产生的生态效应，包括植被蒸腾和水面蒸发两个方面。本书采用替代成本法(即人工调节温度和湿度所需要的耗电量)测算湿地生态系统水面蒸发和植被蒸腾调节温湿度价值量。根据气候调节类功能生态产品价值核算模型计算可得，江阴市湿地生态系统气候调节价值量为 1.17 亿元，占气候调节总价值量的 0.81%。

7.2.2 耕地价值量

江阴市耕地主要分布于徐霞客镇、青阳镇、祝塘镇、长泾镇、璜土镇、利港街道、华士镇、周庄镇。根据耕地可以提供的主要生态系统服务功能，结合生态产品价值核算基本原则，本书核算耕地的水源涵养、土壤保持、防风固沙、空气净化、碳固定、氧气提供、气候调节 7 个调节服务类生态产品的功能量和价值量。

1. 功能量核算结果

1)水源涵养功能量

本书采用水量平衡法测算水源涵养功能量。耕地生态系统的水源涵养功能量是降水输入与暴雨径流和生态系统自身水分消耗量的差值。由气象部门监测数据和核算区域的实际调查，根据降水量、地表径流量和蒸散发量之间的相互关系，计算可得江阴市耕地水源涵养功能量为 686 028 638.15 m³/a。

2)土壤保持功能量

本书采用修正通用土壤流失方程测算土壤保持功能量，即生态系统减少的土壤侵蚀量。根据土壤保持功能各指标因子之间的相互关系，计算可得江阴市耕地土壤保持功能总量为 2 865.199 676 t/a。耕地土壤保持功能量总体呈现出东部、南部、西部高，北部沿江及中部区域较低的口袋状分布格局。具体而言，徐霞客镇、青阳镇、璜土镇、周庄镇的土壤保持功能较强，而申港街道、云亭街道、夏港街道、新桥镇的土壤保持功能较弱(图 7-30)。

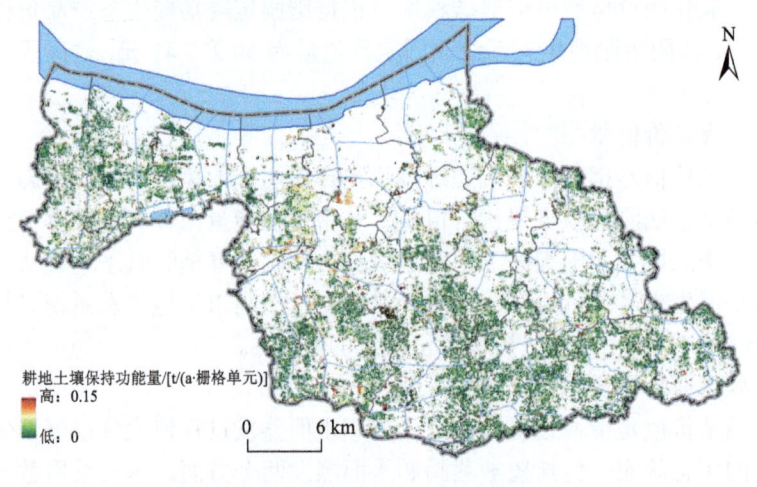

图 7-30 耕地土壤保持功能量

3)防风固沙功能量

本书采用修正风力侵蚀模型测算防风固沙功能量。通过耕地生态系统减少的风蚀量，评价耕地生态系统防风固沙功能量。根据计算可得，江阴市耕地防风固沙功能总量为 2 584 602.82 t/a。耕地防风固沙功能量总体呈现出南高北低、西高东低的空间分布格局。具体而言，徐霞客镇、青阳镇、祝塘镇、璜土镇的防风固沙功能较强，而云亭街道、澄江街道、夏港街道、新桥镇的防风固沙功能较弱(图 7-31)。

图 7-31 耕地防风固沙功能量

4) 空气净化功能量

本书采用生态系统自净能力法测算空气净化功能量。空气净化功能主要体现在净化污染物和阻滞粉尘方面,选取二氧化硫、氮氧化物、烟粉尘三种污染物空气净化能力指标作为耕地生态系统空气净化功能的评价指标。污染物排放数据从生态环境部门获取,耕地生态系统对污染物的单位面积净化量来源于实地监测等。根据计算可得,江阴市耕地污染物空气净化功能量为 3 966 517.10 kg/a。

5) 碳固定功能量

本书采用净生态系统生产力法测算碳固定功能量。根据光合作用化学方程式测算耕地生态系统碳固定功能量,结果表明,江阴市耕地碳固定功能量为 14 541.41 t CO_2/a。耕地碳固定功能量总体呈现出东部、南部、西部高,北部沿江及中部区域较低的空间分布格局。具体而言,徐霞客镇、青阳镇、祝塘镇、长泾镇的碳固定功能较强,而云亭街道、澄江街道、夏港街道、新桥镇的碳固定功能较弱(图 7-32)。

6) 氧气提供功能量

本书采用净生态系统生产力法测算氧气提供功能量。根据光合作用化学方程式测算耕地生态系统氧气提供功能量,结果表明,2020 年江阴市耕地氧气提供功能量为 10 575.57 t。耕地氧气提供功能量总体呈现出东部、南部、西部高,北部沿江及中部区域较低的空间分布格局。具体而言,徐霞客镇、青阳镇、祝塘镇、长泾镇的氧气提供功能较强,而云亭街道、澄江街道、夏港街道、新桥镇的氧气提供功能较弱(图 7-33)。

图 7-32　耕地碳固定功能量

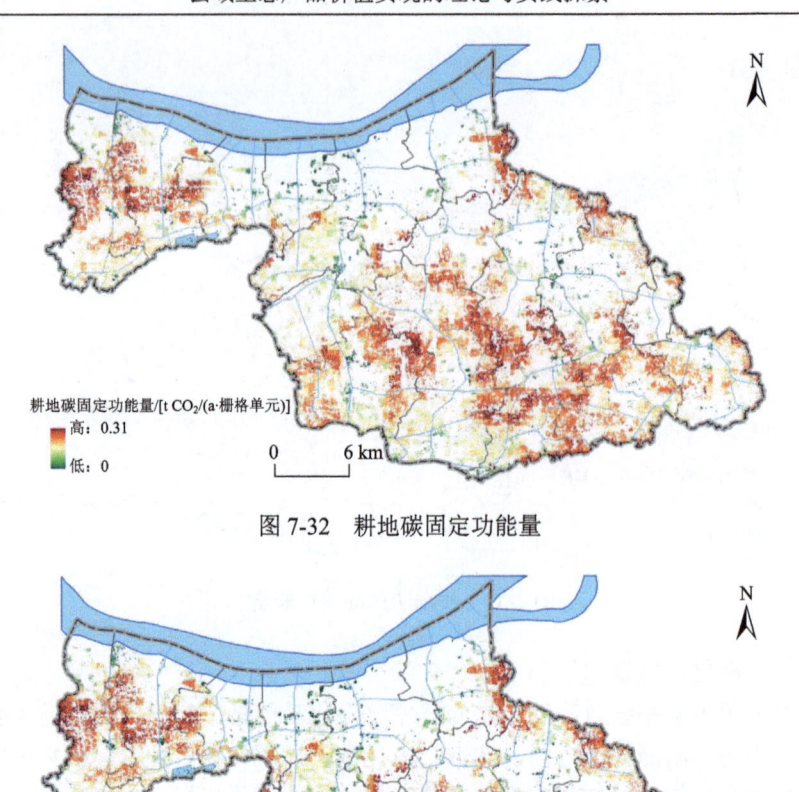

图 7-33　耕地氧气提供功能量

7）气候调节功能量

本书采用蒸散模型测算气候调节功能量。生态系统气候调节功能是指生态系统通过蒸腾作用与光合作用、水面蒸发过程等改善人居环境舒适程度的生态效应。生态系统的水面蒸发和植被蒸腾是气候调节的主要物质基础，采用地表实际蒸散发量作为气候调节功能量。根据计算可得，江阴市耕地的气候调节功能量为 4 038 669.45 MJ/a。

2. 价值量核算结果

由于耕地可以提供的物质供给类功能和文化服务类功能难以直接和土地利用

调查数据形成对应关系，需要更为详细的实地调查数据，故仅对耕地生态系统可以提供的各类调节服务类生态产品的功能量和价值量予以统计。

基于耕地水源涵养功能、土壤保持功能、防风固沙功能、空气净化功能、碳固定功能、氧气提供功能、气候调节功能 7 类功能量的统计，在利用市场价值法、替代成本法、影子工程法等方法的基础上，计算得到耕地调节服务类生态产品价值量为 124.26 亿元。

1) 水源涵养价值量

水源涵养价值主要表现为蓄水保水的经济价值。本书采用影子工程法测算水源涵养价值量，即通过模拟建设蓄水量与生态系统水源涵养量相当的水利设施，以建设该水利设施所需要的成本核算耕地生态系统水源涵养价值量。根据水源涵养类功能生态产品价值核算模型计算可得，江阴市耕地生态系统水源涵养价值量为 61.89 亿元，占水源涵养总价值量的 36.87%。

2) 土壤保持价值量

土壤保持价值是指通过生态系统减少土壤侵蚀产生的生态效应。耕地生态系统土壤保持价值主要包括减少面源污染和减少泥沙淤积两个方面。本书根据土壤保持量、土壤中氮和磷等的含量、淤积量，运用替代成本法（即污染物处理的成本、水库清淤工程的费用）核算减少面源污染和减少泥沙淤积的价值。根据土壤保持类功能生态产品价值核算模型计算可得，江阴市耕地生态系统土壤保持价值量为 0.16 亿元，占土壤保持总价值量的 36.42%。

3) 防风固沙价值量

防风固沙价值主要体现在减少土地沙化的经济价值。本书根据防风固沙量和土壤沙化覆沙厚度，核算出减少的沙化土地面积；运用替代成本法，根据单位面积沙化土地治理费用或单位面积植被恢复成本核算耕地生态系统防风固沙功能的价值量。根据防风固沙类功能生态产品价值核算模型计算可得，江阴市耕地生态系统防风固沙价值量为 5.92 亿元，占防风固沙总价值量的 39.00%。

4) 空气净化价值量

空气净化价值是指生态系统吸收、过滤、阻隔和分解降低大气污染物（如二氧化硫、氮氧化物、粉尘等），使大气环境得到改善产生的生态效应。本书采用替代成本法，通过工业治理大气污染物的成本和空气负离子的价值评估耕地生态系统空气净化价值量。根据空气净化类功能生态产品价值核算模型计算可得，江阴市耕地生态系统空气净化价值量为 0.04 亿元，占空气净化总价值量的 23.60%。

5) 碳固定价值量

碳固定价值是指生态系统通过植物光合作用固定二氧化碳产生的生态效应。本书采用替代成本法和市场价值法测算碳固定价值量。其中，功能量由固碳量核算得到，二氧化碳价格参考瑞典碳税率。根据碳固定类功能生态产品价值核算模型计算可得，江阴市耕地生态系统碳固定价值量为 0.17 亿元，占碳固定总价值量的 41.21%。

6) 氧气提供价值量

氧气提供价值是指生态系统通过植物光合作用释放氧气产生的生态效应。本书采用市场价值法测算氧气提供价值量。其中，功能量由释氧量核算得到，氧气价格参考中华人民共和国国家卫生健康委员会网站中春季氧气平均价格。根据氧气提供类功能生态产品价值核算模型计算可得，江阴市耕地生态系统氧气提供价值量为 0.11 亿元，占氧气提供总价值量的 41.21%。

7) 气候调节价值量

气候调节价值是指通过植被蒸腾作用和水面蒸发过程使大气温度降低、湿度增加产生的生态效应，包括植被蒸腾和水面蒸发两个方面。本书采用替代成本法（即人工调节温度和湿度所需要的耗电量）测算耕地生态系统植被蒸腾调节温湿度价值量。根据气候调节类功能生态产品价值核算模型计算可得，江阴市耕地生态系统气候调节价值量为 55.97 亿元，占气候调节总价值量的 38.79%。

7.2.3 园地价值量

江阴市园地主要分布于月城镇、徐霞客镇、璜土镇、顾山镇、青阳镇、周庄镇、南闸街道、祝塘镇。根据园地可以提供的主要生态系统服务功能，结合生态产品价值核算基本原则，本书核算园地的水源涵养、土壤保持、防风固沙、空气净化、碳固定、氧气提供、气候调节 7 个调节服务类生态产品的功能量和价值量。

1. 功能量核算结果

1) 水源涵养功能量

本书采用水量平衡法测算水源涵养功能量。园地生态系统的水源涵养功能量是降水输入与暴雨径流和生态系统自身水分消耗量的差值。由气象部门监测数据和核算区域的实际调查，根据降水量、地表径流量和蒸散发量之间的相互关系，计算可得江阴市园地水源涵养功能量为 171 841 500.73 m^3/a。

2) 土壤保持功能量

本书采用修正通用土壤流失方程测算土壤保持功能量，即生态系统减少的土壤侵蚀量。根据土壤保持功能各指标因子之间的相互关系，计算可得江阴市园地土壤保持功能总量为 407.02 t/a。园地土壤保持功能量总体呈现西高东低、南高北低的分布格局。土壤保持功能较好的地区为月城镇、徐霞客镇、璜土镇和青阳镇，土壤保持功能较差的地区为澄江街道、夏港街道、城东街道、新桥镇（图 7-34）。

第7章 生态产品价值核算结果分析

图 7-34 园地土壤保持功能量

3) 防风固沙功能量

本书采用修正风力侵蚀模型测算防风固沙功能量。通过园地生态系统减少的风蚀量，评价园地生态系统防风固沙功能量。根据计算可得，江阴市园地防风固沙功能总量为 377 201.08 t/a。园地防风固沙功能量总体呈现西部集聚、东部分散的分布格局。防风固沙功能较好的地区为月城镇、徐霞客镇、璜土镇和青阳镇，防风固沙功能较差的地区为城东街道、澄江街道、夏港街道、新桥镇(图 7-35)。

图 7-35 园地防风固沙功能量

4) 空气净化功能量

本书采用生态系统自净能力法测算空气净化功能量。空气净化功能主要体现在净化污染物和阻滞粉尘方面，选取二氧化硫、氮氧化物、烟粉尘三种污染物空气净化能力指标作为园地生态系统空气净化功能的评价指标。污染物排放数据从生态环境部门获取,园地生态系统对污染物的单位面积净化量来源于实地监测等。根据计算可得,江阴市园地污染物空气净化功能量为 462 630.97 kg/a。

5) 碳固定功能量

本书采用净生态系统生产力法测算碳固定功能量。根据光合作用化学方程式测算园地生态系统碳固定功能量,结果表明,江阴市园地碳固定功能总量为 1981.99 t CO_2/a。园地碳固定功能量总体呈现出西高东低、南高北低的空间分布格局。具体而言,月城镇、徐霞客镇、璜土镇、顾山镇的碳固定功能较强,而城东街道、夏港街道、澄江街道、新桥镇的碳固定功能较弱(图 7-36)。

图 7-36 园地碳固定功能量

6) 氧气提供功能量

本书采用净生态系统生产力法测算氧气提供功能量。根据光合作用化学方程式测算园地生态系统氧气提供功能量,结果表明,江阴市园地氧气提供功能总量为 1441.45 t。园地氧气提供功能量总体呈现出西高东低、南高北低的空间分布格局。具体而言,月城镇、徐霞客镇、璜土镇、顾山镇的氧气提供功能较强,而城东街道、夏港街道、澄江街道、新桥镇的氧气提供功能较弱(图 7-37)。

7) 气候调节功能量

本书采用蒸散模型测算气候调节功能量。生态系统气候调节功能是指生态系统通过蒸腾作用与光合作用、水面蒸发过程等改善人居环境舒适程度的生态效应。生态系统的水面蒸发和植被蒸腾是气候调节的主要物质基础,采用地表实际蒸散发量作为气候调节功能量。根据计算可得,江阴市园地的气候调节功能量为 536 129.27 MJ/a。

第 7 章　生态产品价值核算结果分析　　　　　　　　　　　　　　·171·

图 7-37　园地氧气提供功能量

2. 价值量核算结果

由于园地可以提供的物质供给类功能和文化服务类功能难以直接和土地利用调查数据形成对应关系，需要更为详细的实地调查数据，故仅对园地生态系统可以提供的各类调节服务类生态产品的功能量和价值量予以统计。

基于园地水源涵养功能、土壤保持功能、防风固沙功能、空气净化功能、碳固定功能、氧气提供功能、气候调节功能 7 类功能量的统计，在利用市场价值法、替代成本法、恢复成本法、影子工程法等方法的基础上，计算得到园地调节服务类生态产品价值量为 23.86 亿元。

1）水源涵养价值量

水源涵养价值主要表现为蓄水保水的经济价值。本书采用影子工程法测算水源涵养价值量，即通过模拟建设蓄水量与生态系统水源涵养量相当的水利设施，以建设该水利设施所需要的成本核算园地生态系统水源涵养价值量。根据水源涵养类功能生态产品价值核算模型计算可得，江阴市园地生态系统水源涵养价值量为 15.50 亿元，占水源涵养总价值量的 9.23%。

2）土壤保持价值量

土壤保持价值是指通过生态系统减少土壤侵蚀产生的生态效应。园地生态系统土壤保持价值主要包括减少面源污染和减少泥沙淤积两个方面。本书根据土壤保持量、土壤中氮和磷等的含量、淤积量，运用替代成本法（即污染物处理的成本、水库清淤工程的费用）核算减少面源污染和减少泥沙淤积的价值。根据土壤保持类功能生态产品价值核算模型计算可得，江阴市园地生态系统土壤保持价值量为 0.02 亿元，占土壤保持总价值量的 5.17%。

3)防风固沙价值量

防风固沙价值主要体现在减少土地沙化的经济价值。本书根据防风固沙量和土壤沙化覆沙厚度,核算出减少的沙化土地面积;运用恢复成本法,根据单位面积沙化土地治理费用或单位面积植被恢复成本核算园地生态系统防风固沙功能的价值量。根据防风固沙类功能生态产品价值核算模型计算可得,江阴市园地生态系统防风固沙价值量为0.86亿元,占防风固沙总价值量的5.67%。

4)空气净化价值量

空气净化价值是指生态系统吸收、过滤、阻隔和分解降低大气污染物(如二氧化硫、氮氧化物、粉尘等),使大气环境得到改善产生的生态效应。本书采用替代成本法,通过工业治理大气污染物的成本和空气负离子的价值评估园地生态系统空气净化价值量。根据空气净化类功能生态产品价值核算模型计算可得,江阴市园地生态系统空气净化价值量为0.01亿元,占空气净化总价值量的3.79%。

5)碳固定价值量

碳固定价值是指生态系统通过植物光合作用固定二氧化碳产生的生态效应。本书采用替代成本法和市场价值法测算碳固定价值量。其中,功能量由固碳量核算得到,二氧化碳价格参考瑞典碳税率。根据碳固定类功能生态产品价值核算模型计算可得,江阴市园地生态系统碳固定价值量为0.02亿元,占碳固定总价值量的5.62%。

6)氧气提供价值量

氧气提供价值是指生态系统通过植物光合作用释放氧气产生的生态效应。本书采用市场价值法测算氧气提供价值量。其中,功能量由释氧量核算得到,氧气价格参考中华人民共和国国家卫生健康委员会网站中春季氧气平均价格。根据氧气提供类功能生态产品价值核算模型计算可得,江阴市园地生态系统氧气提供价值量为0.01亿元,占氧气提供总价值量的5.62%。

7)气候调节价值量

气候调节价值是指通过植被蒸腾作用和水面蒸发过程使大气温度降低、湿度增加产生的生态效应,包括植被蒸腾和水面蒸发两个方面。本书采用替代成本法(即人工调节温度和湿度所需要的耗电量)测算园地生态系统植被蒸腾调节温湿度价值量。根据气候调节类功能生态产品价值核算模型计算可得,江阴市园地生态系统气候调节价值量为7.43亿元,占气候调节总价值量的5.15%。

7.2.4 林地价值量

江阴市林地主要分布于徐霞客镇、华士镇、云亭街道、周庄镇、南闸街道、璜土镇、顾山镇、长泾镇。根据林地可以提供的主要生态系统服务功能,结合生态产品价值核算基本原则,本书核算林地的水源涵养、土壤保持、防风固沙、洪水调蓄、空气净化、碳固定、氧气提供、气候调节 8 个调节服务类生态产品的功能量和价值量。

1　功能量核算结果

1）水源涵养功能量

本书采用水量平衡法测算水源涵养功能量。林地生态系统的水源涵养功能量是降水输入与暴雨径流和生态系统自身水分消耗量的差值。由气象部门监测数据和核算区域的实际调查，根据降水量、地表径流量和蒸散发量之间的相互关系，计算可得江阴市林地水源涵养功能量为 673 581 965.46 m^3/a。

2）土壤保持功能量

本书采用修正通用土壤流失方程测算土壤保持功能量，即生态系统减少的土壤侵蚀量。根据土壤保持功能各指标因子之间的相互关系，计算可得江阴市林地土壤保持功能总量为 1155.89 t/a。林地的土壤保持功能量表现为四周分散、中部集聚的空间分布特征。徐霞客镇、云亭街道、华士镇、周庄镇的土壤保持功能较好，新桥镇、城东街道、申港街道、夏港街道的土壤保持功能较弱（图 7-38）。

图 7-38　林地土壤保持功能量

3）防风固沙功能量

本书采用修正风力侵蚀模型测算防风固沙功能量。通过林地生态系统减少的风蚀量，评价林地生态系统防风固沙功能量。根据计算可得，江阴市林地防风固沙功能总量为 1 064 154.09 t/a。林地的防风固沙功能量表现为中部集聚、四周分散的空间分布特征。徐霞客镇、华士镇、云亭街道、周庄镇的防风固沙功能较好，新桥镇、城东街道、申港街道、夏港街道的防风固沙功能较弱（图 7-39）。

图 7-39　林地防风固沙功能量

4）洪水调蓄功能量

本书采用水量平衡法测算洪水调蓄功能量。调蓄水量可以表征林地生态系统的洪水调蓄能力，与暴雨降水量、暴雨地表径流量和植被覆盖等因素相关。根据核算模型计算可得，江阴市林地洪水调蓄功能量为 24 142 190.32 m³/a。

5）空气净化功能量

本书采用生态系统自净能力法测算空气净化功能量。空气净化功能主要体现在净化污染物和阻滞粉尘方面，选取二氧化硫、氮氧化物、烟粉尘三种污染物空气净化能力指标作为林地生态系统空气净化功能的评价指标。污染物排放数据从生态环境部门获取，林地生态系统对污染物的单位面积净化量来源于实地监测等。根据计算可得，江阴市林地污染物空气净化功能量为 2 247 233.57 kg/a。

6）碳固定功能量

本书采用净生态系统生产力法测算碳固定功能量。根据光合作用化学方程式测算林地生态系统碳固定功能量，结果表明，江阴市林地碳固定功能总量为 10 745.71 t CO_2/a。林地的碳固定功能量表现为中间高、四周低的空间分布特征。徐霞客镇、云亭街道、华士镇、周庄镇的碳固定功能较好，澄江街道、月城镇、申港街道、夏港街道的碳固定功能较弱（图 7-40）。

7）氧气提供功能量

本书采用净生态系统生产力法测算氧气提供功能量。根据计算可得，江阴市林地氧气提供功能总量为 7815.06 t。林地的氧气提供功能量表现为中间高、四周低的空间分布特征。徐霞客镇、云亭街道、华士镇、周庄镇的氧气提供功能较好，澄江街道、月城镇、申港街道、夏港街道的氧气提供功能较弱（图 7-41）。

第 7 章 生态产品价值核算结果分析 ·175·

图 7-40 林地碳固定功能量

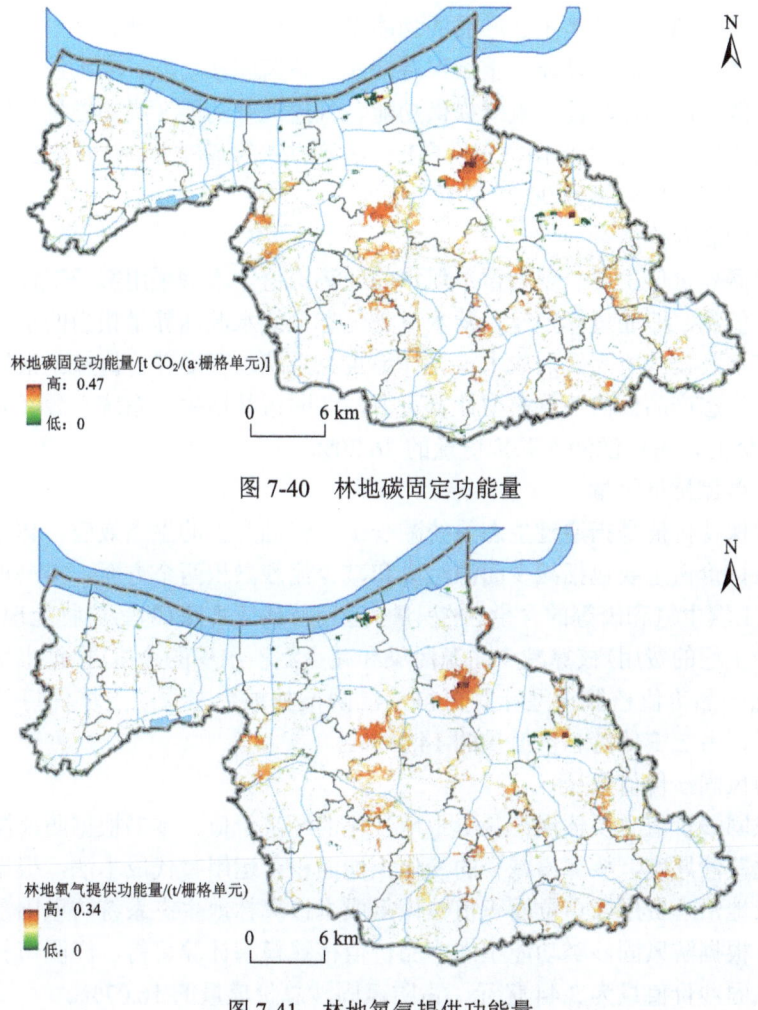

图 7-41 林地氧气提供功能量

8) 气候调节功能量

本书采用蒸散模型测算气候调节功能量。生态系统气候调节功能是指生态系统通过蒸腾作用与光合作用、水面蒸发过程等改善人居环境舒适程度的生态效应。生态系统的水面蒸发和植被蒸腾是气候调节的主要物质基础，采用地表实际蒸散发量作为气候调节功能量。根据计算可得，江阴市林地的气候调节功能量为 1 770 803.55 MJ/a。

2. 价值量核算结果

由于林地可以提供的物质供给类功能和文化服务类功能难以直接和土地利用调查数据形成对应关系，需要更为详细的实地调查数据，故仅对林地生态系统可以提供的各类调节服务类生态产品的功能量和价值量予以统计。

基于林地水源涵养功能、土壤保持功能、防风固沙功能、洪水调蓄功能、空气净化功能、碳固定功能、氧气提供功能、气候调节功能 8 类功能量的统计，在利用市场价值法、替代成本法、影子工程法等方法的基础上，计算得到林地调节服务类生态产品价值量为 90.22 亿元。

1) 水源涵养价值量

水源涵养价值主要表现为蓄水保水的经济价值。本书采用影子工程法测算水源涵养价值量，即通过模拟建设蓄水量与生态系统水源涵养量相当的水利设施，以建设该水利设施所需要的成本核算林地生态系统水源涵养价值量。根据水源涵养类功能生态产品价值核算模型计算可得，江阴市林地生态系统水源涵养价值量为 60.76 亿元，占水源涵养总价值量的 36.20%。

2) 土壤保持价值量

土壤保持价值是指通过生态系统减少土壤侵蚀产生的生态效应。林地生态系统土壤保持价值主要包括减少面源污染和减少泥沙淤积两个方面。本书根据土壤保持量、土壤中氮和磷等的含量、淤积量，运用替代成本法(即污染物处理的成本、水库清淤工程的费用)核算减少面源污染和减少泥沙淤积的价值。根据土壤保持类功能生态产品价值核算模型计算可得，江阴市林地生态系统土壤保持价值量为 0.07 亿元，占土壤保持总价值量的 14.69%。

3) 防风固沙价值量

防风固沙价值主要体现在减少土地沙化的经济价值。本书根据防风固沙量和土壤沙化覆沙厚度，核算出减少的沙化土地面积；运用替代成本法，根据单位面积沙化土地治理费用或单位面积植被恢复成本核算林地生态系统防风固沙功能的价值量。根据防风固沙类功能生态产品价值核算模型计算可得，江阴市林地生态系统防风固沙价值量为 2.44 亿元，占防风固沙总价值量的 16.07%。

4) 洪水调蓄价值量

洪水调蓄价值主要体现在减轻洪水威胁的经济价值。运用替代成本法，通过建设水库的费用成本计算林地生态系统的洪水调蓄价值量。根据洪水调蓄类功能生态产品价值核算模型计算可得，江阴市林地生态系统洪水调蓄价值量为 2.18 亿元，占洪水调蓄总价值量的 1.36%。

5) 空气净化价值量

空气净化价值是指生态系统吸收、过滤、阻隔和分解降低大气污染物(如二氧化硫、氮氧化物、粉尘等)，使大气环境得到改善产生的生态效应。本书采用替代成本法，通过工业治理大气污染物的成本和空气负离子的价值评估林地生态系统空气净化价值量。根据空气净化类功能生态产品价值核算模型计算可得，江阴市林地生态系统空气净化价值量为 0.03 亿元，占空气净化总价值量的 18.72%。

6) 碳固定价值量

碳固定价值是指生态系统通过植物光合作用固定二氧化碳产生的生态效应。本书采用替代成本法和市场价值法测算碳固定价值量。其中，功能量由固碳量核算得到，二氧化碳价格参考瑞典碳税率。根据碳固定类功能生态产品价值核算模型计算可得，江阴市林地生态系统碳固定价值量为 0.13 亿元，占碳固定总价值量的 30.45%。

7) 氧气提供价值量

氧气提供价值是指生态系统通过植物光合作用释放氧气产生的生态效应。本书采用市场价值法测算氧气提供价值量。其中，功能量由释氧量核算得到，氧气价格参考中华人民共和国国家卫生健康委员会网站中春季氧气平均价格。根据氧气提供类功能生态产品价值核算模型计算可得，江阴市林地生态系统氧气提供价值量为 0.08 亿元，占氧气提供总价值量的 30.45%。

8) 气候调节价值量

气候调节价值是指通过植被蒸腾作用和水面蒸发过程使大气温度降低、湿度增加产生的生态效应，包括植被蒸腾和水面蒸发两个方面。本书采用替代成本法（即人工调节温度和湿度所需要的耗电量）测算林地生态系统植被蒸腾调节温湿度价值量。根据气候调节类功能生态产品价值核算模型计算可得，江阴市林地生态系统气候调节价值量为 24.54 亿元，占气候调节总价值量的 17.01%。

7.2.5 草地价值量

江阴市草地主要分布于澄江街道、城东街道、申港街道、云亭街道、周庄镇、利港街道、青阳镇、璜土镇。根据草地可以提供的主要生态系统服务功能，结合生态产品价值核算基本原则，本书核算草地的水源涵养、土壤保持、防风固沙、洪水调蓄、空气净化、碳固定、氧气提供、气候调节 8 个调节服务类生态产品的功能量和价值量。

1. 功能量核算结果

1) 水源涵养功能量

本书采用水量平衡法测算水源涵养功能量。草地生态系统的水源涵养功能量是降水输入与暴雨径流和生态系统自身水分消耗量的差值。由气象部门监测数据和核算区域的实际调查，根据降水量、地表径流量和蒸散发量之间的相互关系，计算可得江阴市草地水源涵养功能量为 29 115 665.49 m³/a。

2) 土壤保持功能量

本书采用修正通用土壤流失方程测算土壤保持功能量，即生态系统减少的土壤侵蚀量。根据土壤保持功能各指标因子之间的相互关系，计算可得江阴市草地土壤保持功能总量为 214.11 t/a。草地的土壤保持功能量总体呈现出北高南低的空间分布格局。土壤保持功能较好的地区为澄江街道、城东街道、申港街道和云亭街道，土壤保持功能较差的地区为顾山镇、祝塘镇、新桥镇和长泾镇（图 7-42）。

图 7-42　草地土壤保持功能量

3) 防风固沙功能量

本书采用修正风力侵蚀模型测算防风固沙功能量。通过草地生态系统减少的风蚀量，评价草地生态系统防风固沙功能量。根据计算可得，江阴市草地防风固沙功能总量为 186 857.81 t/a。草地的防风固沙功能量总体呈现出北高南低的空间分布格局。防风固沙功能较好的地区为澄江街道、城东街道、申港街道和云亭街道，防风固沙功能较差的地区为顾山镇、新桥镇、祝塘镇和长泾镇（图 7-43）。

图 7-43　草地防风固沙功能量

4) 洪水调蓄功能量

本书采用水量平衡法测算洪水调蓄功能量。调蓄水量可以表征草地生态系统的洪水调蓄能力,与暴雨降水量、暴雨地表径流量和植被覆盖等因素相关。根据洪水调蓄功能类生态产品核算模型计算可得,江阴市草地洪水调蓄功能量为 3 405 714.41 m³/a。

5) 空气净化功能量

本书采用生态系统自净能力法测算空气净化功能量。空气净化功能主要体现在净化污染物和阻滞粉尘方面,选取二氧化硫、氮氧化物、烟粉尘三种污染物空气净化能力指标作为草地生态系统空气净化功能的评价指标。污染物排放数据从生态环境部门获取,草地生态系统对污染物的单位面积净化量来源于实地监测等。根据计算可得,江阴市草地污染物空气净化功能量为 200 185.88 kg/a。

6) 碳固定功能量

本书采用净生态系统生产力法测算碳固定功能量。根据模型计算可得,江阴市草地碳固定功能总量为 925.29 t CO_2/a。草地的碳固定功能量总体呈现出北高南低的空间分布格局。碳固定功能较好的地区为城东街道、云亭街道、申港街道、澄江街道,碳固定功能较差的地区为新桥镇、顾山镇、祝塘镇、长泾镇(图7-44)。

图 7-44 草地碳固定功能量

7) 氧气提供功能量

本书采用净生态系统生产力法测算氧气提供功能量。根据模型计算可得,江阴市草地氧气提供功能总量为 672.94 t。草地的氧气提供功能量总体呈现出北高南低的空间分布格局。氧气提供功能较好的地区为城东街道、云亭街道、申港街道、澄江街道,氧气提供功能较差的地区为新桥镇、顾山镇、祝塘镇、长泾镇(图7-45)。

图 7-45　草地氧气提供功能量

8) 气候调节功能量

本书采用蒸散模型测算气候调节功能量。生态系统气候调节功能是指生态系统通过蒸腾作用与光合作用、水面蒸发过程等改善人居环境舒适程度的生态效应。生态系统的水面蒸发和植被蒸腾是气候调节的主要物质基础，采用地表实际蒸散发量作为气候调节功能量。根据计算可得，江阴市草地的气候调节功能量为 302 375.21 MJ/a。

2. 价值量核算结果

由于草地可以提供的物质供给类功能和文化服务类功能难以直接和土地利用调查数据形成对应关系，需要更为详细的实地调查数据，故仅对草地生态系统可以提供的各类调节服务类生态产品的功能量和价值量予以统计。

基于草地水源涵养功能、土壤保持功能、防风固沙功能、洪水调蓄功能、空气净化功能、碳固定功能、氧气提供功能、气候调节功能 8 类功能量的统计，在利用市场价值法、替代成本法、影子工程法等方法的基础上，计算得到草地调节服务类生态产品价值量为 7.58 亿元。

1) 水源涵养价值量

水源涵养价值主要表现为蓄水保水的经济价值。本书采用影子工程法测算水源涵养价值量，即通过模拟建设蓄水量与生态系统水源涵养量相当的水利设施，以建设该水利设施所需要的成本核算草地生态系统水源涵养价值量。根据水源涵养类功能生态产品价值核算模型计算可得，江阴市草地生态系统水源涵养价值量为 2.63 亿元，占水源涵养总价值量的 1.57%。

第7章　生态产品价值核算结果分析

2) 土壤保持价值量

土壤保持价值是指通过生态系统减少土壤侵蚀产生的生态效应。草地生态系统土壤保持价值主要包括减少面源污染和减少泥沙淤积两个方面。本书根据土壤保持量、土壤中氮和磷等的含量、淤积量，运用替代成本法（即污染物处理的成本、水库清淤工程的费用）核算减少面源污染和减少泥沙淤积的价值。根据土壤保持类功能生态产品价值核算模型计算可得，江阴市草地生态系统土壤保持价值量为 0.01 亿元，占土壤保持总价值量的 2.72%。

3) 防风固沙价值量

防风固沙价值主要体现在减少土地沙化的经济价值。本书根据防风固沙量和土壤沙化覆沙厚度，核算出减少的沙化土地面积；运用替代成本法，根据单位面积沙化土地治理费用或单位面积植被恢复成本核算草地生态系统防风固沙功能的价值量。根据防风固沙类功能生态产品价值核算模型计算可得，江阴市草地生态系统防风固沙价值量为 0.43 亿元，占防风固沙总价值量的 2.83%。

4) 洪水调蓄价值量

洪水调蓄价值主要体现在减轻洪水威胁的经济价值。运用替代成本法，通过建设水库的费用成本计算草地生态系统的洪水调蓄价值量。根据洪水调蓄类功能生态产品价值核算模型计算可得，江阴市草地生态系统洪水调蓄价值量为 0.31 亿元，占洪水调蓄总价值量的 0.19%。

5) 空气净化价值量

空气净化价值是指生态系统吸收、过滤、阻隔和分解降低大气污染物（如二氧化硫、氮氧化物、粉尘等），使大气环境得到改善产生的生态效应。本书采用替代成本法，通过工业治理大气污染物的成本和空气负离子的价值评估草地生态系统空气净化价值量。根据空气净化类功能生态产品价值核算模型计算可得，江阴市草地生态系统空气净化价值量为 191 145.03 元，占空气净化总价值量的 1.26%。

6) 碳固定价值量

碳固定价值是指生态系统通过植物光合作用固定二氧化碳产生的生态效应。本书采用替代成本法和市场价值法测算碳固定价值量。其中，功能量由固碳量核算得到，二氧化碳价格参考瑞典碳税率。根据碳固定类功能生态产品价值核算模型计算可得，江阴市草地生态系统碳固定价值量为 0.01 亿元，占碳固定总价值量的 2.62%。

7) 氧气提供价值量

氧气提供价值是指生态系统通过植被光合作用释放氧气产生的生态效应。本书采用市场价值法测算氧气提供价值量。其中，功能量由释氧量核算得到，氧气价格参考中华人民共和国国家卫生健康委员会网站中春季氧气平均价格。根据氧气提供类功能生态产品价值核算模型计算可得，江阴市草地生态系统氧气提供价值量为 0.01 亿元，占氧气提供总价值量的 2.62%。

8) 气候调节价值量

气候调节价值是指通过植被蒸腾作用和水面蒸发过程使大气温度降低、湿度增加产生的生态效应，包括植被蒸腾和水面蒸发两个方面。本书采用替代成本法（即人工调节温度和湿度所需要的耗电量）测算草地生态系统植被蒸腾调节温湿度价值量。根据气候调节类功能生态产品价值核算模型计算可得，江阴市草地生态系统气候调节价值量为 4.19 亿元，占气候调节总价值量的 2.90%。

7.2.6 绿地与开敞空间价值量

江阴市绿地与开敞空间主要分布于澄江街道、城东街道、夏港街道、周庄镇、申港街道、华士镇、青阳镇、新桥镇。根据绿地与开敞空间可以提供的主要生态系统服务功能，结合生态产品价值核算基本原则，本书核算绿地与开敞空间的水源涵养、土壤保持、防风固沙、洪水调蓄、空气净化、碳固定、氧气提供、气候调节、噪声消减 9 个调节服务类生态产品的功能量和价值量。

1. 功能量核算结果

1) 水源涵养功能量

本书采用水量平衡法测算水源涵养功能量。绿地与开敞空间生态系统的水源涵养功能量是降水输入与暴雨径流和生态系统自身水分消耗量的差值。由气象部门监测数据和核算区域的实际调查，根据降水量、地表径流量和蒸散发量之间的相互关系，计算可得江阴市绿地与开敞空间水源涵养功能量为 20 245 647.66 m^3/a。

2) 土壤保持功能量

本书采用修正通用土壤流失方程测算土壤保持功能量，即生态系统减少的土壤侵蚀量。根据土壤保持功能各指标因子之间的相互关系，计算可得江阴市绿地与开敞空间土壤保持功能总量为 163.42 t/a。绿地与开敞空间的土壤保持功能量表现出局部集聚、整体分散等特征，集中分布于北部沿江区域。澄江街道、城东街道、夏港街道、周庄镇的土壤保持功能较强，而利港街道、月城镇、璜土镇、徐霞客镇的土壤保持功能较弱（图 7-46）。

3) 防风固沙功能量

本书采用修正风力侵蚀模型测算防风固沙功能量。通过绿地与开敞空间生态系统减少的风蚀量，评价绿地与开敞空间生态系统防风固沙功能量。根据计算可得，江阴市绿地与开敞空间防风固沙功能总量为 146 931.87 t/a。绿地与开敞空间的防风固沙功能量表现出北部集聚、南部分散的空间格局，集中分布于北部沿江区域。澄江街道、城东街道、夏港街道和周庄镇的防风固沙功能较强，而璜土镇、南闸街道、月城镇、徐霞客镇的防风固沙功能较弱（图 7-47）。

第 7 章　生态产品价值核算结果分析

图 7-46　绿地与开敞空间土壤保持功能量

图 7-47　绿地与开敞空间防风固沙功能量

4) 洪水调蓄功能量

本书采用水量平衡法测算洪水调蓄功能量。调蓄水量可以表征绿地与开敞空间生态系统的洪水调蓄能力，与暴雨降水量、暴雨地表径流量和植被覆盖等因素相关。根据核算模型计算可得，江阴市绿地与开敞空间洪水调蓄功能量为 2 340 046.48 m³/a。

5) 空气净化功能量

本书采用生态系统自净能力法测算空气净化功能量。空气净化功能主要体现在净化污染物和阻滞粉尘方面，选取二氧化硫、氮氧化物、烟粉尘三种污染物空气净化能力指标作为绿地与开敞空间生态系统空气净化功能的评价指标。污染物排放数据从生态环境部门获取，绿地与开敞空间生态系统对污染物的单位面积净化量来源于实地监测等。根据计算可得，江阴市绿地与开敞空间污染物空气净化功能量为 128 824.62 kg/a。

6) 碳固定功能量

本书采用净生态系统生产力法测算碳固定功能量。根据计算可得，江阴市绿地与开敞空间碳固定功能总量为 400.94 t CO_2/a。绿地与开敞空间的碳固定功能量总体呈现出北高南低、东高西低的空间分布格局。碳固定功能较好的地区为澄江街道、城东街道、夏港街道、周庄镇，碳固定功能较差的地区为璜土镇、月城镇、徐霞客镇、南闸街道(图 7-48)。

图 7-48 绿地与开敞空间碳固定功能量

7) 氧气提供功能量

本书采用净生态系统生产力法测算氧气提供功能量。根据计算可得，江阴市绿地与开敞空间氧气提供功能总量为 291.59 t。绿地与开敞空间的氧气提供功能量总体呈现出北高南低的空间分布格局。氧气提供功能较好的地区为澄江街道、城东街道、夏港街道、周庄镇，氧气提供功能较差的地区为璜土镇、月城镇、徐霞客镇、南闸街道(图 7-49)。

8) 气候调节功能量

本书采用蒸散模型测算气候调节功能量。生态系统气候调节功能是指生态系统通过蒸腾作用与光合作用、水面蒸发过程等改善人居环境舒适程度的生态效应。生态系统的水面蒸发和植被蒸腾是气候调节的主要物质基础，采用地表实际蒸散发量作为气候调节功能量。根据计算可得，江阴市绿地与开敞空间的气候调节功能量为 226 513.72 MJ/a。

第 7 章　生态产品价值核算结果分析

图 7-49　绿地与开敞空间氧气提供功能量

2. 价值量核算结果

由于绿地与开敞空间可以提供的物质供给类功能和文化服务类功能难以直接和土地利用调查数据形成对应关系，需要更为详细的实地调查数据，故仅对绿地与开敞空间生态系统可以提供的各类调节服务类生态产品的功能量和价值量予以统计。

基于绿地与开敞空间水源涵养功能、土壤保持功能、防风固沙功能、洪水调蓄功能、空气净化功能、碳固定功能、氧气提供功能、气候调节功能、噪声消减功能 9 类功能量的统计，在利用市场价值法、替代成本法、影子工程法等方法的基础上，计算得到绿地与开敞空间调节服务类生态产品价值量为 6.04 亿元。

1) 水源涵养价值量

水源涵养价值主要表现为蓄水保水的经济价值。本书采用影子工程法测算水源涵养价值量，即通过模拟建设蓄水量与生态系统水源涵养量相当的水利设施，以建设该水利设施所需要的成本核算绿地与开敞空间生态系统水源涵养价值量。根据水源涵养类功能生态产品价值核算模型计算可得，江阴市绿地与开敞空间生态系统水源涵养价值量为 1.83 亿元，占水源涵养总价值量的 1.09%。

2) 土壤保持价值量

土壤保持价值是指通过生态系统减少土壤侵蚀产生的生态效应。绿地与开敞空间生态系统土壤保持价值主要包括减少面源污染和减少泥沙淤积两个方面。本书根据土壤保持量、土壤中氮和磷等的含量、淤积量，运用替代成本法(即污染物处理的成本、水库清淤工程的费用)核算减少面源污染和减少泥沙淤积的价值。根据土壤保持类功能生态产品价值核算模型计算可得，江阴市绿地与开敞空间生态系统土壤保持价值量为 0.01 亿元，占土壤保持总价值量的 2.08%。

3) 防风固沙价值量

防风固沙价值主要体现在减少土地沙化的经济价值。本书根据防风固沙量和土壤沙化覆沙厚度，核算出减少的沙化土地面积；运用替代成本法，根据单位面积沙化土地治理费用或单位面积植被恢复成本核算绿地与开敞空间生态系统防风固沙功能的价值量。根据防风固沙类功能生态产品价值核算模型计算可得，江阴市绿地与开敞空间生态系统防风固沙价值量为 0.34 亿元，占防风固沙总价值量的 2.24%。

4) 洪水调蓄价值量

洪水调蓄价值主要体现在减轻洪水威胁的经济价值。运用替代成本法，通过建设水库的费用成本计算绿地与开敞空间生态系统的洪水调蓄价值量。根据洪水调蓄类功能生态产品价值核算模型计算可得，江阴市绿地与开敞空间生态系统洪水调蓄价值量为 0.21 亿元，占洪水调蓄总价值量的 0.13%。

5) 空气净化价值量

空气净化价值是指生态系统吸收、过滤、阻隔和分解降低大气污染物(如二氧化硫、氮氧化物、粉尘等)，使大气环境得到改善产生的生态效应。本书采用替代成本法，通过工业治理大气污染物的成本和空气负离子的价值评估绿地与开敞空间生态系统空气净化价值量。根据空气净化类功能生态产品价值核算模型计算可得，江阴市绿地与开敞空间生态系统空气净化价值量为 111 056.24 元，占空气净化总价值量的 0.73%。

6) 碳固定价值量

碳固定价值是指生态系统通过植物光合作用固定二氧化碳产生的生态效应。本书采用替代成本法和市场价值法测算碳固定价值量。其中，功能量由固碳量核算得到，二氧化碳价格参考瑞典碳税率。根据碳固定类功能生态产品价值核算模型计算可得，江阴市绿地与开敞空间生态系统碳固定价值量为 481 126.88 元，占碳固定总价值量的 1.14%。

7) 氧气提供价值量

氧气提供价值是指生态系统通过植物光合作用释放氧气产生的生态效应。本书采用市场价值法测算氧气提供价值量。其中，功能量由释氧量核算得到，氧气价格参考中华人民共和国国家卫生健康委员会网站中春季氧气平均价格。根据氧气提供类功能生态产品价值核算模型计算可得，江阴市绿地与开敞空间生态系统氧气提供价值量为 291 592.05 元，占氧气提供总价值量的 1.14%。

8) 气候调节价值量

气候调节价值是指通过植被蒸腾作用和水面蒸发过程使大气温度降低、湿度增加产生的生态效应，包括植被蒸腾和水面蒸发两个方面。本书采用替代成本法

(即人工调节温度和湿度所需要的耗电量)测算绿地与开敞空间生态系统植被蒸腾调节温湿度价值量。根据气候调节类功能生态产品价值核算模型计算可得,江阴市绿地与开敞空间生态系统气候调节价值量为 3.14 亿元,占气候调节总价值量的 2.18%。

9) 噪声消减价值量

噪声消减是绿地与开敞空间生态系统典型的功能之一。噪声消减量可以作为绿地与开敞空间生态系统噪声消减功能的评价指标。本书采用声污染对于江阴市城镇常住居民人均可支配收入的损失进行评估。根据噪声消减类功能生态产品价值核算模型计算可得,江阴市绿地与开敞空间生态系统噪声消减价值量为 0.51 亿元。

7.2.7 陆地水域价值量

江阴市陆地水域主要分布于利港街道、徐霞客镇、城东街道、璜土镇、青阳镇、祝塘镇、申港街道、澄江街道。根据陆地水域可以提供的主要生态系统服务功能,结合生态产品价值核算基本原则,本书核算陆地水域的水源涵养、土壤保持、防风固沙、洪水调蓄、空气净化、碳固定、氧气提供、气候调节 8 个调节服务类生态产品的功能量和价值量。

1. 功能量核算结果

1) 水源涵养功能量

本书采用水量平衡法测算水源涵养功能量。陆地水域生态系统的水源涵养功能量是降水输入与暴雨径流和生态系统自身水分消耗量的差值。由气象部门监测数据和核算区域的实际调查,根据降水量、地表径流量和蒸散发量之间的相互关系,计算可得江阴市陆地水域水源涵养功能量为 274 530 003.06 m^3/a。

2) 土壤保持功能量

本书采用修正通用土壤流失方程测算土壤保持功能量,即生态系统减少的土壤侵蚀量。根据土壤保持功能各指标因子之间的相互关系,计算可得江阴市陆地水域土壤保持功能总量为 3014.38 t/a。陆地水域的土壤保持功能量总体呈现出四周高、中间低的分布格局,沿江区域的土壤保持功能量表现为集中连片的特征。土壤保持功能较好的地区为城东街道、利港街道、徐霞客镇和澄江街道,土壤保持功能较差的地区为长泾镇、云亭街道、南闸街道和新桥镇(图 7-50)。

3) 防风固沙功能量

本书采用修正风力侵蚀模型测算防风固沙功能量。通过陆地水域生态系统减少的风蚀量,评价陆地水域生态系统防风固沙功能。根据计算可得,江阴市陆地水域防风固沙功能总量为 2 223 449.33 t/a。陆地水域的防风固沙功能量总体呈现出北高南低、西高东低的分布格局;沿江区域为高值区域,其防风固沙功能量的集中连片特征尤为显著。防风固沙功能较好的地区为利港街道、城东街道、徐霞客镇和璜土镇，防风固沙功能较差的地区为长泾镇、南闸街道、云亭街道和新桥镇(图7-51)。

图 7-50　陆地水域土壤保持功能量

图 7-51　陆地水域防风固沙功能量

4) 洪水调蓄功能量

本书采用水量平衡法测算洪水调蓄功能量。调蓄水量可以表征陆地水域生态系统的洪水调蓄能力，与暴雨降水量、暴雨地表径流量和植被覆盖等因素相关。根据核算模型计算可得，江阴市陆地水域洪水调蓄功能量为 1 743 229 155.91 m^3/a。

第 7 章　生态产品价值核算结果分析

5) 空气净化功能量

本书采用生态系统自净能力法测算空气净化功能量。空气净化功能主要体现在净化污染物和阻滞粉尘方面,选取二氧化硫、氮氧化物、烟粉尘三种污染物空气净化能力指标作为陆地水域生态系统空气净化功能的评价指标。污染物排放数据从生态环境部门获取,陆地水域生态系统对污染物的单位面积净化量来源于实地监测等。根据计算可得,江阴市陆地水域污染物空气净化功能量为 2 889 836.55 kg/a。

6) 碳固定功能量

本书采用净生态系统生产力法测算碳固定功能量。根据计算可得,江阴市陆地水域碳固定功能总量为 6642.57 t CO_2/a。陆地水域的碳固定功能量总体呈现出南高北低的空间分布格局。碳固定功能较好的地区为徐霞客镇、利港街道、青阳镇、祝塘镇,碳固定功能较差的地区为新桥镇、城东街道、澄江街道、夏港街道(图 7-52)。

图 7-52　陆地水域碳固定功能量

7) 氧气提供功能量

本书采用净生态系统生产力法测算氧气提供功能量。根据计算可得,江阴市陆地水域氧气提供功能总量为 4830.96 t。陆地水域的氧气提供功能量总体呈现出南高北低的空间分布格局。氧气提供功能较好的地区为徐霞客镇、利港街道、青阳镇、祝塘镇,氧气提供功能较差的地区为新桥镇、城东街道、澄江街道、夏港街道(图 7-53)。

8) 气候调节功能量

本书采用蒸散模型测算气候调节功能量。生态系统气候调节功能是指生态系统通过蒸腾作用与光合作用、水面蒸发过程等改善人居环境舒适程度的生态效应。

生态系统的水面蒸发和植被蒸腾是气候调节的主要物质基础，采用地表实际蒸散发量作为气候调节功能量。根据计算可得，江阴市陆地水域的气候调节功能量为 3 448 546.25 MJ/a。

图 7-53　陆地水域氧气提供功能量

2. 价值量核算结果

由于陆地水域可以提供的物质供给类功能和文化服务类功能难以直接和土地利用调查数据形成对应关系，需要更为详细的实地调查数据，故仅对陆地水域生态系统可以提供的各类调节服务类生态产品的功能量和价值量予以统计。

基于陆地水域水源涵养功能、土壤保持功能、防风固沙功能、洪水调蓄功能、空气净化功能、碳固定功能、氧气提供功能、气候调节功能 8 类功能量的统计，在利用市场价值法、替代成本法、影子工程法等方法的基础上，计算得到陆地水域调节服务类生态产品价值量为 235.35 亿元。

1) 水源涵养价值量

水源涵养价值主要表现为蓄水保水的经济价值。本书采用影子工程法测算水源涵养价值量，即通过模拟建设蓄水量与生态系统水源涵养量相当的水利设施，以建设该水利设施所需要的成本核算陆地水域生态系统水源涵养价值量。根据水源涵养类功能生态产品价值核算模型计算可得，江阴市陆地水域生态系统水源涵养价值量为 24.77 亿元，占水源涵养总价值量的 14.76%。

2) 土壤保持价值量

土壤保持价值是指通过生态系统减少土壤侵蚀产生的生态效应。陆地水域生态系统土壤保持价值主要包括减少面源污染和减少泥沙淤积两个方面。本书根据土壤保持量、土壤中氮和磷等的含量、淤积量，运用替代成本法（即污染物处理的成本、水库清淤工程的费用）核算减少面源污染和减少泥沙淤积的价值。根据土壤保持类功能生态产品价值核算模型计算可得，江阴市陆地水域生态系统土壤保持价值量为 0.17 亿元，占土壤保持总价值量的 38.32%。

3）防风固沙价值量

防风固沙价值主要体现在减少土地沙化的经济价值。本书根据防风固沙量和土壤沙化覆沙厚度，核算出减少的沙化土地面积；运用替代成本法，根据单位面积沙化土地治理费用或单位面积植被恢复成本核算陆地水域生态系统防风固沙功能的价值量。根据防风固沙类功能生态产品价值核算模型计算可得，江阴市陆地水域生态系统防风固沙价值量为 5.09 亿元，占防风固沙总价值量的 33.53%。

4）洪水调蓄价值量

洪水调蓄价值主要体现在减轻洪水威胁的经济价值。运用替代成本法，通过建设水库的费用成本计算陆地水域生态系统的洪水调蓄价值量。根据洪水调蓄类功能生态产品价值核算模型计算可得，江阴市陆地水域生态系统洪水调蓄价值量为 157.26 亿元，占洪水调蓄总价值量的 98.23%。

5）空气净化价值量

空气净化价值是指生态系统吸收、过滤、阻隔和分解降低大气污染物（如二氧化硫、氮氧化物、粉尘等），使大气环境得到改善产生的生态效应。本书采用替代成本法，通过工业治理大气污染物的成本和空气负离子的价值评估陆地水域生态系统空气净化价值量。根据空气净化类功能生态产品价值核算模型计算可得，江阴市陆地水域生态系统空气净化价值量为 0.08 亿元，占空气净化总价值量的 51.69%。

6）碳固定价值量

碳固定价值是指生态系统通过植物光合作用固定二氧化碳产生的生态效应。本书采用替代成本法和市场价值法测算碳固定价值量。其中，功能量由固碳量核算得到，二氧化碳价格参考瑞典碳税率。根据碳固定类功能生态产品价值核算模型计算可得，江阴市陆地水域生态系统碳固定价值量为 0.08 亿元，占碳固定总价值量的 18.82%。

7）氧气提供价值量

氧气提供价值是指生态系统通过植物光合作用释放氧气产生的生态效应。本书采用市场价值法测算氧气提供价值量。其中，功能量由释氧量核算得到，氧气价格参考中华人民共和国国家卫生健康委员会网站中春季氧气平均价格。根据氧气提供类功能生态产品价值核算模型计算可得，江阴市陆地水域生态系统氧气提供价值量为 0.05 亿元，占氧气提供总价值量的 18.82%。

8) 气候调节价值量

气候调节价值是指通过植被蒸腾作用和水面蒸发过程使大气温度降低、湿度增加产生的生态效应，包括植被蒸腾和水面蒸发两个方面。本书采用替代成本法（即人工调节温度和湿度所需要的耗电量）测算陆地水域生态系统水面蒸发调节温湿度价值量。根据气候调节类功能生态产品价值核算模型计算可得，江阴市陆地水域生态系统气候调节价值量为47.85亿元，占气候调节总价值量的33.16%。

7.3 江阴市生态产品价值核算结果汇总

7.3.1 基于功能的江阴市生态产品价值核算结果汇总

根据生态产品基本内涵及生态产品价值核算方法体系构建思路，通过实地调查、统计数据和监测数据等的收集获取生态产品价值核算参数，利用生态产品价值核算模型，最终得到不同生态系统产品价值的货币单位核算结果。根据不同生态系统用地类型与生态系统服务功能的对应关系，核算包括物质供给类生态产品、水源涵养功能类生态产品、土壤保持功能类生态产品、防风固沙功能类生态产品、洪水调蓄功能类生态产品、空气净化功能类生态产品、水质净化功能类生态产品、碳固定功能类生态产品、氧气提供功能类生态产品、气候调节功能类生态产品、噪声消减功能类生态产品和文化服务类生态产品在内的江阴市生态产品总价值量。

经计算，江阴市生态产品总价值量为619.36亿元（表7-18）。其中，物质供给类产品价值量为62.49亿元，占总价值量的10.09%；水源涵养功能类产品价值量为167.85亿元，占总价值量的27.10%；土壤保持功能类产品价值量为0.45亿元，占总价值量的0.07%；防风固沙功能类产品价值量为15.18亿元，占总价值量的2.45%；洪水调蓄功能类产品价值量为160.09亿元，占总价值量的25.85%；空气净化功能类产品价值量为0.15亿元，占总价值量的0.02%；水质净化功能类产品价值量为1.26亿元，占总价值量的0.20%；碳固定功能类产品价值量为0.42亿元，占总价值量的0.07%；氧气提供功能类产品价值量为0.26亿元，占总价值量的0.04%；气候调节功能类产品价值量为144.30亿元，占总价值量的23.30%；噪声消减功能类产品价值量为0.51亿元，占总价值量的0.08%；文化服务类产品价值量为66.40亿元，占总价值量的10.72%。经对比分析，江阴市水源涵养、洪水调蓄、气候调节功能类生态产品价值量较高，这一结果与2015年全国生态系统生产总值核算排序结果较为一致（欧阳志云等，2021）。

表 7-18 江阴市生态产品价值量及其占比情况

生态系统服务类型	价值量/亿元	比例/%
物质供给	62.49	10.09
水源涵养	167.85	27.10
土壤保持	0.45	0.07
防风固沙	15.18	2.45
洪水调蓄	160.09	25.85
空气净化	0.15	0.02
水质净化	1.26	0.20
碳固定	0.42	0.07.00
氧气提供	0.26	0.04
气候调节	144.30	23.30
噪声消减	0.51	0.08
文化服务	66.40	10.72
总价值	619.36	100.00

7.3.2 基于地类的江阴市生态产品价值核算结果汇总

江阴市生态产品价值核算指标体系共包含物质供给、调节服务、文化服务 3 个类别，共 12 项一级核算指标。在生态产品价值核算思路上，从功能量和价值量两个方面测度生态产品的总量、结构等基本特征。根据确定的核算基准时间，利用统计调查、机理模型构建等方法，核算各项指标的功能量。在此基础上，确定各类生态系统最终产品与服务的经济价值。根据不同生态系统用地类型与生态系统服务功能之间的对应关系，形成江阴市不同生态系统用地类型的价值量统计（表 7-19）。其中，物质供给主要指生物质供给；调节服务主要包括水源涵养、土壤保持、防风固沙、洪水调蓄、空气净化、水质净化、碳固定、氧气提供、气候调节、噪声消减 10 项核算指标；文化服务主要指包括旅游观光、休闲度假、文化教育等活动在内的休闲旅游功能。由于物质供给类价值在不同地类之间具有交叉性，文化服务类价值难以划分至地类，故不予以细分。

根据生态产品价值核算体系，结合基于功能划分的生态产品价值核算方法与基于地类划分的生态产品价值核算方法，可以得到江阴市生态产品总价值量。除江阴市物质供给类生态产品价值量为 62.49 亿元、文化服务类生态产品价值量为 66.40 亿元外，还可以得到如下结论：

表 7-19 基于地类的江阴市生态产品价值核算　　　　　（单位：亿元）

类别	核算指标	湿地	耕地	园地	林地	草地	绿地与开敞空间	陆地水域
物质供给	生物质供给	—	—	—	—	—	—	—
调节服务	水源涵养	0.48	61.89	15.50	60.76	2.63	1.83	24.77
	土壤保持	0.00	0.16	0.02	0.07	0.01	0.01	0.17
	防风固沙	0.10	5.92	0.86	2.44	0.43	0.34	5.09
	洪水调蓄	0.14	—	—	2.18	0.31	0.21	157.26
	空气净化	0.00	0.04	0.01	0.03	0.00	0.00	0.08
	水质净化	1.26	—	—	—	—	—	—
	碳固定	0.00	0.17	0.02	0.13	0.01	0.00	0.08
	氧气提供	0.00	0.11	0.01	0.08	0.01	0.00	0.05
	气候调节	1.17	55.97	7.43	24.54	4.19	3.14	47.85
	噪声消减	—	—	—	—	—	0.51	—
文化服务	休闲旅游	—	—	—	—	—	—	—

（1）湿地的调节服务价值量为 3.14 亿元，其中水源涵养价值量为 0.48 亿元，土壤保持价值量为 0.00 亿元，防风固沙价值量为 0.10 亿元，洪水调蓄价值量为 0.14 亿元，空气净化价值量为 0.00 亿元，水质净化价值量为 1.26 亿元，碳固定价值量为 0.00 亿元，氧气提供价值量为 0.00 亿元，气候调节价值量为 1.17 亿元。

（2）耕地的调节服务价值量为 124.26 亿元，其中水源涵养价值量为 61.89 亿元，土壤保持价值量为 0.16 亿元，防风固沙价值量为 5.92 亿元，空气净化价值量为 0.04 亿元，碳固定价值量为 0.17 亿元，氧气提供价值量为 0.11 亿元，气候调节价值量为 55.97 亿元。

（3）园地的调节服务价值量为 23.86 亿元，其中水源涵养价值量为 15.50 亿元，土壤保持价值量为 0.02 亿元，防风固沙价值量为 0.86 亿元，空气净化价值量为 0.01 亿元，碳固定价值量为 0.02 亿元，氧气提供价值量为 0.01 亿元，气候调节价值量为 7.43 亿元。

（4）林地的调节服务价值量为 90.22 亿元，其中水源涵养价值量为 60.76 亿元，土壤保持价值量为 0.07 亿元，防风固沙价值量为 2.44 亿元，洪水调蓄价值量为 2.18 亿元，空气净化价值量为 0.03 亿元，碳固定价值量为 0.13 亿元，氧气提供价值量为 0.08 亿元，气候调节价值量为 24.54 亿元。

（5）草地的调节服务价值量为 7.58 亿元，其中水源涵养价值量为 2.63 亿元，土壤保持价值量为 0.01 亿元，防风固沙价值量为 0.43 亿元，洪水调蓄价值量为 0.31 亿元，空气净化价值量为 0.00 亿元，碳固定价值量为 0.01 亿元，氧气提供价值量为 0.01 亿元，气候调节价值量为 4.19 亿元。

(6)绿地与开敞空间的调节服务价值量为 6.04 亿元，其中水源涵养价值量为 1.83 亿元，土壤保持价值量为 0.01 亿元，防风固沙价值量为 0.34 亿元，洪水调蓄价值量为 0.21 亿元，空气净化价值量为 0.00 亿元，碳固定价值量为 0.00 亿元，氧气提供价值量为 0.00 亿元，气候调节价值量为 3.14 亿元，噪声消减价值量为 0.51 亿元。

(7)陆地水域的调节服务价值量为 235.35 亿元，其中水源涵养价值量为 24.77 亿元，土壤保持价值量为 0.17 亿元，防风固沙价值量为 5.09 亿元，洪水调蓄价值量为 157.26 亿元，空气净化价值量为 0.08 亿元，碳固定价值量为 0.08 亿元，氧气提供价值量为 0.05 亿元，气候调节价值量为 47.85 亿元。

7.4 江阴市生态产品价值提升建议

从狭义概念上而言，生态产品指人类直接从自然生态系统中所获取的食物、纤维、淡水等物质原料产品。而广义的生态产品除上述的物质原料产品外，还包括生态系统为人类所提供的赖以生存的自然环境，如空气净化、干扰调节、旅游休憩等。通常，生态产品可按照为人类提供服务的形式分为物质供给、调节服务、文化服务三大类。物质供给类和文化服务类生态系统服务可直接通过市场交易产生经济价值。

7.4.1 物质供给类生态产品价值提升

物质供给类生态产品不需要特别处理即可直接作为商品进行市场交易。江阴市物质供给类生态产品价值占总价值的 10.09%。生态标签的形成和品牌效应的提升，有利于实现物质供给类生态产品价值的保值增值。新时代的国家治理对协同加强经济治理和生态治理、协同推进生态文明建设和物质文明建设提出了新的更高要求。产业的绿色化、生态化是新时代生态文明产业发展的必然选择。一方面，要求产业生态化、绿色化转型，降低资源消耗、环境污染、生态占用等不利影响；另一方面，则是要求寻求新的经济增长点，培育经济增长的绿色动能，尤其要注意生态产品服务的价值实现，推进生态产业化。产业生态化与生态产业化是物质供给类生态产品价值实现及提升的重要途径，两者相互促进。其中，产业生态化要求在生态环境保护管制条件允许的情况下，改造并发展生态相关产业，加快传统产业绿色转型；生态产业化要求按照市场化方式开展资本化经营，推动生态要素向生产要素转化、生态财富向物质财富转化，促进生态与经济良性循环，将生态优势转化为经济发展优势。

江阴市具有优质的资源禀赋条件和独特的地理区位优势，良好的经济发展条件和强劲的扶持政策为推进高质量发展、提升绿色一体化提供了前进动力。对于物质供给类生态产品而言，第一，应统一规划，合理布局供给区，加强培育经营主体，鼓励以龙头企业和种植合作社方式推动集约规模化利用农用地，加强农副产品深加工，提高物质产品产出率；第二，大力发展现代绿色农业，供给绿色产品和特色产品，增加产品生态附加值，将优势生态资源与传统产业相结合，创新发展"生态+"产业；第三，以生态为约束条件，建立种植业、林业、牧业、渔业及在此基础上的延伸性产业，形成良性的产业链条，挖掘生产要素新的产品形态，提升产品溢价水平；第四，建立生态物质产品交易平台，畅通生态物质产品区域流通绿色渠道，在产权明确的情况下，通过使用权、经营权等产权流转，反映产品竞争能力，实现生态产品价值；第五，通过交易市场上的溢价机制，挖掘具有独特品质属性且受法律保护的产品，加大对于"两品一标"等特殊标识性生态产品的销售宣传力度，将本地农副产品根据市场需求进行深加工，提高农产品附加值，从消费者反馈中了解消费者，从而迎合消费者的消费心理，提升生态产品的市场价值，打造具有本土特色的生态产品品牌。

7.4.2 调节服务类生态产品价值提升

调节服务类生态产品具有整体性、空间差异性、范围有限性和多用途性的自然属性。从公共产品属性来看，调节服务类生态产品具有消费的非排他性和非竞争性。但是从服务范围来看，调节服务类生态产品非排他性和非竞争性的作用强度具有显著的空间差异性。根据生态系统调节服务的供给方式、作用范围和非排他性特征，可以将生态系统调节服务划分为区域性强公共产品和地方性强公共产品两种类型。区域性强的公共产品指没有明确的供给对象，具有很强的非排他性，难以明确受益范围，比如碳固定、水源涵养等。地方性强公共产品的服务供给范围主要面向地方，地方是受益主体，具有一定的空间排他性，比如噪声消减、气候调节等。实际上，调节服务类生态产品既包括未经过人类劳动的自然产品，也包括在自然的基础上附加了人类劳动的产品。通常来说，区域性强和地方性强两种类型产品的价值实现有不同的路径。区域性强的调节服务类生态产品的主要供给区以生态保护为主导功能，发展权受限，主要开展生态保护和修复劳动，以提供更优质生态产品。其价值主要通过政府购买、地方政府间的合作补偿等方式实现。地方性强的生态调节服务，因具有较强的空间排他性，其价值可利用农业、工业和服务业产业途径实现，即将生态系统服务(包括水源涵养、土壤保持、防风固沙、洪水调蓄、空气净化、水质净化、碳固定、氧气提供、气候调节等功能)附加于农业、工业和服务产品，通过市场化、标签化、附加劳动等转换为经营性产品，实现生态服务的附加经济价值。比如，降温增湿等气候调节服务可以通过生态康养产业的发展实现价值的显化。

江阴市调节服务类生态产品价值占比最高，达79.19%，主要是基于不同类型生态用地与其所能提供的生态系统服务功能产生的价值量来进行核算的。对于不同土地利用类型(包括湿地、耕地、园地、林地、草地、绿地与开敞空间、陆地水域)的面积、性质、权属、等级、结构、布局等基本特征和演化特征，首先要通过开展调查监测、掌握动态摸清家底，提升生态环境的精细化监管水平，构建准确全面、实时更新的调节服务类生态产品基础数据库。通过建立生态环境监测网络，实现生态环境遥感监测应用由被动监测到主动发现问题、由监测到"会诊"、由评估到预警的技术转变。运用传感器、计算机、遥感、遥测等现代科技方法，对各类生态环境要素和具体构成要素进行监控测量，以反映生态状况的变化趋势。同时，探索利用物联网技术完成不同目标之间的数据传递，加快信息流通和交换效率。其次，要充分明确生态系统调节服务所涉及的各类生态用地权利主体，厘定调节服务类生态产品价值受益对象，以及生态资源与产权人、产权类别之间的权属对应关系。明确生态资源所有权、使用权、承包经营权及他项权利主体，确保生态资源的所有权归国家或集体所有，承包权归村民所有，鼓励企业、个人等社会资本作为经营权主体。最后，鼓励探索建立服务权属交易平台，将生态系统服务转变为商品进行市场交易，拓展水权交易、区域排污权交易和碳排放交易等试点工作，完善横向和纵向生态补偿机制。

7.4.3 文化服务类生态产品价值提升

文化服务类生态产品具有重要的游憩和美学功能，发挥着旅游、宗教、科学、研究、审美等价值。据统计，江阴市有各级各类文物遗存 370 余处，各级文保单位 95 处，有江阴市滨江要塞旅游区、江苏学政文化旅游区、华西村、徐霞客故居、中国徐霞客旅游文化博览园等旅游景区；同时，拥有丰富的地方风俗，如江阴集场、龙舟竞渡、春节风俗等，以及历史文化名人资源。多元化的旅游资源是江阴市旅游发展的基础及动力。经测算，江阴市文化服务类生态产品价值占比为 10.72%，作为"千古奇人""一代游圣"——徐霞客的家乡，江阴市可努力开发及拓展相关文化旅游产业，建立更多的文化旅游标志地，展现霞客文化。其一，完善与《徐霞客游记》相关的旅游景点的介绍讲解，提高旅游者的精神参与体验程度，通过特色民俗民居、民间习俗、生产技术等开发活动，丰富旅游项目的多样性。其二，加强新媒体的宣传营销力度，利用现代媒介，满足旅游者对于旅游地文化内涵的需求。通过微博、小红书、知乎、微信公众号、携程、大众点评、美团等线上平台的推广和广告投放，扩大旅游地知名度，塑造"小众旅游景点""安静故里"的品牌形象，打造具有不同主题的旅游路线，包括研学之旅、文化之旅等。其三，开发特色生态产品，满足游客的生态文化需求。特色生态产品不局限于物质形态的带有生态标签的绿色产品，更多应该是一种为有共同爱好和愿望的目标群体而开展的特殊的旅游体验形式。其四，推动生态旅游产业化，发掘当地资源特色，以生态农业和当地特色文化为结合点，延长生态农业产业链，举办文化产业活动，开发乡村旅游产品和服务，促使不同产业相互融合、共存互补。从供给侧发力，通过发展多元化的生态旅游项目，比如文创、会展、绿色餐饮等，扩大消费市场，满足游客观光、体验、购物、餐饮、住宿、康养等全方位需求。利用互联网技术建设电商平台，打造"产、供、销"一体化的以旅游为主的生态产业化模式。

第8章 生态产品价值实现路径

8.1 生态指标交易路径

8.1.1 生态指标交易路径概述

1. 生态指标交易

生态指标交易主要是通过政府管控或设定限额等方式创造交易需求，开展生态产品相关权益交易，从而实现生态产品价值。国外的转移发展权、生态信用、生态积分，国内的森林覆盖率交易、碳票、生态券、绿票、环境容量交易等都属于生态指标交易的范畴，为生态产品价值的市场化实现提供了新的路径(Jo et al., 2020；谷晓坤等，2023；"生态产品价值实现的路径、机制与模式研究"课题组，2019)。

该类交易又可以进一步分为环境权益交易和指标交易两类。环境权益交易是政府通过管控使环境权益具有稀缺性，促使其通过市场手段发生转移和交易。排污权和碳排放权通过限制污染物和温室气体排放量，推进了环境权益市场化交易；水权和用能权交易通过资源开发利用的政府管控，实现了公共资源配置的市场化改革。指标交易通常指为了满足政府制定的生态资源总量控制要求而产生的配额指标交易(张丽佳和周妍，2021)。重庆的森林覆盖率交易实质上就是一种典型的指标交易模式，考虑重庆各区县自然条件不同、发展定位各异、部分区县国土绿化空间有限等实际情况，设置了森林覆盖率指标，完成森林覆盖率目标确有困难的地区，允许其购买森林面积指标，用于本地区森林覆盖率目标值的计算，让保护生态的地区得补偿、不吃亏。由此，探索建立了基于森林覆盖率指标交易的生态产品价值实现机制，形成了区域间生态保护与经济社会发展的良性循环。

生态指标交易表现为政府通过政策引导和管控明晰生态产品的产权和收益权，进一步制定区域内生态产品发展目标，使之成为市场稀缺的生态商品，通过精确测算将生态产品票据化、信用化等，最终通过市场交易促进生态产品价值的实现。生态指标交易是一种"政府+市场"的半市场化生态产品价值实现方式，其需求端往往是政府管控的，其供给端则呈现出多元市场化的趋势。

2. 生态指标交易对江阴的意义

生态指标交易是江阴实现生态产品价值的重要路径。2021年，中共中央办公厅、国务院办公厅印发《关于建立健全生态产品价值实现机制的意见》，提出"鼓励通过政府管控或设定限额，探索绿化增量责任指标交易、清水增量责任指标交易等方式，合法合规开展森林覆盖率等资源权益指标交易"。推进生态指标交易是加快完善政府主导、企业和社会各界参与、市场化运作、可持续的生态产品价值实现路径的重要一环，是江阴市着力构建绿水青山转化为金山银山的政策制度体系的有效途径。

生态指标交易是江阴推进生态文明建设的有效手段。推进生态文明建设就是要建设以资源环境承载力为基础、以自然规律为准则、以可持续发展为目标的资源节约型、环境友好型社会，实现人与自然和谐相处、协调发展。推进生态指标交易既是时代的潮流、历史的趋势、人类的责任，也是江阴市生态文明建设的重要内容。因此，从循环经济到节能减排，从资源节约到环境友好，从耕地平衡到生态平衡，从推进低碳发展到生态文明建设，是江阴经济社会可持续发展之路，也是打造生态江阴、绿色江阴的有效载体。

生态指标交易是江阴实现高质量发展的根本途径。面对高开发强度的建设用地占比、日趋强化的资源环境约束，作为高度发达的东部县域，必须增强生态资源的危机意识，守住生态空间。绿色发展的本质就是要更新发展观念、转变发展模式、提高发展质量、增强发展能力、实现又好又快的发展目标，生态指标交易是实现这一目标的根本途径。因此，以生态文明建设为引领、以生态指标交易为工作抓手，是破解江阴资源环境约束难题的根本途径和有效方法，对于提高江阴生态文明建设水平，实现高质量发展具有积极的推动作用。

生态指标交易是江阴转变经济发展方式的重要抓手。2021年度江阴市地区生产总值（GDP）为4580亿元，第二产业增加值占比50%以上，钢铁、热电、化工等重工业比重依然较大，说明江阴在社会经济发展中产业结构依然偏重，经济发展方式转变有难度、有压力。因此，坚持绿色、低碳发展理念，大力推进有关生态指标交易的各项政策措施，促使江阴的生态空间保持稳定，打造绿水青山优美环境，实现绿水青山的有效转化和"两山"的和谐共融，是实现经济发展方式转变的重要抓手。

8.1.2 生态券核算方法与转换体系

构建以生态券为核心的生态指标交易机制，是江阴探索生态产品价值实现最重要的路径之一。具体而言，生态券是生态用地占补平衡市场化交易的媒介，是指通过相应措施将高生态潜力区域修复成高生态价值区域后，因区域生态价值提高而形成的能够在交易平台直接交易的指标。在测算江阴市物质产品、调节服务、文化服务功能量和价值量的基础上，确定生态券转化系数，为江阴构建生态券交易机制提供科学的量化依据。

1. 基于地类的生态产品价值

以绿水青山为代表的高质量林地、湿地、耕地、草地、水域等生态资源，为人们的生产生活提供了必需的生态产品与服务。对不同地类的功能量与价值量的测算是生态券核算的必然要求。由于物质供给、文化服务价值量的测算未涉及具体地类分类，故不纳入统计。由表8-1可知，江阴市耕地面积最大，达383 167亩；陆地水域和林地面积次之，分别达252 903亩、160 520亩；湿地面积最小，为4868亩。从总体看，各地类的总价值量为490.45亿元。具体而言，各地类在不同功能下的价值量总量，即林地、湿地、耕地、园地、草地、绿地与开敞空间、陆地水域的总价值量分别为90.22亿元、3.14亿元、124.26亿元、23.86亿元、7.58亿元、6.04亿元和235.35亿元。就林地来看，其水源涵养价值量最高，达60.76亿元；空气净化价值量最低，为0.03亿元。就湿地来看，其各功能价值量整体偏小，其中水质净化价值量最高，为1.26亿元。就耕地来看，其水源涵养价值量最高，达61.89亿元；空气净化价值量最低，为0.04亿元。就园地而言，其水源涵养价值量最高，达15.50亿元；而氧气提供和空气净化价值量最低，为0.01亿元。就草地而言，其各调节服务类功能的价值量也整体较小，其中气候调节价值量最高，为4.19亿元；空气净化价值量最低，为0.0019亿元。就绿地与开敞空间而言，其气候调节价值量最高，为3.14亿元；空气净化价值量最低，为0.0011亿元。就陆地水域而言，其洪水调蓄价值量最高，达157.26亿元；氧气提供价值量最低，为0.05亿元。

表8-1 江阴市各地类价值量

地类	面积/亩	土壤保持/亿元	防风固沙/亿元	碳固定/亿元	氧气提供/亿元	气候调节/亿元	水源涵养/亿元	洪水调蓄/亿元	水质净化/亿元	空气净化/亿元	噪声消减/亿元	价值量/亿元
林地	160 520	0.07	2.44	0.13	0.08	24.54	60.76	2.18	—	0.03	—	90.22
湿地	4868	0.00	0.10	0.00	0.00	1.17	0.48	0.14	1.26	0.00	—	3.14
耕地	383 167	0.16	5.92	0.17	0.11	55.97	61.89	—	—	0.04	—	124.26
园地	51 260	0.02	0.86	0.02	0.01	7.43	15.50	—	—	0.01	—	23.86
草地	23 241	0.01	0.43	0.01	0.01	4.19	2.63	0.31	—	0.00	—	7.58
绿地与开敞空间	17 192	0.01	0.34	0.00	0.00	3.14	1.83	0.21	—	0.00	0.51	6.04
陆地水域	252 903	0.17	5.09	0.08	0.05	47.85	24.77	157.26	—	0.08	—	235.35

2. 基于功能价值的地类系数转换

基于生态券的生态指标交易机制是一条典型的政府作为审批和监管者制定市场交易规则，鼓励企业、金融机构、科研院所、第三方评估机构等各类市场主体参与，以生态券为交易媒介进行市场化运作，可持续的生态产品价值实现路径。其既有利于实现生态空间零净损失、优化不同用地空间格局，又有利于促进建设用地集约和推动生态经济健康发展。不同地类之间的生态券转换是生态券核算的关键环节。基于各地类价值量核算与面积统计，测算得到江阴市林地、湿地、耕地、园地、草地、绿地与开敞空间、陆地水域每亩价值量分别为5.621万元、6.449万元、3.243万元、4.655万元、3.263万元、3.514万元、9.306万元。参考已有研究，界定1亩林地为1个生态券，根据单位价值量的比例关系，测算其他地类的生态券，结果如表8-2所示。1亩湿地约为1.15个生态券，1亩耕地约为0.58个生态券，1亩园地约为0.83个生态券，1亩草地约为0.58个生态券，1亩绿地与开敞空间约为0.63个生态券，1亩陆地水域约为1.66个生态券。需要说明的是，建设用地（绿地与开敞空间除外）不具有生态功能，价值量为0。

表 8-2　江阴市各地类生态券标准换算系数

地类	单位价值量/(万元/亩)	生态券
林地	5.621	1
湿地	6.449	1.147 411
耕地	3.243	0.576 972
园地	4.655	0.828 249
草地	3.263	0.580 596
绿地与开敞空间	3.514	0.625 228
陆地水域	9.306	1.655 633
建设用地(除绿地与开敞空间)	0	0

3. 不同地类之间生态券转换体系

基于各个地类的生态券标准数值，可以计算得到各个地类之间的转化数值，构建基于生态价值的不同地类间生态券转换体系，如表8-3所示。

基于各地类生态券数值，测算得到江阴市林地、湿地、耕地、园地、草地、绿地与开敞空间、陆地水域之间的生态券转化数值，结果如表8-3所示。以耕地为例，1亩耕地转化为1亩草地，可以发放约0.004个生态券；1亩耕地转化为1亩绿地与开敞空间，可以发放约0.05个生态券；1亩耕地转化为1亩园地，可以发放约 0.25 个生态券；1 亩耕地转化为 1 亩林地，可以发放约 0.42 个生态券；1 亩耕地转化为 1 亩湿地，可以发放约 0.57 个生态券；1 亩耕地转化为 1 亩陆地水域，可以发放约 1.08 个生态券。

表 8-3　江阴市不同地类之间生态券转换体系

地类	建设用地（除绿地与开敞空间）	耕地	草地	绿地与开敞空间	园地	林地	湿地	陆地水域
建设用地（除绿地与开敞空间）	—	0.576 972	0.580 596	0.625 228	0.828 249	1	1.147 411	1.655 633
耕地	−0.576 972	—	0.003 624	0.048 256	0.251 277	0.423 028	0.570 439	1.078 661
草地	−0.580 596	−0.003 624	—	0.044 632	0.247 653	0.419 404	0.566 815	1.075 037
绿地与开敞空间	−0.625 228	−0.048 256	−0.044 632	—	0.203 021	0.374 771	0.522 183	1.030 405
园地	−0.828 249	−0.251 277	−0.247 653	−0.203 021	—	0.171 751	0.319 162	1.030 405
林地	−1	−0.423 028	−0.419 404	−0.374 771	−0.171 751	—	0.147 411	0.655 633
湿地	−1.147 411	−0.570 439	−0.566 815	−0.522 183	−0.319 162	−0.147 411	—	0.508 222
陆地水域	−1.655 633	−1.078 661	−1.075 037	−1.030 405	−1.030 405	−0.655 633	−0.508 222	—

8.1.3　江阴市重点区域生态券核算

重点区域包括长江江阴段沿岸 2 km 区域，绮山应急备用水源地，锡澄运河、白屈港河、应天河沿河 200 m 区域及霞客湾湿地。

1. 重点区域建设用地转生态用地面积

建设用地包括城市、建制镇、村庄、采矿用地、风景名胜及特殊用地、公路用地、铁路用地、港口码头用地及水工建筑用地。

由表 8-4 可知，城市共有 3109 亩转为生态用地，其中转为公园绿地的面积最多，有 1831 亩；建制镇共有 1196 亩转为生态用地，其中转为耕地的面积最多，有 389 亩；村庄共有 6197 亩转为生态用地，其中转为耕地的面积最多，有 1608 亩；采矿用地共有 1175 亩转为生态用地，其中转为水面的面积最多，有 596 亩；风景名胜及特殊用地共有 332 亩转为生态用地，其中转为公园绿地的面积最多，有 218 亩；公路用地共有 385 亩转为生态用地，其中转为公园绿地的面积最多，有 173 亩；铁路用地共有 1 亩转为生态用地，仅转为耕地；港口码头用地共有 283 亩转为生态用地，其中转为公园绿地的面积最多，有 268 亩；水工建筑用地共有 54 亩转为生态用地，其中转为水面的面积最多，有 46 亩。在转换后的生态用地中，林地、园地、草地、水面、耕地、公园绿地和其他地类分别占据1669亩、645亩、1080亩、2474亩、2453亩、3873亩和538亩。

表8-4 建设用地转生态用地面积 （单位：亩）

地类	林地	园地	草地	水面	耕地	公园绿地	其他	总计
城市	191	8	487	270	311	1831	11	3109
建制镇	97	33	68	285	389	263	61	1196
村庄	1103	309	425	1212	1608	1107	433	6197
采矿用地	135	245	69	596	104	13	13	1175
风景名胜及特殊用地	51	8	4	40	10	218	1	332
公路用地	88	40	12	25	29	173	18	385
铁路用地	0	0	0	0	1	0	0	1
港口码头用地	0	0	15	0	0	268	0	283
水工建筑用地	4	2	0	46	1	0	1	54
总计	1669	645	1080	2474	2453	3873	538	12732

2. 重点区域建设用地转生态用地生态券核算

结合表8-2中各地类生态券换算系数和表8-4中建设用地转生态用地面积数值，可以计算得到建设用地转生态用地的生态券，如表8-5所示。

表8-5 建设用地转生态用地生态券核算

地类	林地	园地	草地	水面	耕地	公园绿地	总计
城市	191.00	6.63	282.75	447.02	179.44	1144.79	2251.63
建制镇	97.00	27.33	39.48	471.86	224.44	164.44	1024.55
村庄	1103.00	255.93	246.75	2006.63	927.77	692.13	5232.21
采矿用地	135.00	202.92	40.06	986.76	60.01	8.13	1432.88
风景名胜及特殊用地	51.00	6.63	2.32	66.23	5.77	136.30	268.25
公路用地	88.00	33.13	6.97	41.39	16.73	108.16	294.38
铁路用地	0.00	0.00	0.00	0.00	0.58	0.00	0.58
港口码头用地	0.00	0.00	8.71	0.00	0.00	167.56	176.27
水工建筑用地	4.00	1.66	0.00	76.16	0.58	0.00	82.40
总计	1669.00	534.23	627.04	4096.05	1415.32	2421.51	10763.15

在转换后的生态用地中，林地为1669.00个生态券，提供生态券最多的建设用地为村庄，有1103.00个；园地为534.23个生态券，提供生态券最多的建设用

地为村庄,有 255.93 个;草地为 627.04 个生态券,提供生态券最多的建设用地为城市,有 282.75 个;水面为 4096.05 个生态券,提供生态券最多的建设用地为村庄,有 2006.63 个;耕地为 1415.32 个生态券,提供生态券最多的建设用地为村庄,有 927.77 个;公园绿地为 2421.51 个生态券,提供生态券最多的建设用地为城市,有 1144.79 个。

8.1.4 江阴市沿江地块生态券核算

江阴沿江地块东起鹅鼻嘴公园,西至澄西船厂,南至临江江堤路,北至长江,面积约 50 hm²。其由黄田港公园、韭菜港公园、鲥鱼港公园、船厂公园、锡澄运河公园(一期)、锡澄运河公园(二期)构成。

1. 沿江地块新增生态用地面积

沿江地块的新增生态用地类型包括林地、草地和陆地水域。由表 8-6 可知,黄田港公园新增生态用地 181.01 亩(图 8-1);其中,林地 34.10 亩,草地 75.82 亩,陆地水域 71.09 亩。韭菜港公园新增生态用地 52.50 亩;其中,林地 17.57 亩,草地 21.72 亩,陆地水域 13.21 亩。鲥鱼港公园新增生态用地 41.41 亩;其中,林地 13.23 亩,草地 25.82 亩,陆地水域 2.36 亩。船厂公园新增生态用地 34.45 亩;其中,林地 12.80 亩,草地 20.88 亩,陆地水域 0.77 亩。锡澄运河公园(一期)新增生态用地 91.01 亩;其中,林地 12.51 亩,草地 58.28 亩,陆地水域 20.22 亩。锡澄运河公园(二期)新增生态用地 130.32 亩;其中,林地 58.76 亩,草地 45.61 亩,陆地水域 25.95 亩。在沿江地块新增的生态用地中,林地、草地、陆地水域分别占据 148.97 亩、248.13 亩和 133.60 亩。

表 8-6　沿江地块新增生态用地面积　　　　(单位:亩)

公园名称	林地	草地	陆地水域	合计
黄田港公园	34.10	75.82	71.09	181.01
韭菜港公园	17.57	21.72	13.21	52.50
鲥鱼港公园	13.23	25.82	2.36	41.41
船厂公园	12.80	20.88	0.77	34.45
锡澄运河公园(一期)	12.51	58.28	20.22	91.01
锡澄运河公园(二期)	58.76	45.61	25.95	130.32
合计	148.97	248.13	133.60	530.70

2. 沿江地块生态用地生态券核算

结合表 8-2 各地类生态券换算系数和表 8-6 沿江地块新增的生态用地面积数值，可以计算得到沿江地块生态用地的生态券，如表 8-7 所示。

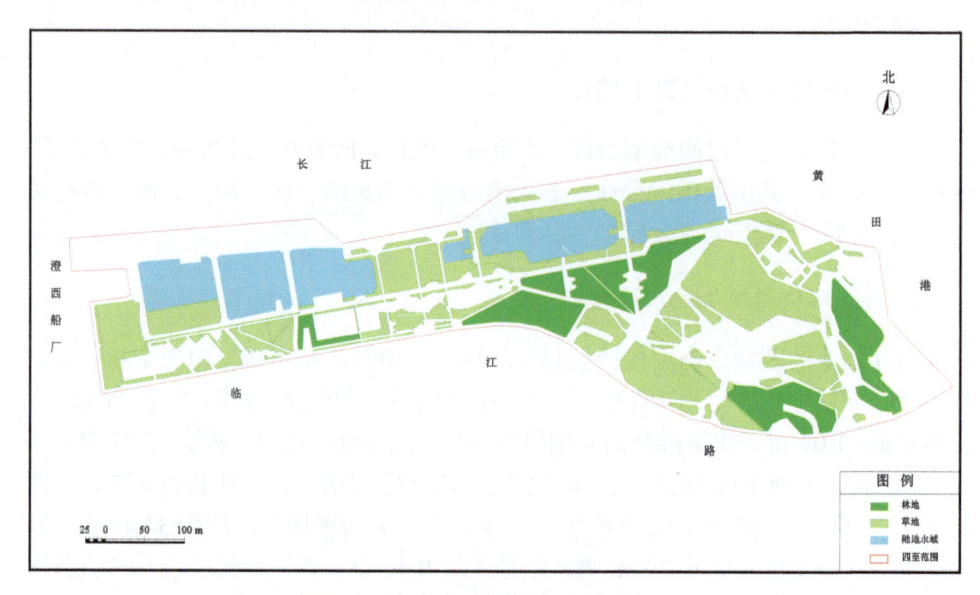

图 8-1　黄田港公园生态产品用地范围图

表 8-7　沿江地块生态券核算

地块名称	林地	草地	陆地水域	合计
黄田港公园	34.10	44.02	117.71	195.83
韭菜港公园	17.57	12.61	21.88	52.06
鲥鱼港公园	13.23	14.99	3.90	32.12
船厂公园	12.80	12.12	1.27	26.19
锡澄运河公园（一期）	12.51	33.84	33.48	79.83
锡澄运河公园（二期）	58.76	26.48	42.96	128.20
合计	148.97	144.06	221.20	514.23

沿江地块共提供生态券 514.23 绿元①。黄田港公园提供生态券 195.83 绿元；其中，林地 34.10 绿元，草地 44.02 绿元，陆地水域 117.71 绿元。韭菜港公园提供生态券 52.06 绿元；其中，林地 17.57 绿元，草地 12.61 绿元，陆地水域 21.88 绿元。鲥鱼港公园提供生态券 32.12 绿元；其中，林地 13.23 绿元，草地 14.99 绿

---

① 绿元为生态券单位，定义 1 亩林地的生态价值为 1 绿元生态券。

元，陆地水域 3.90 绿元。船厂公园提供生态券 26.19 绿元；其中，林地 12.80 绿元，草地 12.12 绿元，陆地水域 1.27 绿元。锡澄运河公园(一期)提供生态券 79.83 绿元；其中，林地 12.51 绿元，草地 33.84 绿元，陆地水域 33.48 绿元。锡澄运河公园(二期)提供生态券 128.20 绿元；其中，林地 58.76 绿元，草地 26.48 绿元，陆地水域 42.96 绿元。

8.1.5 江阴市生态券交易机制

1. 整体交易框架

江阴市生态券交易的整体逻辑是保障区域内生态产品价值不减少，做到生态产品价值的占补平衡，确保区域生态安全。为此需要确定生态券交易的供需两端及其交易过程，具体如图 8-2。

在供给端主要通过生态产品基期调查和生态产品定期监测来确定生态产品价值变化。生态价值的增加主要可以分为两类，一类是生态产品价值自然增加，如林地树木生长带来的生态价值的变化；另一类是生态产品价值机械增加，如存量建设用地修复为农用地等具有生态价值的地类。在目前的技术条件下，监测生态产品价值的自然增加需要耗费的成本较高，现阶段重点监测由于土地利用变化带来的生态产品价值机械增加。根据土地利用面积的变化，并根据生态券的核算系数来确定核发数量，主管部门根据增加数量核发生态券给相应的土地使用权人，作为生态券交易的供给方。需要说明的是在生态券出让后，供给方需继续维护生态产品，依然获得生态补偿。

在新增建设用地配置过程中，必然存在具有生态价值的用地类型转换为建设用地，造成地块生态产品价值的减少。为了保证生态产品价值不减少，需要根据地块占用生态用地情况，核算地块生态价值减少量，进而核算需要购买的生态券，国有经营性用地在配置过程中需要附带生态券，土地使用权竞得人根据配置要求购买生态券，作为生态券的需求方。需求方购买生态券后，签订土地出让协议后，主管部门依照规定需要注销需求方购买的生态券。

在供需双方确定的基础上，需要搭建交易的平台。土地储备中心需要增加生态券储备功能，并建立有效的交易平台，供需双方可以在此平台开展生态券的交易。同时，自然资源部门还需要确立生态价值的核算基期，监测价值变化及其带来的生态券交易；还需要根据生态修复成本定期发布生态券指导价(可以利用成本法测算 1 亩林地的修复成本，并以此作为生态券交易的指导价)，交易价格不得低于指导价。供给方在一定时间期限内，自由决定是否出让生产的生态券，需求方在签订土地出让协议前须强制购买土地对应的生态券，确保区域内的生态价值不减少，有效保障地区良好的生态格局。

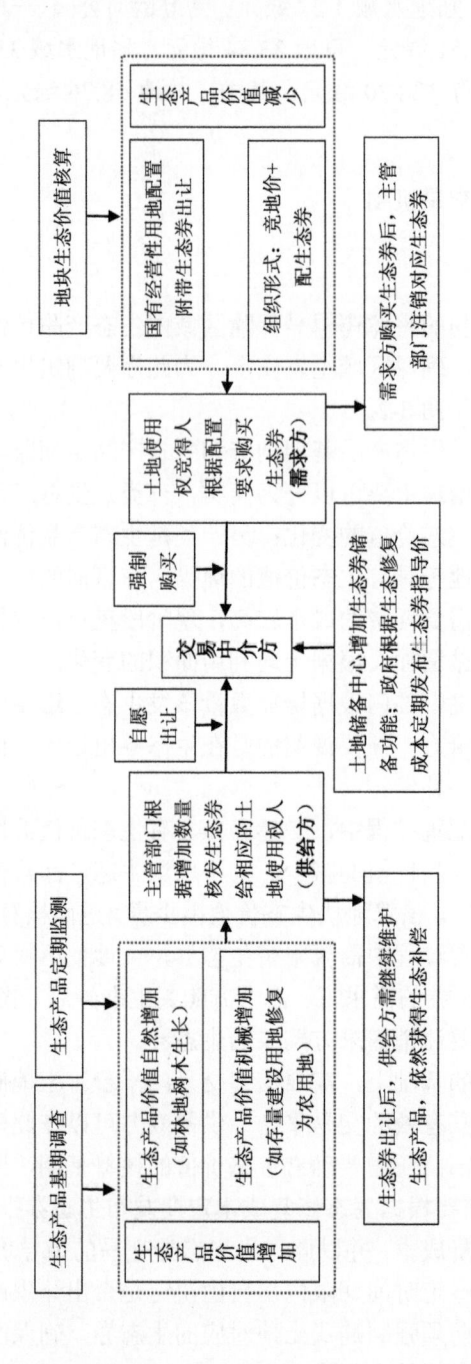

图 8-2 江阴市生态券交易逻辑框图

2. 供给机制

经济学的供给指的是在某一特定时期内,对应于一个给定的价格,生产者愿意且能够提供的商品数量被称为该价格下的供给量。生态券不同于一般的商品,具有准公共品的供给特征,生态券的交易依赖于有效的供给,并且可以通过行政手段来有效地调节供给端。江阴市生态券供给在目前的试点阶段专注于辖区范围内的供给问题。

1) 供给来源

生态券的本质来源于生态空间的增加和服务价值的提升。通过基期的设定,确定一个可以进行比较的生态空间参考体系,并调查评价该基期的生态产品情况。在确立基期的基础上,通过定期的调查核算,监测生态空间及其价值的变动情况,为生态券的供给提供技术支持。生态券的产生在理论上存在两类,一类来源于生态价值的自然增长,如不同生长年限的林地在生态服务价值上是不一样的,可根据价值变动来核发生态券;另一类来源于土地利用的变化,低生态价值用地转化为高生态价值用地的时候,会带来生态价值的增加,如建设用地修复为林地、草地、湿地等生态用地,其生态价值明显增加,可以根据价值变动情况来核发生态券。

在本次试点中,本着先易后难、易于操作的原则,对供给来源相关问题进行了设定:首先,在基期和监测数据设定上,基期数据设定为2018年的第二次全国土地调查年度变更数据,利用的监测数据为最新发布的三调数据;其次,在生态券来源上,主要考虑土地利用变化带来的价值量的增加,特别是二调中建设用地修复为三调中生态用地带来的价值变化;最后,在生态券供给核发区域上,本次只考虑沿江2 km、沿河200 m等重点区域范围内土地利用变化带来的生态券供给问题。在未来的实践操作中,可以根据试点情况,开展定期监测核算,增加供给来源,扩大供给区域,有效保障生态券的稳定供给。

2) 供给管理

政府在生态券供给端的主要工作是核算生态券及发放生态券。主管部门根据定期的监测或土地使用权人的申请,掌握价值的变动情况,摸清区域内可以发放生态券的地块和数量。主管部门按照市场需求变动情况,制定年度生态券发放计划,根据计划核发生态券给相应的土地使用权人。土地使用权人是生态券生产和供给的主体,根据生态券的两类不同来源进行差异化的供给管理:第一类因自然增长产生的生态券,由主管部门根据定期的监测结果,核发相应数量的生态券给土地使用权人;第二类因土地利用类型变化产生的生态券,土地使用权人根据国土空间规划和生态修复规划,可自行或者委托他人将拟进行生态修复的工矿废弃地等建设用地修复为林地、园地、草地、湿地,再申请主管部门验收,主管部门根据法律法规要求进行验收后,将验收合格的进行土地利用类型变更,同时核发生态券。在本次试点中，同样本着先易后难、易于操作的原则，重点分析土地利用类型变化产生的生态券核发工作。

3) 具体核发措施

自然资源主管部门应当根据发展需要、经济社会发展水平、生态保护等因素，科学推动生态空间打造和生态功能区保护。根据土地权利人意愿，优先支持沿江、沿河等重点生态功能区范围内建设用地修复为耕地、林地、草地、湿地、水域等项目的实施。建设用地修复为生态用地的，经自然资源主管部门验收后可免收城镇土地使用税，且依法获得生态补偿，具体流程如图 8-3 所示。

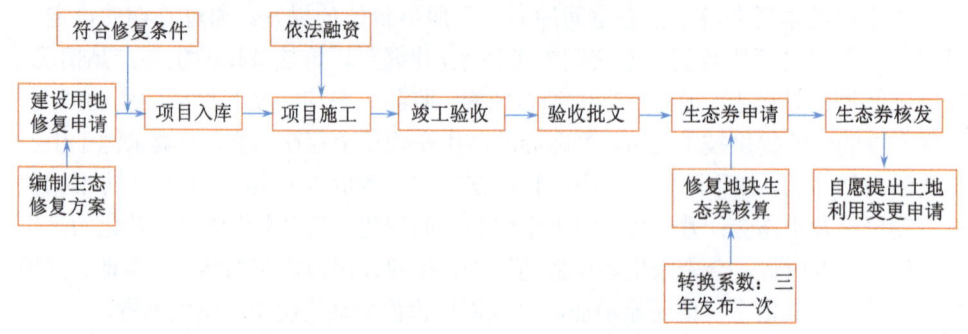

图 8-3 生态券产生与核发流程

建设用地申请修复为生态用地的土地应当具备以下条件：现状为建设用地，且符合土地利用现状分类；符合国土空间规划，具备主要修复为生态用地的条件；权属清晰，具有合法权属证明；符合建设用地复垦和修复的有关规定。有下列情形之一的建设用地，不得修复用于生态券交易：违法建设用地；单独的附属设施用地；中国传统村落、历史文化名镇名村或者地名文化遗产等保护范围内的建设用地；权利依法受到限制的建设用地；自然灾害发生后，地质状况尚未稳定的建设用地；未签订退出协议的宅基地；其他不宜复垦和修复的情形。

土地权利人是建设用地修复的主体，包括企业法人、农村集体经济组织及拥有土地权属的其他主体。申请修复为生态空间的建设用地，土地权利人应当向乡镇人民政府、街道办事处提出申请建设用地修复为生态空间立项，土地权利人应当向自然资源主管部门提交修复方案，获得审批。自然资源主管部门收到申请时，应当告知申请人的权利义务、修复程序、交易风险、价款分配政策等相关内容。

土地权利人可以自行或者委托他人按照修复方案组织实施修复。修复项目生态券收益权可以依法向金融机构申请融资。建设用地修复后，形成的生态用地应达到相应的标准。修复项目竣工后，自然资源主管部门应当根据项目修复方案和验收标准，组织农业、水利等部门进行验收。验收合格的，自然资源主管部门应当组织乡镇人民政府、街道办事处将修复项目实施前后相关信息进行公示。公示期内无异议或者经复核异议消除的,由自然资源主管部门核发建设用地生态修复合格证。建设用地生态修复合格证应当记载土地权利人信息,修复项目新增耕地、林地、湿地、草地、水域等生态用地面积,减少的建设用地面积等信息。新增生态用地面积是土地权利人用于申请生态券的面积。

取得建设用地生态修复合格证后,自然资源主管部门进行合格证备案。备案完成后,自然资源主管部门应当注销修复地块原有相关权属证书,并对土地利用现状进行变更登记,发放变更后的相关权属证书。土地权利人负责生态用地质量维护,保证生态功能不下降。自然资源主管部门应定期组织抽查,抽查不合格的,出具书面整改意见。建设用地修复为生态用地后,其土地权利人不变,按照相关规定依法补偿土地权利人。

完成土地利用现状变更登记后,权利人可以申请核发生态券。生态券核算的基期数据为第二次全国土地调查数据库(2018年),在此之后的土地利用变化方可申请生态券。新增生态用地通过转化系数折算为标准生态券。转换系数由自然资源主管部门每三年发布一次。

自然资源主管部门需对所申报地块的生态现状进行实地调查核实,对相关材料进行验收。验收合格公示期内无异议或者经复核异议消除的,由自然资源主管部门核发生态券。生态券应当记载编号、土地权利人、生态券持有人、地块位置、生态券数量等信息。自然资源主管部门要定期对全市生态服务价值进行监测,根据变动情况,评估生态券供给潜力,保障供需平衡。

3. 需求机制

需求是指人们在某一特定的时期内在各种可能的价格下愿意并且能够购买某个具体商品的需要。生态券作为一种典型的准公共产品,介于私人物品和纯公共物品之间,外部性特征较为明显,其具有有限的非排他性和非竞争性,因而需要通过政府管控或设定限额等方式创造生态产品的交易需求,以保障生态券交易体系的有效运转,具体流程如图8-4所示。

1) 需求来源

随着城镇的发展,人口和产业不断集聚,城镇在扩展过程中不可避免地需要征用耕地等具有生态价值的用地空间,造成生态价值的减少。为了保障区域内的生态价值不减少,保持稳中有升,就需要补充相应的生态价值。新增建设用地为经营性项目配置国有土地时,需要根据生态价值减少量核算对应的生态券,由土地竞得人购买相应的生态券,实现生态指标占补平衡。生态券需求方为新增建设用地的竞得人,政府通过制定相关的规章制度、管理办法强制购买生态券。在本次试点中,同样本着先易后难、易于操作的原则,尝试在新增住宅、商业等性质土地出让过程中进行生态券配置探索。

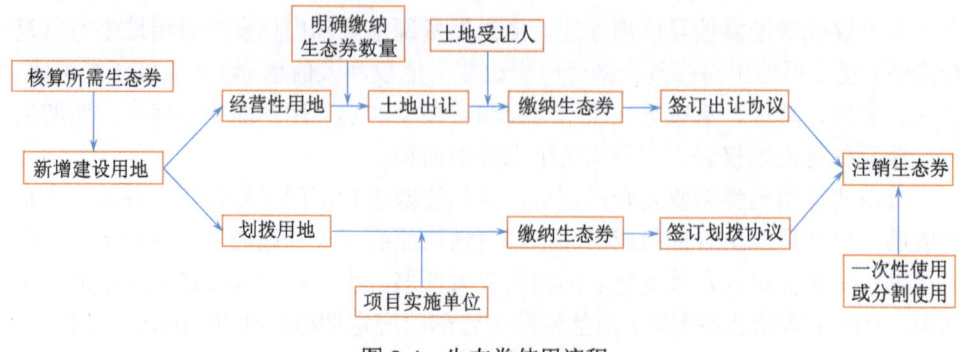

图 8-4　生态券使用流程

2) 需求管理

生态券需求只有通过政府管控或设定限额方式才能产生，因而政府在其中扮演着重要的角色。政府在新增国有建设用地配置过程中，需要核算地块的生态价值减少量，进而测算应补充的生态券。在实际操作中，在土地出让环节实施，可采取竞地价+配生态券的形式组织。土地竞得人在交纳土地出让金的同时，向生态券持有者购买相应数量的生态券。政府需要努力培育生态券需求，保障生态券交易体系的运转。

3) 具体使用措施

自然资源主管部门根据新增经营性建设用地的生态服务价值减少量核算相应的生态券，并在土地出让公告中明确竞得人需要缴纳的生态券数量。土地受让人需要承诺竞得土地后缴纳相应数量生态券，方可参与竞买土地。在竞得土地后，竞得人须在签订土地出让协议前向自然资源主管部门缴纳相应数量的生态券。自然资源主管部门在完成土地出让后，注销竞得人缴纳的生态券证书。

生态券只能在国土空间规划确定的有条件建设区内使用。市人民政府可以根据社会经济发展需要，对应当缴纳生态券的建设用地类型、区域范围进行调整。生态券证书持有人可以一次性使用或者分割转让、使用生态券。生态券可以质押。使用生态券时，应当提供生态券证书原件，自然资源主管部门在生态券证书上记载生态券使用信息。生态券证书灭失、遗失的，生态券权利人应当在指定媒体上刊登灭失、遗失声明，声明期满后可以向原发证机关申请补发。

4. 交易机制

1) 交易总体设计

全面诊断现行生态产品价值实现路径相关制度的有效性和可行性，针对江阴生态环境及经济发展特点，寻找制约江阴生态产品价值实现的自然、社会和经济因素，以"生态券"设计为核心，完善基于政府、市场、社会的多元化生态产品价值实现机制。试从法律、政策、体制等多层面搭建多元主体参与的生态券交易平台,建立生态券交易价格市场化形成机制,探索生态指标占补平衡,实现生态指标可交易、可考核(图 8-5)。

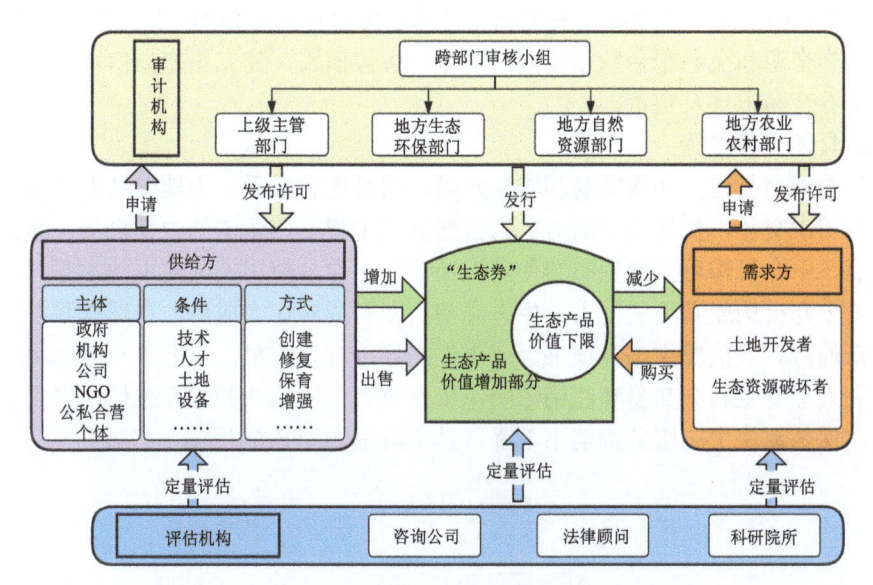

图 8-5 基于生态券的生态指标交易机制

NGO 表示非政府组织

通过智慧化的信息手段,搭建包括政府、销售方、购买方、经纪机构等主体在内的生态券交易平台,促进供需双方高效对接,采用"分散收储,集中供给"的方式,对分散在多个销售方手中的碎片化生态券指标进行市场化收储、整合优化,集中供给有较大需求量的需求方,实现生态券在不同主体之间的交易流通。江阴市人民政府作为交易的行政主管方,负责生态券交易的审批和监管。销售方、购买方是市场主体,全程参与生态券的供需交易。经纪机构是生态券交易的市场中介,负责生态券交易撮合。

政府相关部门对生态券需求方和供给方提交的申请进行审批,转移登记生态券,同时监管市场,维护交易秩序。成立专门的机构或由第三方组织开展生态产品价值评估,建立对新增生态产品及其生态服务的核查体系。生态券供给方(卖方)须是具有政府认可的资质,能对生态资源进行长期管护的主体。生态券需求方(买方)是指在生态产品价值总体增加的目标下,为了发展相关产业进行土地开发,已经或将要产生生态产品价值损失,需要购买生态券对生态系统破坏进行补偿的主体。生态券需求方在土地开发之前,必须就可能造成的生态产品价值损失向自然资源主管部门进行许可申请,并按照要求采取补偿。生态券评估机构是对生态产品价值及生态券价值进行评估的第三方主体,其评估内容应包括生态券的生态价值,供给方在生态券生产过程中投入的成本等。

丰富生态券交易方式和定价机制。政府搭建的交易平台不仅可以用于生态券直接交易,待生态产品指标交易机制完善后也可以将其运转为"生态券银行",依据生态券来源和交易平台数据库,总结参与主体信用,建立生态券信用体系,构建生态券交易方式及定价。

2) 具体交易措施

生态券交易包括初次交易和转让两类。取得生态券后,土地权利人可以申请生态券初次交易,初次交易的对象为自然资源主管部门认定的中介机构。购得生态券后,中介机构可以向生态券使用人转让生态券,使用人未使用的生态券可以转让给中介机构或其他使用人。生态券初次交易或转让完成后,自然资源主管部门向新的持有人核发生态券证书,变更生态券持有人信息。生态券对应地块的土地权利人不受生态券交易和注销影响,依然负责对应地块的生态维护,享受生态补偿,保障地块生态服务价值不下降,具体流程如图 8-6 所示。

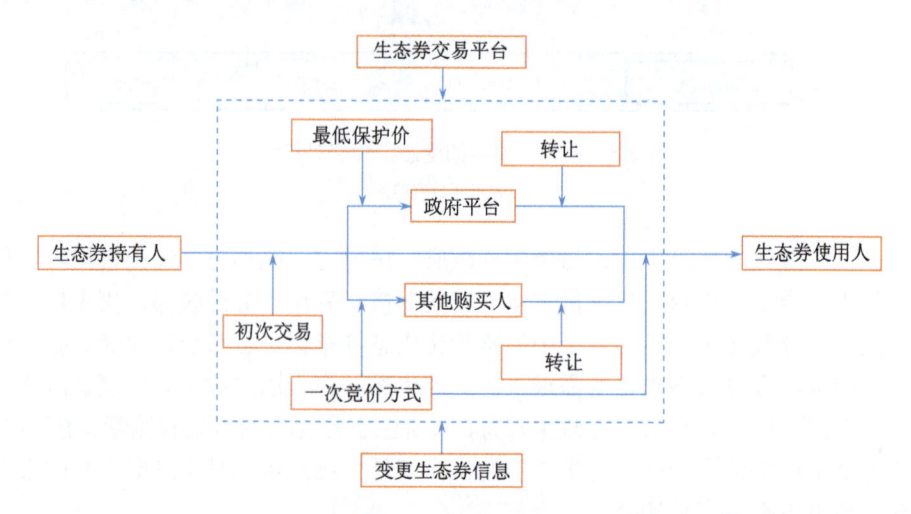

图 8-6　生态券交易流程

在生态券初次交易中,自然资源主管部门认定的中介机构根据市场需求情况,定期通过报刊、网站等媒介向社会公开发布生态券收购计划,公告交易数量、交易时间、交易价格及交易规则等信息。在初次交易中,如果生态券收储量大于持有人出售量,则按照公告交易价格进行交易;如果生态券收储量小于持有人出售量,则按照公告价格摇号,确定出让方后进行交易。

在生态券转让中,使用人根据生态券消费需求向中介机构或持有未使用生态券的其他使用人购买。中介机构生态券转让采取挂牌或者拍卖方式进行。生态券交易公告时间截止时，申购数量大于可交易生态券数量的，采取拍卖方式交易；申购数量小于或者等于可交易生态券数量的，采取挂牌方式交易。采取拍卖方式交易的，由中介机构将拍卖时间、地点、方式等通知申请购买人，并依法组织拍卖。采取挂牌方式交易的，按照交易起始价成交；以公告先后为序，依序确认成交的生态券；未成交部分继续公开交易。

自然资源主管部门每年应根据生产成本、供需关系等制定并公布生态券交易最低指导价格。生态券交易起始价格不得低于最低指导价格。生态券成交后，交易双方应当签订成交确认书，交易双方依法缴纳相关税费。自然资源主管部门受理申请审核后，核发新的生态券证书。

生态券初次交易的，生态券价款中按规定扣除成本后的生态券净收益，按照下列原则支付给权利人：签订退出协议后的宅基地、农村集体经济组织公共设施、公益事业等建设用地复垦或修复的，生态券净收益全部归农村集体经济组织；其他集体建设用地复垦或修复的，根据土地使用权人和所有权人的约定支付，其中农村集体经济组织作为所有权人分得生态券净收益不低于15%；国有建设用地复垦或修复的，生态券净收益归土地使用权人。市人民政府另有规定的，从其规定。农村集体经济组织取得的生态券价款，依照农村集体资产管理的有关规定使用和管理。

5. 市场培育

1) 合理规划生产供给

根据国土空间生态修复规划、土地复垦规划、生态产品价值实现规划等规划，确定生态修复项目年度计划，合理规划每年的生态券生产供给。积极鼓励土地权利人，根据规划要求，采用市场化的手段进行生态项目修复，在生态修复验收合格后，申请核发生态券。为保障生态券持有人积极参与市场交易，转让手中的生态券，在制度设计上，规定了持有人必须在一定期限内转让自己的生态券，以满足市场需求。同时，在生态修复时强化金融支持，创新发展绿色贷、生态修复贷、生态券贷等金融产品。

2) 科学预测市场需求

根据国土空间规划及社会经济发展趋势，结合各个重点片区的功能定位，科学预测新增建设用地的供地计划，合理评估土地出让市场的生态券需求状况和交易市场价值。进一步评估住宅、工业、公共服务等不同类型新增建设用地的配券需求。探索生态券购买者在金融信贷支持、精准帮办服务、社会荣誉激励等方面的应用，不断增强对生态券购买者的潜在激励。

3) 建立高效交易平台

为保障生态券的交易顺利进行，在生态券交易办法的基础上，理清交易流程，搭建包含供给方、需求方、中介方在内的生态券交易平台。所有的交易均需要在交易平台上进行。交易平台服务于交易的全过程，且交易平台应定期发布交易信息，保障供给和需求双方可以进行高效对接，顺利地完成生态券交易。自然资源主管部门应积极地参与平台建设，最大化地保障平台资源的有效对接。

4) 做好市场风险管控

合理确定生态券交易的最低指导价格，保护供给方生产的积极性和基本利益，确保生态券的有效供给。对生态券的首次交易进行期限限制，规定其在三年内必须进行首次交易，防止供给者囤积生态券。对新增建设用地的土地使用权人，规定其必须购买相应数量的生态券，保证稳定的生态券需求。自然资源主管部门对交易过程、平台运用情况进行有效的监管，能够确保生态券交易过程的健康运行。正确地处理生态券交易和耕地指标交易的关系，生态券指标交易不影响耕地指标交易，供给人在获得耕地指标补偿的同时，可以获得可交易的生态券。未来如果供给量大于需求量，可以探索生态券和高耗能、高污染企业之间的交易，促进产业的转型升级；未来如果供给量小于需求量，可以根据不同用地类型、不同产业用地类型科学调整需要新增建设用地的配置要求，对绿色产业建设用地可以提供折扣或者减免生态券配置数量。

6. 保障机制

1) 明确分工协作

明确发改、生态环境、商务、科技、自然资源、住建、水利、农业农村、统计等部门职责的划分，使内部职责范畴的事务得到统一规划和监督管理。自然资源主管部门负责公开区域生态券信息。

2) 建立动态监测

建立覆盖全域生态券信息的管理平台。通过定期对已完成生态项目进行调研督查、实时更新相关数据信息，实现生态功能区数据管理、基本信息查询、动态监测、实时监管等日常管理功能。自然资源主管部门应当每年对生态券工作开展一次考核，考核结果将以通报的方式反馈给各相关部门。

3) 注重考核评估

自然资源主管部门可以引入第三方评估机构，对生态券交易工作中政策落实情况、资金使用情况、交易实施效果等进行评估。评估报告应当作为生态修复指标分配方案的重要依据。

4) 完善交易监督

社会公众对生态券交易工作享有知情权和监督权，有权向生态券交易主管部门投诉或者举报违法行为。相关行政主管部门及其工作人员在生态券交易工作中滥用职权、玩忽职守、徇私舞弊的，对直接负责的主管人员和其他直接负责人员给予处分或者政务处分；构成犯罪的，依法追究刑事责任。

8.2 生态产业化路径

8.2.1 生态产业化路径概述

生态产业化路径主要是森林、草原、湿地、海洋等优质自然资源，通过市场化的路径，对经营性的生态产品进行市场交易，直接实现生态产品的价值。目前主流的生态产业化路径有两类，一个是发展经济林、林下种植、有机农产品等生态农业模式；另一个是依托优美自然风光及其历史人文遗存，发展休闲康养、自然观光的生态旅游模式。

生态农业是按照生态经济学原理，运用现代科学技术成果和管理手段对传统农业进行优化提升，以获得较高的经济效益、生态效益和社会效益的现代化农业（朱新华和贾心蕊，2023）。生态农业注重生态循环，以实现农业的可持续发展，其主要的产品为物质类生态产品，如生态农产品、生态林产品、生态畜牧产品，并通过市场化的交易实现其内在的生态价值。代表性的生态农业模式有北方"四位一体"生态模式、南方"猪-沼-果"生态模式、草地生态恢复与持续利用模式、农林牧复合生态模式、生态种植与设施农业模式、观光农业模式等，不同模式可以独立存在，也可以混合存在。

生态旅游是具有保护自然环境和维护当地人民生活双重责任的旅游活动。生态旅游可以利用生态绿地、自然保护地、文化遗产等进行保护性开发，培育生态康养、生态休闲、生态文娱等业态，形成品牌效应，并最终通过游客支付的消费费用，实现生态产品的价值转化。生态旅游可以扩展生态资源利用新模式，为当地提供更好的旅游发展机会，也可以吸引社会资金开展基础设施建设，同时还可以通过品牌选择提升生态产品的转化价值。借助于生态旅游，可以有效地盘活生态资源，促进自然保护地发展。按照开发经营主体的不同，可以将生态旅游开发分为政府引导开发模式和企业引导开发模式。

8.2.2 江阴市生态产业化发展探索

江阴市以农业特色小镇、"一村一品"创建为抓手，引导农业特色产业向优势区域集聚，基本形成优质水稻、特色水果、特种水产、绿色蔬菜和生态畜禽五大主导产业发展格局，建设5000亩示范片1个，建成国家级农业标准化示范区1个，有效保障农产品的优良品质和质量安全。深入实施"两品一标"质量品牌建设工程，创建绿色食品、有机农产品生产示范基地12个，拥有涉农注册商标近100个，绿色食品70个，有机农产品3个，农产品地理标志1个。依托"霞客故里"品牌效应，基于绿色生态旅游资源，江阴市 2021 年接待国内游客 979.22 万人次，旅游总收入 318.3 亿元。拥有国家 A 级景区 6 个，星级饭店 8 个，旅行社 44 个；拥有江苏省级乡村旅游区 13 个，全国乡村旅游重点村 1 个，江苏省乡村旅游重点村 1 个，江苏省工业旅游区 1 个，无锡市美丽乡村休闲旅游示范村 4 个。金融服务水平逐步提高，服务产品创新，进一步加强惠农、支农、惠企力度，形成了多元化的金融体系。

江阴市依托优越的自然生态条件、丰饶的农业资源、充足的农村劳动力、显著的地理区位优势和丰富的绿色发展经验，支持社会资本创新发展循环农业、生态产品加工、水产养殖等产业，推进现代信息化技术与农业生产结合，拓展现代农业新模式。加强产业链横向拓展，推进农业与旅游、教育、文化、体育、会展、养生、养老等产业深度融合。支持发展农家乐、休闲农庄、森林人家等各类休闲农业示范项目。大力发展创意农业，加强重要农业文化遗产发掘和保护，开发具有地方特色的创意农产品、农事景观、农家特产、民间手工艺品等特色产业项目。大力推进优秀农耕文化教育进校园，统筹利用现有资源建设农业科普、教育、社会实践和研学旅游示范基地。鼓励各地探索建设农业主题公园、农业嘉年华、教育农园、摄影基地、森林景区，提高产业融合综合效益。通过延长农业产业链，实现全链条、各环节增值收益。

通过农业生产基地建设、品牌认证、生态标识等方式培育区域生态产品品牌，提升生态产品附加值。通过构建"两农""两水""田-菜-渔"三种循环农业模式，在打造废弃物资源化利用产业的同时，实现水稻、水产产业的提档升级，并增加农田、农业和水产业的经济观赏元素，达到村域范围内生产、生活、生态"三生融合"的目的，形成集智慧农业与水环境保护于一体的华西新市村模式。依托独特的自然生态系统，发展"长江三鲜"（河豚、鲥鱼、刀鱼）养殖，建设以水产养殖为特色，集观光、休闲、生态、科普于一体的综合示范基地。

1. 华西新市村生态农业模式

1）项目概况

华西新市村从资源与环境双重约束和社会经济发达的实际出发，以循环经济发展为导向，以产业基础和资源禀赋为依托，以先进农业技术和现代管理手段为支撑，针对农田生产缺乏水环境治理环节、种养单元接口技术单一、农业农村废弃物资源化利用链脱节等问题，依据"集约、高值、生态、循环、低碳"的现代农业发展趋势，应用循环经济理论与农业生态学原理，围绕农业农村废弃物资源化利用与水环境优化，重点推进农业农村废弃物综合利用、种养业水环境保护等方面的工作，构建生态链与产业链耦合的种养结合循环农业主导模式，开发循环主导模式畅通的接口技术，建设循环农业关键产业节点的载体，集成品牌农产品绿色生态高效生产、农业农村废弃物高效利用和种养污染防控在内的"4R"[①]共性技术。

2) 生态循环农业工程

(1) "农村-农业"两农模式——虫粪有机物料高值利用工程。围绕农村生活与农业生产过程中产生的有机废弃物(餐厨垃圾、尾菜、畜禽粪便、水草及秸秆等)，项目试点区域以物质资源循环使用为特征，融合清洁生产、资源综合利用、生态设计和可持续消费等为一体，拟构建"农村-农业"两农模式。利用现有村域厨余垃圾在黑水虻生物消解后产生的虫粪有机物料与秸秆类废弃物，经好氧高温发酵生产水稻育秧基质与栽培基质，示范"有机废弃物机械预处理+生物发酵+基质产品"的处置模式，从而实现农业、农村有机废弃物的无害化、减量化和资源化，重点建设虫粪有机物料与秸秆类废弃物经高温发酵罐生产基质再利用过程中涉及的场地、装备、技术等。

(2) "水产-水稻"两水智慧农渔循环工程。项目区建设工业化养殖流水槽，配套在线水质监测、先进装备设施、池塘内循环监测系统、自动吸污排污系统和池塘废弃物(残留饵料与鱼粪)收集设施，形成节能微流水养殖模式。现阶段流水槽养殖尾水和鱼粪混合后通过管道直接排入稻鸭共作农田进行异位净化，同时对稻鸭共作农田进行养分与水分补充，具有一定的生态循环功能。项目基于生态循环农业的理念，以水流作为物质循环媒介，以物联网为信息流载体，串联打造基于"养殖塘-鱼粪贮存-生态沟-稻鸭共作农田-多级净化湿地-鱼菜共生"的智慧农渔循环模式。

(3) "田-菜-渔"流失养分循环再利用工程。针对试点村水稻秸秆全量还田条件下肥田油菜与紫云英接茬困难、现有农田配套沟渠塘系统生物多样性单一、对农田排水的净化能力有限、农田流失养分的循环利用率较低等问题，重点建设"田-菜-渔"流失养分循环再利用工程，致力于通过农田化肥的源头减量、沟渠植物的养分流失过程阻断、调蓄湿地水生蔬菜的养分再利用和生态修复、汇水塘草鱼的水生植物残体生物消纳等工程实现农田高效清洁生产。

3) 强村富民产业工程

(1) 智能稻作产业控制工程。结合华西村现有"福米"与"臻米"品牌优势与自有"种-收-加-销"的完善产业链优势，制定优质水稻品质标准、确立对应的"产前-产中-产后"全程质量控制标准体系及建设智能化信息平台，由此形成的稻作产业智能化控制标准有利于提升稻米品质与提高市场占有率。主要建设内容包括制定优质水稻品质标准、确立水稻生产全程质量控制标准体系及建设智能化与便捷化的信息管控平台。

---

① 4R 指源头减量(reduce)、过程阻断(retain)、养分再利用(reuse)和生态修复(restore)。

(2) 科技渔业产业建设工程。华西新市村在突破传统单一养殖模式的基础上，开展了集养殖、休闲与观光为一体的生态水产养殖模式，而相关硬件设施的更新、配套是保障水产生态养殖的基础。故对已有水产养殖基地内灌排系统和配套道路、绿化和防盗围栏等进行提升，打造集渔业技术研发、养殖试验示范、科普教育和渔业休闲于一体的科技渔业产业基地。

(3) 精品园艺产业打造工程。利用华西新市村现有农业景观资源和农业生产条件，整理农田，发展园艺生产、农业休闲观光等产业融合发展的精品园艺示范园。

(4) 产业融合强村富民工程。依托华西新市村现有生态稻作、科技渔业及精品园艺等产业优势，发展相关农作体验、花期观光、田园采摘、农趣享受等多元化农业休闲旅游，促进乡村旅游振兴。

2. 申港三鲜特色渔业项目

1) 项目概况

申港三鲜特色渔业项目致力于"长江三鲜"特种水产的人工繁育与规模养殖。基地养殖刀鱼10万余尾，年繁育河豚苗250万尾，年产优质商品河豚6万斤、鲥鱼18万斤，注册了"江阴河豚"国家地理标志证明商标，养殖的河豚亮相上海世博会。作为绿色食品，"冰清"牌鲥鱼多次荣获中国国际农产品交易会金奖。该项目建成了百亩连片标准化蟹池，年产优质商品蟹4万余斤。为满足百姓对优质水产品的需求，淡水渔业研究中心、美国田纳西野生动物资源局与江阴市申港三鲜养殖有限公司联合开展美国淡水黄鱼引种繁育研究。2019年完成了国际上第一例淡水黄鱼的人工育苗及驯养。目前科研进展顺利，已进入产业化养殖阶段。该项目采用的发展模式就是"名品精养+品牌直销"模式。

2) 养殖名特鱼类

该项目于2000年春在长江中筛选收购了11尾河豚亲本，并靠这11尾河豚亲本繁育出6万尾河豚幼苗，建立了4个土塘与河豚越冬大棚，着手养殖河豚；鲥鱼的养殖稳步发展，成为公司的第一产业，并创下了亩效益超过40万元的高效渔业典型，以鲥鱼的养殖成功打开了一个全新的养殖产业，成为公司的一个支柱产业；除河豚、鲥鱼外，项目十多年来先后探索了长江刀鱼、澳大利亚淡水龙虾等品种的繁殖与养殖技术，尤其是近几年先后从美国引进了产黑珍珠的紫黑羽蚌及美国淡水大黄鱼等新品种，并决定在今后几年把主要精力都放在这些新品研究上。主要养殖品种的更新将为公司的发展打开一个全新的局面，引领培育出一个更大的产业市场。

3) 发展餐饮体验与直销

好的产品不一定能卖出好的价格，目前的二级市场很难体现优质优价，从申港三鲜特色渔业项目的发展之路来看，要不是靠自己发展餐饮体验店，让更多人直接品尝到美味的产品，用消费者的口口相传树立口碑，很难走到今天。目前项目的产品营销只有两种方法，一个是客户直接到河豚渔村来体验，另一个是直接发货给客户，中间没有二级经销商。不管是直接来店品尝还是客户买回去自己烹饪，公司都把产品如何制作研究到极致，如印制说明书告知客户什么季节的产品最美味、烹饪多长时间鱼肉会最鲜嫩等，还帮客户调配好最好的调料，方便客户烹饪出好味道。因此现代水产企业的发展并不能停留在如何养好鱼，还要进一步延伸，教人们如何吃鱼，要发展全产业链服务。

8.2.3 生态产业化重点任务

生态产业化着重从生态产品供给、生态品牌建设、载体平台建设、业态融合发展和流通体系建设五个方面入手。

1. 突出优势特色，优化生态产品供给

(1) 强化绿色农产品有效供给。调整优化农业结构，加强绿色食品、有机农产品、地理标志农产品认证和管理，打造地方知名农产品品牌，增加优质绿色农产品供给。大力发展特色生态产品品种，加强本土种质资源保护和原产地保护。大力发展绿色种养循环产业，完善农林牧渔生态产品种养标准，规范相关认定认证工作，加大推介力度，引导市场消费。不断增强重要农产品稳产保供能力，提升供给质量和水平，深挖农业功能和价值，全面提高农业效益和竞争力。

(2) 发展特色农业生态旅游。以华西村、山泉村、红豆村、凤凰山美丽乡村等为重点，加强休闲农园(农庄)、农家乐、乡村民宿、休闲渔业基地和农耕实践基地、康养基地建设，开发乡宿、乡游、乡食、乡购、乡娱等综合体验项目，丰富省内近郊游、乡村游、自驾游等产品体系，培育发展特色化、多样化、差异化乡村休闲旅游产品。依托江阴霞客湾湿地、滨江公园体系等，优化全域生态旅游环境。

(3) 拓展文化旅游市场。积极举办非遗旅游体验日、旅游文创产品评比、网红打卡地评选、主题线路征集等活动，推动"旅游+非遗""旅游+文创"等产业融合发展，拓展文化旅游空间，打造文化旅游业态。进一步挖掘江阴市军事文化、徐霞客文化、祁头山遗址、佘城遗址、南门历史风貌和北大街历史文化街区等历史人文资源，恢复一批老字号，鼓励创新发展、做大做强。

(4) 丰富线上产品供给。充分用好现代信息技术，组织云演艺、云娱乐、云直播等，运用新媒体、新科技手段，推出线上赏景、展览、展示等项目。充分激发市场主体活力，发挥市场主体投资旅游的积极性，推动"旅游+"和"+旅游"，实现产品融合、市场融合、服务融合，促进优势互补，形成发展合力。

2. 加强品牌建设，提升内在发展动能

（1）塑造生态产品公用品牌。建立健全绿色低碳生态产品认证和质量管理体系。推动生态产品国际检验检测机构落地和认证互认。鼓励培育一批特色、绿色、低碳的生态产品品牌。重点打造"绿色低碳"生态产品公用品牌，提升国际影响力。鼓励各市县、行业协会等推出一批地域特色突出、产品特性鲜明的区域公用品牌。

（2）打造品牌集群。引进和培育一批有自主知识产权和品牌效应的骨干企业，培育一批"土字号""乡字号"产品品牌。按照"标准化生产、产业化经营、品牌化销售"的发展模式，将传承老品牌与培育新品牌相结合，鼓励各地立足产业优势，深入挖掘资源潜力，着力打造一批富有特色、优质安全的农产品品牌。打造以乡村旅游、文化旅游等为主的旅游集聚区，培育"水韵江阴·美好生态"旅游品牌，建设一批国际国内知名旅游目的地。

（3）开展品牌营销。创新品牌营销推介，通过博览会、交易会、展销会等平台，做好品牌推广。积极引进区域性、全国性、全球性的论坛、会议、赛事的举办权，大力提升江阴农业、旅游品牌形象的广誉度和知名度。积极创新营销方式，鼓励通过网络视频、直播带货等新型营销模式，提升品牌效应，创新品牌传播机制。

3. 建设载体平台，推动资源高效适配

（1）构建生态产品交易平台。将具备条件的生态资产交易纳入市级公共资源交易平台。鼓励国内大型平台企业，整合省内现有交易平台，系统打造集生态产品品牌推介和产品交易为一体的综合管理平台。

（2）搭建全产业链数字平台。将上中下游经营主体纳入平台，打通全产业链上中下游环节，实现信息共享、品牌共创、渠道共建和质量安全可追溯。

（3）打造新型农业创业创新平台。建设返乡、入乡创业园和孵化实训基地，以"链主"企业家为主导，引导返乡、入乡人员围绕农业全产业链开展创业创新。加强农村电商主体培训培育，引导农业生产基地、农产品加工企业、农资配送企业、物流企业应用电子商务。实施"互联网+"农产品出村进城工程，加强与大型知名电子商务平台合作，开设地方特色馆，发展直播带货、直供直销等新业态。

（4）搭建产学研一体化平台。搭建科企对接平台，围绕生态产业化过程中面临的重点问题，面向科研院所、企业征集优秀创新成果，组织开展联合攻关，着力攻克关键技术，建设一批农产品加工技术集成科研基地，培育一批农业食品创新产业园区，发展一批农业高新技术产业。建设公共服务平台，围绕产业链上中下游各环节，提供技术服务、公共服务、信息服务等系统性服务。

（5）建设全域旅游大数据平台。利用大数据、物联网、云计算等技术，构建全

域旅游产品数据共享体系，建立全要素、全方位、全流程江阴旅游信息资源库，推动旅游产品电子化、数据资源聚集化、旅游产业智能化、旅游营销品牌化、文创产品多元化，面向游客提供智慧型多样化一站式服务。深化大数据分析应用，创新数据挖掘，提升旅游行业管理、产业监测和公共信息服务能力。

4. 延伸产业链条，促进业态融合发展

(1) 打造农业全产业链。围绕江阴市农业主导产业，引导农业产业化龙头企业牵头组建农业产业化联合体，前端联结农业研发、育种、生产等环节，后端延展加工、储运、销售、品牌、体验、消费、服务等环节，优化提升产业链、供应链水平，实现全环节提升、全链条增值、全产业融合，鼓励与上下游各类市场主体组建产业联盟，建立健全农民分享产业链增值收益机制，形成有竞争力的产业集群。构建农业全产业链"龙头企业驱动、配套企业带动、产业集群联动、服务部门推动"的发展模式。

(2) 完善"旅游+"产业链条。推动旅游与一、二、三产业融合发展，催生新业态、延伸产业链，形成新的增长点和增长极。促进农旅融合，深入实施"乡村旅游提升"工程，发展休闲农业、精致农业、养生农业等新型农业。促进工旅融合，发挥江阴工业优势，以无锡中国海澜集团全国工业旅游示范点为引领，开发传澄袜子博物馆等一批可供游客观赏、参与、购买、休闲等多元化工业旅游产品。推动交旅融合，加快旅游公路建设，支持有条件的普通公路改造为观光旅游公路，推动旅游景点互联互通；加快桥梁观光度假区、高速公路服务区景区化建设。

5. 完善流通体系，畅通生态经济循环

(1) 建设县、乡、村三级物流网络。加快完善仓配中心、分拨中心、快递中心的节点建设，支持邮政、快递、物流、电商等市场主体共建共享基础设施和配送渠道，完善农村物流基础设施末端网络，着力解决快递进村"最后一公里"问题。加快构建贯通市、县、乡、村的电子商务体系和快递物流配送体系，培养一批农村流通类电子商务龙头企业，建设农村电商末端网点，畅通"农产品上行"和"工业品下行"渠道。

(2) 推动集约绿色物流发展。加大标准循环托盘（箱）、绿色仓储设施等绿色技术装备的推广应用，加快流通设施节能改造，降低流通全过程资源消耗和污染排放。扩大新能源配送车等运输工具的应用范围，推广绿色包装技术和物流标准化器具循环共用。鼓励构建线上线下融合的废旧物资逆向物流体系，促进废旧物品、包装等回收再利用。

(3) 推动数字智慧物流发展。积极应用现代信息技术和智能装备，提升物流自动化、无人化、智能化水平。建立物流供应链系统，鼓励开发适应"三农"特点的信息终端、技术产品等，实施"互联网+"农产品出村进城工程，探索"互联网+田头市场+电商企业+城市终端配送"的新模式，推动人工智能、大数据赋能农村实体店，促进线上线下渠道融合发展，构建"产、运、销、服"一体的供应链。

(4)推动物流与各类产业融合。推动现代流通企业一体化发展，深度嵌入工农业生产各环节，打造跨界融合发展新业态。鼓励现代流通企业生态化发展，引导大中小企业基于流通供应链、数据链、价值链开展深度对接，构建资源共享、协同发展的流通新生态。

8.3 增值溢价路径

8.3.1 增值溢价路径概述

增值溢价路径主要是通过生态环境的综合治理，修复生态系统，提升生态景观，引入高附加值的新兴产业，实现生态产品价值的间接转化。根据自然生态本底条件，运用土地储备、综合开发、全域土地综合整治等措施，推进生态保护和产业发展，促进生态产品供给与价值外溢。通过对功能受损地区的生态修复，提升区域内生态系统质量和稳定性，通过产权机理、产业扶持，盘活存量建设用地等方式，引入社会资本参与生态修复及其后续产业开发，实现生态产品价值转化（罗晶等，2023；韩宇等，2023；Cairns, 1999）。如通过对城市生态景观中水系、绿地的打造，改善周边生态环境，增加土地含金量，带动周边地价及其房价的上升，为生产者带来更高收益，为消费者带来更多绿色福利，使区域生态产品的价值得以实现。

8.3.2 江阴市增值溢价路径探索

作为滨江城市，江阴积极推进滨江岸线、入江河道整治。构建多元的亲水空间，不同尺度、氛围与功能的亲水空间，将使这里成为一处充满活力的城市景观空间；引入多样的功能活动(如运动、商业休闲、生态体验等多样性活动的引入)，建设名副其实的滨江活跃带；继承共同的城市文化记忆，以滨水景观带承载江阴古老的水运文化及现代工业文化，联系古今，最大限度地保留共同的城市文化记忆；创建亲近自然的生态绿化，无论是景观用途、植物配置，还是材料利用，景观生态设计将深入每一个设计细节，形成既亲近自然又生态可持续的城市景观空间。

1. 滨江公园体系建设

1) 项目概况

近年来,江阴认真践行"还江于民、还水于民"的发展理念,大力实施滨江亲水工程,进行沿江建设用地拆迁,重点打造滨江公园体系。江阴滨江公园东起鹅鼻嘴公园,西至澄西船厂,南至临江江堤路,北至长江,面积约 50 hm²。其由船厂公园、鲥鱼港公园、韭菜港公园、锡澄运河公园、黄田港公园五大主题园区构成(图 8-7)。船厂公园呈现的是造船工业遗址,鲥鱼港公园展示的是"远望"航天功勋(即"远望"航天远洋测量船),韭菜港公园记载的是江阴发展历史,黄田港公园保留的是港口码头记忆。

滨江公园周边江、河、山、园等山水资源极其丰富。北临长江,与江北靖江隔江相望,向南与环城河(东横河—东城河—澄塞河)直线距离约 1 km;南部有海拔约 72.5 m 的君山,东部有海拔约 91.5 m 的黄山。黄山西衔鹅鼻山、君山,东接萧山、长山、巫山,临江逶迤十余千米,构成了江阴古城"枕山负水""水环峦拱"的天险形势。黄山与靖江孤山隔江对峙,俨如扼守大江咽喉的两名卫士。长江自京口折向东南流到这里骤然紧缩,然后放宽,滔滔入海,所以这里素有"江海门户""锁航要塞"之称。

图 8-7 江阴滨江公园体系

2) 公园体系构成

(1) 船厂公园。船厂公园由原扬子江船厂改建而成,占地 7.6 万 m²(约 114 亩)。2012 年江阴市土地储备中心收购扬子江船厂土地面积 204.49 亩、拆除房屋面积

6.8 万 m², 收购资金 7.3 亿元。公园景观设计以现代船舶制造业为主题, 形成工业回忆性景观。

(2) 鲥鱼港公园。鲥鱼港公园位于临江路以北, 韭菜港路以东, 鲥鱼港路以西, 北临长江。景观设计以渔港文化为主, 设有江阴饮食文化餐厅 1 座。同时, 根据场地原有条件, 利用高差放坡, 围合出人造湿地, 并与原有滩涂连成一片, 形成科普示范性景观带。公园占地面积 6.9 万 m², 总绿化面积约 4.5 万 m²。鲥鱼港公园被称为"江阴外滩", 北靠鹅鼻嘴山, 南望君山, 东临黄山及黄山湖公园, 滨水生活岸线长约 1.11 km; 分为滨江景观区、城市功能区、城市生活区三个功能片区, 以旅游休闲、商务办公、娱乐餐饮、文化会展、生活居住等功能为主导。

(3) 韭菜港公园。韭菜港公园所在地是老煤栈堆场和韭菜港汽渡码头旧址, 总占地面积 6.8 万 m²(约 102 亩), 投资 7000 万元。公园设有亲水广场、乱石江滩、文化长廊、花坛座椅、避雨亭、木栈桥等设施, 贯穿园内的健身步道同时也是江阴 30 km 环城绿道的重要组成部分。

(4) 黄田港公园。黄田港公园所在地是黄田港汽渡码头原址, 占地 16.3 万 m² (约 245 亩), 投资约 2.1 亿元。2012 年和 2018 年分别收购港口集团、长博集团两家企业土地面积 29.7 万 m²(约 445.9 亩)改建而成, 拆迁房屋面积 7.9 万 m², 收购资金 7.31 亿元。黄田港公园根据周边地块用地性质特点, 划分为中心广场区和西侧休闲区。中心广场区保留原有港口形态, 集商业、休闲、演艺等功能于一体; 西侧休闲区重点服务于周边社区居民, 公园引入多样性的开发空间及室外活动区域, 形成活跃的滨江运动带。

(5) 鹅鼻嘴公园。鹅鼻嘴公园位于长江大桥旅游区西北部, 占地 350 亩, 因山势蜿蜒多姿, 形如天鹅伸鼻江中而得名。公园由炮台博物馆、滨江游览区、森林休闲度假区、渡江战役纪念馆等组成。鹅鼻洞全长 216 m, 洞高 2 m, 宽 15 m。鹅鼻洞存在已久, 中华民国国民政府为抵制日寇入侵, 加紧长江防备, 在沿江修筑炮台的同时, 挖通修筑了贯穿鹅山南北这座山洞, 作为蓄存武器弹药、人员之用。后来国民党战败失利而一直封闭着, 抗战胜利后, 虽经历战争, 但这座山洞工事完整无损地保留了下来。

3) 生态效益

(1) 提升公园绿地景观水平。通过完善滨江公园的景观绿化设计, 优化居住用地布局, 推进沿江、锡澄运河等滨水地区的"退二进三"和绿化建设, 完善绿地系统网络, 凸显滨江花园城市特色; 形成具有强大区域服务能力和繁华、宜居的核心城区。

(2) 增强滨江公园的空气净化生态系统服务价值。加强滨江公园一带的整治与改造力度, 通过拆除废旧厂房、低矮平房等建筑, 增加绿化量, 加入人工绿岛, 引入湿地物种, 恢复滨江公园的生态功能, 并与江边原有湿地连成一片, 形成连续的生态绿地，保护滨江公园的生物多样性，提升滨江公园空气净化生态服务价值。

(3) 增强滨江公园的水土保持生态系统服务价值。滨江公园的绿地修复、湿地优化、植树造林等工程有利于防治和减少水土流失，水陆气候的相互调节、植被土壤的相互作用、山水林田湖草全要素的协调发展，大大提升了水源地的水土保持、固碳释氧等生态系统服务功能。

(4) 提升滨江公园及周边地区休闲娱乐生态系统服务价值。通过园林绿化建设，推进综合公园、社区公园和游园建设，提高了公园绿地覆盖率，丰富了滨江公园景观，完善了滨江公园的生态效益和服务功能，形成了江阴市独特的滨江公园风景线，改善了滨江公园及周边区域的生态环境，提升了滨江公园的游憩价值，有利于实现"绿水青山"与"金山银山"的互动融融。

2. 入江河道整治

1) 入江河道整治概况

江阴市水系由长江及 24 条市级骨干河道、216 条镇级河道和坑塘组成。24 条市级骨干河道是江阴市河网的骨架，承担着全市水系主要的引排、水量调度和航运任务，包括 13 条南北向引排入江河道，11 条东西向调节河道。13 条南北向入江河道中有 4 条区域性河道与 9 条市级河道。区域性河道包括新沟河、锡澄运河、白屈港河和张家港河；市级河道包括桃花港河、利港河、芦埠港河、申港河、新夏港河、老夏港河、大河港河、石牌港河和黄山港河。

全市水系以白屈港东控线为界，分为两大水系，西部属于太湖流域武澄锡低片水系，东部属于澄锡虞高片水系。西部低片水系流域范围为白屈港东控线以西，该水系包括桃花港、窑港河、利港河、芦埠港河、申港河、新沟河、夏港河、老夏港河、锡澄运河、白屈港河 10 条通江河道，除承担江阴西部地区排水外，还承泄上游常州市郊的河道入江。东部高片水系流域范围为白屈港东控线以东。该水系以张家港为主要排水河道，辅以大河港河、石牌港河 2 条通江河道，将东横河、应天河、泰清河、祝塘河及张家港市和无锡市境客水泄入长江。

2017 年，江阴市政府出台工作方案，限制在长江沿线及主要入江河口 1 km 范围内新建石油化工、煤化工等中重度化工项目，同时对现有涉河项目建档立卡，着力推进沿岸重点规划区域内化工企业的关停并转；严格控制港口岸线利用，取消部分原有规划尚未建设的万吨级化工泊位和散杂货泊位，让主城区 20 km 左右的长江、运河生产岸线变为生态岸线。2018 年 6 月，江阴市政府制定《江阴市加强长江大保护三年行动计划(2018—2020)暨 2018 年度重点工作和项目安排》，实施 20 项重点工程，进一步推动长江生态安全带示范建设。全市 9 个水质断面的国家和省级考核，2015 年仅有 3 个超过Ⅲ类水质，2018 年不仅全部达标，且有 6

个断面超过Ⅲ类水质。2019年，江阴启动6家中心污水厂建设。2020年，市域范围内全面消灭黑臭河道、劣Ⅴ类水体。

2）主要入江河道整治成效

（1）新沟河。项目实施有利于完善太湖调水引流工程体系，改善太湖特别是西北湖区水流动力条件，全面提高湖泊水环境容量。利用新沟河水流调向工程，应急调引长江水，可应对突发性水污染事件，保障水源地供水安全。

（2）锡澄运河。扩大了区域洪水北排长江的能力，提高了武澄锡虞区防洪除涝能力，兼顾区域供水和改善水环境。结合其他工程的实施，使区域防洪标准提高到50年一遇。

（3）白屈港河。随着区域经济社会发展，以及工情、水情的不断变化，区域治理现状水平已无法有效保障防洪除涝安全，2015～2017年汛期，太湖地区接连遭遇强降雨，造成区域不同程度的汛情和险情；武澄锡虞区（特别是无锡城区）河网水体水质整体不容乐观，部分河道甚至出现黑臭现象，影响了区域（特别是无锡、江阴等）经济发达的现代城市的品位，影响了生态环境、水利现代化及社会经济可持续发展。作为武澄锡虞地区的主要引排河道，白屈港河经多年运行，存在着诸多问题，如河道淤积严重、引排能力减弱、岸坡坍塌破损、堤防护岸沉降等。河道整治后，与整治前的脏、乱、差面貌形成了鲜明的对比。通过河道生态整治，水质、岸貌都发生了巨大的变化，充分发挥了白屈港河防洪除涝、航运、水资源调度、生态环境等功能，不仅增加了水资源生态价值，还提高了河道两岸生态系统服务价值。

（4）新桃花港河。通过新桃花港清淤整治与局部河段土堤加高工程，显著改善了河道防洪除涝、水资源调度等能力，恢复河道的综合功能。在提高区域防洪能力、恢复区域河网水动力条件、改善地区水环境、积极推进经济发展等方面具有建设性作用。

（5）利港河。长期以来，在各级党委、政府的领导下对利港河河道进行了多次新建、改造、加固，在建设、管理方面投入了大量人力、财力、物力，使沿线水利防汛设施、水环境面貌总体上一年好于一年，建设标准也逐步提高。通过河道生态整治，水质、岸貌都发生了巨大的变化，充分发挥了利港河防洪除涝、航运、水资源调度、生态环境等功能，不仅增加了水资源生态价值，还提高了河道两岸生态系统服务价值，推动了经济发展。同时，也获得了人民群众的一致肯定，使群众对加快河道整治步伐的呼声越来越高。

（6）申港河。申港河历史上已组织实施了多次清淤和护岸整治工程，河道整治后，与整治前的脏、乱、差面貌形成了鲜明的对比。通过河道生态整治，水质、岸貌都发生了巨大的变化，充分发挥了申港河防洪除涝、航运、水资源调度、生态环境等功能，既增加了水资源生态价值，又提高了河道两岸生态系统服务价值。

3) 入江河道生态价值变化

江阴市生态价值核算基于相关地类，明确不同地类上生态产品的基本功能和附加功能，计算不同地类每种功能的生态功能量，再结合生态产品参考价值，以货币形式得到生态产品价值量。入江河道及整治范围内涵盖的地类包括耕地、陆地水域、林地、园地、草地、绿地与开敞空间、湿地 7 种。入江河道生态产品功能主要为生态调节服务类型，包括防风固沙、气候调节、土壤保持、碳固定、氧气提供、水源涵养、空气净化、洪水调蓄、水质净化、噪声消减等服务功能；生态价值总量约为 26.89 亿元。

通过整治，入江河道及整治范围内城市共有 1379.67 亩转为生态用地，其中转为公园绿地的面积最多，有 547.45 亩；建制镇共有 1765.58 亩转为生态用地，其中转为耕地的面积最多，有 706.79 亩；村庄共有 7039.18 亩转为生态用地，其中转为耕地的面积最多，有 2868.77 亩；采矿用地共有 307.22 亩转为生态用地，其中转为草地的面积最多，有 103.85 亩；风景名胜及特殊用地共有 493.53 亩转为生态用地，其中转为公园绿地的面积最多，有 185.74 亩；铁路用地共有 6.12 亩转为生态用地，其中转为耕地的面积最多，有 1.83 亩；港口码头用地共有 731.23 亩转为生态用地，其中转为林地的面积最多，有 277.66 亩；水工建筑用地共有 118.19 亩转为生态用地，其中转为林地的面积最多，有 37.21 亩。在转换后的生态用地中，林地、园地、草地、水面、耕地、公园绿地和其他地类分别占据 1797.79 亩、472.98 亩、2171.64 亩、1858.45 亩、4099.32 亩、1440.54 亩和 46 228.34 亩。

对河道两岸自然生态系统被破坏或生态功能缺失的地区，进行生态修复、系统治理和综合开发，恢复自然生态系统的功能，美化沿岸生态环境，创造游憩活动空间，不断增加入江河道及其两侧区域的生态产品供给。利用优化河道两岸生态空间布局、调整土地用途等政策措施发展接续产业，改善河道两侧的景观环境，推进两侧地价增值，实现入江河道生态产品价值有效提升和价值"外溢"。

8.4 生态补偿路径

8.4.1 生态补偿路径概述

生态补偿是具有公共产品属性生态产品价值实现的重要路径之一。生态补偿主要是通过行政手段，从社会的公共利益出发，向禁止开发区和限制开发区内的生态产品提供者，支付机会成本的行为，是一种非市场化的生态产品价值实现方式。生态补偿方式作为公共属性生态产品的实现方式在全球范围内得到了广泛的使用，它可以确保重要的生态功能区能够为全体人民提供优质的生态产品（麻智辉和高玫，2013；谢花林和陈倩茹，2022）。通过统筹区域生态产品的数量、质量、变化情况及社会经济发展水平，政府购买具有公共属性的生态产品、自然资源要素等方式，可以实现生态产品价值区域共享，推动补偿主体多元化、补偿方式多样化。

生态补偿按照资金来源方式的不同，可以划分为两种类型：纵向生态补偿和横向生态补偿。纵向生态补偿方式又可以进一步分为两类：一是中央对地方的专项补偿，如重要生态功能区保护、退耕还林资金、土地休耕补贴、生态公益林补助等；二是省级财政向市县级财政试行的专项补偿，通常与农业综合开发、水土保持等项目结合起来，实现补偿专项资金的针对性使用。横向生态补偿既包括受益区域向生态保护区域进行的直接转移支付，如流域下游对流域上游的生态补偿；也包括生态移民、异地开发等间接的生态补偿支付方式。

8.4.2 江阴市生态补偿路径探索

为了发挥好生态补偿在耕地保护、湿地保护、水源地保护等生态保护方面的作用，促进乡村振兴，江阴市调整完善了生态补偿政策。

1. 生态补偿的对象、范围

保留永久基本农田、水稻田、市属蔬菜基地、生态公益林、重要湿地、集中式饮用水水源保护区的补偿，取消其他蔬菜地、经济林地和水产养殖区的补偿。永久基本农田、市属蔬菜基地、生态公益林、重要湿地、集中式饮用水水源保护区的补偿标准不变，提高水稻田补偿标准。补偿对象为承担生态保护责任的镇(街道)人民政府(办事处)、集体经济组织或村(居)民委员会、集体经济组织成员和市人民政府规定可以获得生态补偿的其他组织和个人。

2. 生态补偿资金的使用管理

生态补偿资金由市农业农村局会同市财政局依据审核认定结果和文件规定的补偿标准制定拨付方案，于当年年底前下拨。生态补偿资金实行专款专用制度，各镇(街道)要及时将生态补偿资金全额下拨到村(社区)，不得在资金往来结算中抵充。各村(社区)要专项核算生态补偿资金的全部收入和各项支出，资金重点保障生态补偿保护区域内开展生态保护、修复和环境基础设施建设，扶持发展生态经济，补偿集体经济组织成员等个人和提高从事生态保护工作的人口收入等其他生态保护有关工作的支出。

市农业农村局会同市财政局制定出台生态补偿专项资金实施细则，进一步规范生态补偿专项资金的拨付、使用和管理。财政、审计部门加强对资金使用的监督检查和审计，强化资金使用管理的绩效评价，将评价结果作为专项资金安排的重要依据，充分发挥补偿资金的使用效益。

3. 生态补偿的保护责任

1) 永久基本农田保护责任

获得永久基本农田生态补偿的对象应履行以下保护责任：切实加强对所申报永久基本农田的保护，要严格按照国家《基本农田保护条例》有关规定加强管理，严禁违法占用基本农田；不得闲置、荒芜基本农田，不得进行破坏基本农田的活动；合理施用化肥和农药，防控基本农田污染，保障生态生产安全；加强巡查，发现违法违规行为应及时向有关部门报告，并配合做好相关工作。

2) 水稻田保护责任

获得水稻田生态补偿的对象应履行以下保护责任：做好高标准农田的长效管护；应采取综合措施防控面源污染，保障生产安全、生态安全、农产品质量安全；加强巡查，发现违法违规行为应及时向相关部门报告，并配合做好相关工作。

3) 市属蔬菜基地保护责任

获得市属蔬菜基地生态补偿的对象应履行以下保护责任：做好市属蔬菜基地和绿色蔬菜保供基地的长效管护；应采取综合措施防控面源污染，保障生产安全、生态安全、农产品质量安全。

4) 生态公益林保护责任

获得生态公益林生态补偿的对象应履行以下保护责任：严格执行《江苏省生态公益林条例》；不得毁坏或者擅自移动生态公益林标志牌；做好生态公益林管护（营造、抚育、保护和管理）工作；建立健全生态公益林森林火灾、森林病虫害、盗砍滥伐、滥捕乱猎和侵占林地防范机制，发现问题及时上报和治理。

5) 重要湿地保护责任

获得重要湿地生态补偿的对象应履行以下保护责任：严格执行《无锡市湿地保护条例》；保护水源涵养林、护岸林及湿地植被；加强水生植物的管理；加强湿地日常管理，加强巡查、检查工作，配合有关部门开展湿地宣传、科普教育活动，对破坏湿地的行为进行劝阻并报告有关部门。

6) 集中式饮用水水源保护区保护责任

获得水源地生态补偿的对象应履行以下保护责任：严格执行《江苏省人民代表大会常务委员会关于加强饮用水源地保护的决定》；控制农业面源污染，加强养殖管理，提倡生态养殖，鼓励生态种植；加强巡查，发现违法违规行为应及时向相关部门报告，并配合做好相关工作。

第9章 生态产品价值实现制度保障

9.1 建立价值实现机制保障

9.1.1 建立多部门协调机制

建立自然资源、发展改革、生态环境、水利、住建、农业农村、文旅、统计等多个部门及相关乡镇(街道、园区)的生态产品价值实现分工协作机制,协同开展生态产品实现的理论技术、政策办法、应用示范等研究。联合开展江阴市沿江、沿湖区域及其周边生态环境的综合整治、涵养水源和碳汇测算等工作;协同探索附带生态券的土地资产配置方式,丰富应用场景;协同提升特色有机农产品、水产品养殖等生态产业经营水平;协同推进沿江地区提档升级,推进生态旅游高质量发展;统一组织核算监测,开展生态产品调查和 GEP 核算,定期进行价值监测。

9.1.2 建立价值实现考核体系

通过不同时点的生态产品价值核算和动态监测,探索将价值核算结果作为政府决策、生态保护补偿、生态环境损害赔偿等工作的重要参考。探索 GEP 和 GDP 双考核,建立生态产品价值实现评价考核体系,研究制订考核办法,将其纳入高质量发展综合绩效评价。探索建立激励约束机制,将生态产品供给、价值实现程度、评价考核结果作为国土空间布局优化、用地指标分配与转让、项目资金安排、财政转移支付、干部绩效考核的重要依据。

9.2 建立价值实现技术保障

9.2.1 编制生态产品价值实现规划

强化生态产品价值实现工作同国土空间规划、生态保护修复规划等的衔接,优先保障生态空间,确保生态产品开发利用与生态保护红线、永久基本农田、城镇开发边界三条控制线无缝对接,开展"生态产品价值实现专项规划"编制。明晰生态产品价值实现近远期目标、发展战略,明确生态产品分类目录清单及生态空间布局,构建生态产品价值实现场景及价值实现方向、具体手段及支撑保障措施,构建生态产品价值实现的实施管控、监督监管及政策创新机制,布局生态产品整治修复和开发经营工程,明确重点项目清单和投融资核算等。

9.2.2 建立动态监测机制

创新运用"网格化""星地一体化"[①]"三维化"等手段，开展生态产品基础信息调查监测。建立生态产品统计调查制度，形成规范的报告系统，定期监测区域内生态产品的变动情况。整合江阴市土地变更调查遥感监测与地理国情监测工作，开展生态用地动态常规监测，启动各主体对生态用地的占用、使用、消费、修复等情况的记录工作，及时掌握生态用地存量、流量变化情况。利用高分辨率的航天和航空遥感技术手段，率先开展重要生态功能区、生态敏感区及各类生态空间管控区域的生态监测和耕地、林地、水域、湿地等重要资源的专题监测，推进自然资源动态监测信息定期发布、共享应用等，搭建生态产品价值实现的大数据平台。开展不同区域对比监测，评估生态产品供给能力和价值实现能力，为政策制定、绩效考核等提供依据。

9.3 建立价值实现路径保障

9.3.1 建立生态券指标交易制度

建立以生态券交易为核心的生态产品价值实现机制，就是构建以"开发者受益、使用者付费、破坏者受罚"为利益导向的生态价值占补平衡制度。为了管控需求端、培育供给端、做好平台端，保障生态券交易的有序运行，需要建立包括生态券产生与核发、生态券交易、生态券使用、生态券管理等内容的生态券交易制度。构建生态券与生态价值总量的关系，可以进一步挖掘生态产品开发潜力，为引导生态产品开发、调控生态券供给和需求关系提供有效路径，也确保了区域未来生态价值不减少，在保住了绿水青山的同时，实现了金山银山。

9.3.2 建立生态补偿机制

坚持"谁受益，谁补偿"原则，统筹区域生态产品的数量、质量、变化情况及社会经济发展水平，探索通过政府购买具有公共属性的生态产品、自然资源要素等方式，实现生态产品价值区域共享，推动补偿主体多元化、补偿方式多样化。对于供给和消费、保护和受益关系明确的生态产品，开展市场化生态保护补偿。拓展生态补偿范围，对森林、湿地、耕地等领域进行补偿或补贴。基于生态产品调查和价值核算成果，结合重置成本，测算符合实际的各类生态产品补偿价值，为合理确定补偿标准提供依据。探索调整生态补偿利益分配机制，促进补偿资金

---

① "星地一体化"指一种由卫星与地面网络组合而成的异构网络，旨在提供通信业务的无缝覆盖及最大化频谱利用率。

在乡镇、村集体和农民等生态保护主体之间合理分配。

9.3.3 建立生态产业化推进机制

立足新发展阶段、贯彻新发展理念、构建新发展格局，践行"绿水青山就是金山银山"的理念，以构建生态强市为目标，以农业和旅游业为重点，发展"生态+"产业体系。坚持激励与约束并重、存量与增量并重、传统与新兴并重，着力"优化供给、塑造品牌、搭建载体、延伸链条、畅通物流"，促进生态产业化，将生态环境优势转化为经济发展优势，构建具有区域特色的现代产业体系。

9.4 建立价值实现要素保障

9.4.1 加强人才资源保障

强化人才保障，提升生态产品价值实现支撑能力。集聚培育生态产品价值实现人才，加强与高校、科研院所合作，联合开展关键技术研究、联合攻关，引导推动生态产品生产和增值的项目、人才等集聚；围绕生态产品目录及技术需求，建立生态产品价值实现的人才库，鼓励专业人才以多途径参与生态产品价值实现。培养创新生态产品价值实现的适用技术人才，增强生态产品生产载体优势，重点研发水环境治理、生物多样性保护、农田土壤改良修复等技术；结合生态产品价值实现需求，提升绿色资源开发利用、生态产业链构建、生态品牌营销等能力。

9.4.2 加强金融支持保障

创新绿色金融产品和服务，探索围绕生态产品价值实现发展绿色金融。鼓励依法依规开展水权和林权等使用权抵押、"生态券"和农旅产品订单抵押等绿色信贷业务，探索"生态资产权益抵押+项目贷""生态产品价值贷"等多元化融资模式。鼓励金融机构创新探索绿色债券、融资担保、生态产品资产证券化等多元化融资模式。发挥政府投资基金引导作用，增强财政对生态产品价值实现的支撑作用，加大政策性金融对生态产品经营开发主体中长期贷款的支持力度。

参 考 文 献

白玛卓嘎, 肖燚, 欧阳志云, 等. 2020. 基于生态系统生产总值核算的习水县生态保护成效评估. 生态学报, 40(2): 499-509.

白杨, 李晖, 王晓媛, 等. 2017. 云南省生态资产与生态系统生产总值核算体系研究. 自然资源学报, 32(7): 1100-1112.

博文静, 王莉雁, 操建华, 等. 2017. 中国森林生态资产价值评估. 生态学报, 37(12): 4182-4190.

昌龙然. 2013. 重庆两江新区生态涵养区生态资本运营研究. 重庆: 西南大学.

陈安宁. 1994. 论我国自然资源产权制度的改革. 自然资源学报, 9(1): 9-16.

陈辞. 2014. 生态产品的供给机制与制度创新研究. 生态经济, 30(8): 76-79.

崔莉. 2019. 生态银行研究与实践——以福建南平市为例. 北京: 中国林业出版社.

杜傲, 沈钰仟, 肖燚, 等. 2023. 国家公园生态产品价值核算. 生态学报, 43(1): 208-218.

段小江. 2019. 基于 Model Builder 的地理国情监测数据采集更新方法研究与应用——以德钦县地理国情监测为例. 昆明: 昆明理工大学.

冯源, 朱建华, 曾立雄, 等. 2021. 县域土地利用变化下生态系统服务价值损益预测——以重庆市巴南区为例. 生态学报, 41(9): 3381-3393.

傅伯杰, 于丹丹, 吕楠. 2017. 中国生物多样性与生态系统服务评估指标体系. 生态学报, 37(2): 341-348.

高建中, 唐根侠. 2007. 论森林生态产品的外在性. 生态经济, (2): 109-112.

高敏雪. 2020. 生态系统生产总值的内涵、核算框架与实施条件——统计视角下的设计与论证. 生态学报, 40(2): 402-415.

高晓龙, 程会强, 郑华, 等. 2019. 生态产品价值实现的政策工具探究. 生态学报, 39(23): 8746-8754.

高晓龙, 林亦晴, 徐卫华, 等. 2020. 生态产品价值实现研究进展. 生态学报, 40(1): 24-33.

葛剑平, 孙晓鹏. 2012. 生态服务型经济的理论与实践. 新疆师范大学学报(哲学社会科学版), 33(4): 7-15, 118.

苟廷佳. 2021. 三江源生态产品价值实现研究. 西宁: 青海师范大学.

谷晓坤, 唐秀美, 王学新. 2023. 国土空间规划框架下"生态券"核算方法与交易机制——以京津冀地区为例. 自然资源学报, 38(3): 631-641.

郭中伟, 甘雅玲. 2002. 基于功能与空间格局的区域生态系统保育策略. 生物多样性, 10(4): 399-408.

韩宇, 刘焱序, 刘鑫. 2023. 面向生态产品价值实现的生态修复市场化投入研究进展. 生态学报, 43(1): 176-188.

韩增林, 赵玉青, 闫晓露, 等. 2020. 生态系统生产总值与区域经济耦合协调机制及协同发展——以大连市为例. 经济地理, 40(10): 1-10.

侯元兆, 张佩昌, 王琦, 等. 1995. 中国森林资源核算研究. 北京: 中国林业出版社.

胡雪瑶, 张子龙, 陈兴鹏, 等. 2019. 县域经济发展时空差异和影响因素的地理探测——以甘肃省为例. 地理研究, 38(4): 772-783.

黄颖, 温铁军, 范水生, 等. 2020. 规模经济、多重激励与生态产品价值实现——福建省南平市"森林生态银行"经验总结. 林业经济问题, 40(5): 499-509.

贾军梅, 罗维, 杜婷婷, 等. 2015. 近十年太湖生态系统服务功能价值变化评估. 生态学报, 35(7): 2255-2264.

贾立, 胡光成, 郑超磊, 等. 2017. 中国-东盟 1 km 分辨率地表蒸散发数据集(2013). 全球变化数据学报(中英文), 1(3): 282-289.

贾振涛. 2019. 第三次全国国土调查中 3S 技术精准化调查的应用. 资源信息与工程, 34(2): 123-124.

金铂皓, 黄锐, 冯建美, 等. 2021. 生态产品供给的内生动力机制释析——基于完整价值回报与代际价值回报的双重视角. 中国土地科学, 35(7): 81-88.

靳诚, 陆玉麒. 2021. 我国生态产品价值实现研究的回顾与展望. 经济地理, 41(10): 207-213.

靳乐山, 刘晋宏, 孔德帅. 2019. 将 GEP 纳入生态补偿绩效考核评估分析. 生态学报, 39(1): 24-36.

康瑛, 赵文力, 胡佳, 等. 2023. 成都环城生态公园土地综合整治与生态修复对生态系统生产总值(GEP)的影响. 现代城市研究, (1): 21-27.

孔凡斌. 2010. 江河源头水源涵养生态功能区生态补偿机制研究——以江西东江源区为例. 经济地理, 30(2): 299-305.

孔令尧. 2020. 基于电子调绘的地理国情外业调查与核查方法研究. 经纬天地, 197(6): 53-56.

孔亚平, 张科利, 曹龙熹. 2008. 土壤侵蚀研究中的坡长因子评价问题. 水土保持研究, 15(4): 43-47, 52.

黎元生. 2018. 生态产业化经营与生态产品价值实现. 中国特色社会主义研究, (4): 84-90.

李慧明, 左晓利, 王磊. 2009. 产业生态化及其实施路径选择——我国生态文明建设的重要内容. 南开学报(哲学社会科学版), (3): 34-42.

李佳慧, 黄麟, 曹巍, 等. 2022. 长三角重点生态功能县域生态资产损益核算. 自然资源学报, 37(8): 1946-1960.

李金昌, 姜文来, 靳乐山, 等. 1999. 生态价值论. 重庆: 重庆大学出版社.

李丽, 王心源, 骆磊, 等. 2018. 生态系统服务价值评估方法综述. 生态学杂志, 37(4): 1233-1245.

李敏, 孟全省. 2021. 水源涵养林生态产权与水文生态服务价值实现: 基于讨价还价博弈. 中国人口·资源与环境, 31(1): 173-181.

李全喜. 2015. 习近平生态文明建设思想的内涵体系、理论创新与现实践履. 河海大学学报(哲学社会科学版), 17(3): 9-13, 89.

李胜兰, 曹志兴. 2000. 构建有中国特色的自然资源产权制度. 资源科学, 22(3): 9-12.

李树. 2000. 关于我国生态农业产业化经营问题的思考. 理论月刊, (8): 43-44.
李维明, 李博康. 2020. 重庆拓展地票生态功能实现生态产品价值的探索与实践. 重庆理工大学学报(社会科学), 34(4): 1-5.
廖茂林, 潘家华, 孙博文. 2021. 生态产品的内涵辨析及价值实现路径. 经济体制改革, (1): 12-18.
林亦晴, 徐卫华, 李璞, 等. 2023. 生态产品价值实现率评价方法——以丽水市为例. 生态学报, 43(1): 189-197.
刘春腊, 刘卫东, 徐美. 2014. 基于生态价值当量的中国省域生态补偿额度研究. 资源科学, 36(1): 148-155.
刘耕源, 杨青, 黄潇霄, 等. 2022. 2000~2020年中国"两山"价值测算与动态分析. 北京师范大学学报(自然科学版), 58(2): 241-252.
刘耕源, 杨志峰. 2018. 能值分析理论与实践: 生态经济核算与城市绿色管理. 北京: 科学出版社.
刘纪远, 邵全琴, 于秀波, 等. 2016. 中国陆地生态系统综合监测与评估. 北京: 科学出版社.
刘军会, 高吉喜. 2008. 北方农牧交错带生态系统服务价值测算及变化. 山地学报, (2): 145-153.
刘时栋, 刘琳, 张建军, 等. 2019. 基于生态系统服务能力提升的干旱区生态保护与修复研究——以额尔齐斯河流域生态保护与修复试点工程区为例. 生态学报, 39(23): 8998-9007.
刘韬, 和兰娣, 赵海鹰, 等. 2022. 区域生态产品价值实现一般化路径探讨. 生态环境学报, 31(5): 1059-1070.
刘香华, 王秀明, 刘谓承, 等. 2022. 基于外溢生态系统服务价值的广东省生态补偿机制研究. 生态环境学报, 31(5): 1024-1031.
刘晓宇, 陈月琴, 陆勇. 2017. 江阴湿地现状和发展对策. 江苏林业科技, 44(5): 53-56.
刘永超, 李加林, 袁麒翔, 等. 2019. 中美港湾流域生态系统服务价值变化比较——以浙江象山港与佛罗里达坦帕湾为例. 地理研究, 38(2): 357-368.
刘峥延, 李忠, 张庆杰. 2019. 三江源国家公园生态产品价值的实现与启示. 宏观经济管理, (2): 68-72.
刘志涛, 王少剑, 方创琳. 2021. 粤港澳大湾区生态系统服务价值的时空演化及其影响机制. 地理学报, 76(11): 2797-2813.
龙花楼, 刘永强, 李婷婷, 等. 2015. 生态用地分类初步研究. 生态环境学报, 24(1): 1-7.
龙志, 孙颖琦, 郎丽霞, 等. 2022. 黄土高原典型县域碳排放特征与时空格局——以庆城县为例. 干旱区研究, 39(5): 1631-1641.
卢克飞, 刘耕源, 等. 2021. 生态资源资本化实践路径. 北京: 中国环境出版集团.
吕文广. 2017. 生态安全屏障建设中的生态补偿政策效益评价——以甘肃省退耕还林还草为例. 甘肃行政学院学报, (4): 105-116.
罗晶, 肖与轩, 李涛, 等. 2023. 多目标需求情景下生态系统修复优先区选择——以浙江省德清县森林修复为例. 经济地理, 43(2): 172-180.
麻智辉, 高玫. 2013. 跨省流域生态补偿试点研究——以新安江流域为例. 企业经济, 32(7):

145-149.

马国霞, 於方, 王金南, 等. 2017. 中国2015年陆地生态系统生产总值核算研究. 中国环境科学, 37(4): 1474-1482.

马鹏嫣, 王智超, 李晴, 等. 2018. 秦皇岛市北戴河区森林生态系统服务功能价值评估. 水土保持通报, 38(3): 286-292.

马世骏, 王如松. 1984. 社会-经济-自然复合生态系统. 生态学报, 4(1): 1-9.

马雪华, 杨茂瑞, 胡星弼. 1993. 亚热带杉木、马尾松人工林水文功能的研究. 林业科学, (3): 199-206.

闵庆文, 甄霖, 杨光梅. 2007. 自然保护区生态补偿研究与实践进展. 生态与农村环境学报, (1): 81-84.

牟雪洁, 王夏晖, 张箫, 等. 2020. 北京市延庆区生态系统生产总值核算及空间化. 水土保持研究, 27(1): 265-274, 282.

欧阳志云, 王如松, 赵景柱. 1999a. 生态系统服务功能及其生态经济价值评价. 应用生态学报, 10(5): 635-640.

欧阳志云, 王效科, 苗鸿. 1999b. 中国陆地生态系统服务功能及其生态经济价值的初步研究. 生态学报, (5): 19-25.

欧阳志云, 肖燚, 朱春泉, 等. 2021. 生态系统生产总值(GEP)核算理论与方法. 北京: 科学出版社.

欧阳志云, 赵同谦, 赵景柱, 等. 2004. 海南岛生态系统生态调节功能及其生态经济价值研究. 应用生态学报, 15(8): 1395-1402.

欧阳志云, 朱春全, 杨广斌, 等. 2013. 生态系统生产总值核算: 概念、核算方法与案例研究. 生态学报, 33(21): 6747-6761.

庞丽花, 陈艳梅, 冯朝阳. 2014. 自然保护区生态产品供给能力评估——以呼伦贝尔辉河保护区为例. 干旱区资源与环境, 28(10): 110-116.

邱坚坚, 刘毅华, 陈澄静, 等. 2023. 生态系统服务与人类福祉耦合的空间格局及其驱动方式——以广州市为例. 自然资源学报, 38(3): 760-778.

任以胜, 陆林, 虞虎, 等. 2020. 尺度政治视角下的新安江流域生态补偿政府主体博弈. 地理学报, 75(8): 1667-1679.

邵卫东, 陈末, 刘浩然. 2021. 功能价值法和当量因子法在生态价值核算中的比较. 农业与技术, 41(1): 105-107.

"生态产品价值实现的路径、机制与模式研究"课题组. 2019. 生态产品价值实现路径、机制与模式. 北京: 中国发展出版社.

生态环境部环境规划院, 中国科学院生态环境研究中心. 2020. 陆地生态系统生产总值(GEP)核算技术指南.

师贺雄. 2016. 长江、黄河中上游地区退耕还林工程生态效益特征及价值化研究. 北京: 中国林业科学研究院.

石垚, 王如松, 黄锦楼, 等. 2012. 中国陆地生态系统服务功能的时空变化分析. 科学通报, 57(9): 720-731.

史文中, 秦昆, 陈江平, 等. 2012. 可靠性地理国情动态监测的理论与关键技术探讨. 科学通报, 57(24): 2239-2248.

苏伟忠, 杨桂山, 陈爽. 2008. 太湖流域湖西区城市化空间过程及其生态效应. 生态学报, 28(9): 4306-4312.

苏伟忠, 周佳, 彭棋, 等. 2022. 长江三角洲跨界流域生态产品交易机制——以天目湖流域为例. 自然资源学报, 37(6): 1598-1608.

孙庆刚, 郭菊娥, 安尼瓦尔·阿木提. 2015. 生态产品供求机理一般性分析——兼论生态涵养区"富绿"同步的路径. 中国人口·资源与环境, 25(3): 19-25.

孙瑞, 陈帮乾, 吴志祥, 等. 2017. 基于 Landsat 8 卫星影像的海南岛生态环境质量现状评价. 热带作物学报, 38(9): 1587-1594.

田艳芳, 周虹宏. 2021. 上海市城市生态环境质量综合评价. 生态经济, 37(6): 185-192.

万军, 张惠远, 王金南, 等. 2005. 中国生态补偿政策评估与框架初探. 环境科学研究, (2): 1-8.

王斌. 2019. 生态产品价值实现的理论基础与一般途径. 太平洋学报, 27(10): 78-91.

王大尚, 郑华, 欧阳志云. 2013. 生态系统服务供给、消费与人类福祉的关系. 应用生态学报, 24(6): 1747-1753.

王芳, 于国铭, 张瑞. 2021. 山-水-林-田-湖-草-海-城修复模式的实践应用——威海华夏城采石场生态修复及其效益评价. 三峡生态环境监测, 6(1): 29-38.

王昊, 张林波, 宝明涛, 等. 2021. 2015~2017 年"2+26"城市生态文明发展水平评估及动态变化分析. 环境科学研究, 34(3): 661-670.

王金南, 马国霞, 於方, 等. 2018. 2015 年中国经济—生态生产总值核算研究. 中国人口·资源与环境, 28(2): 1-7.

王军锋, 侯超波. 2013. 中国流域生态补偿机制实施框架与补偿模式研究——基于补偿资金来源的视角. 中国人口·资源与环境, 23(2): 23-29.

王莉雁, 肖燚, 欧阳志云, 等. 2017. 国家级重点生态功能区县生态系统生产总值核算研究——以阿尔山市为例. 中国人口·资源与环境, 27(3): 146-154.

王如松, 欧阳志云. 2012. 社会-经济-自然复合生态系统与可持续发展. 中国科学院院刊, 27(3): 337-345, 403-404, 254.

王涛. 2019. 三调技术框架及 3S 技术综合应用探讨. 科技创新导报, 16(31): 34-35.

王薇, 余庄. 2013. 中国城市环境中空气负离子研究进展. 生态环境学报, 22(4): 705-711.

王晓云. 2008. 生态补偿的国际实践模式及其比较研究. 生产力研究, (22): 103-104, 122.

王颖. 2019. 无人机遥感影像在第三次土地调查中的应用研究. 长春: 吉林大学.

王治国. 2003. 关于生态修复若干概念与问题的讨论. 中国水土保持, (10): 8-9, 43, 46.

王作全, 王佐龙, 张立, 等. 2006. 关于生态补偿机制基本法律问题研究——以三江源国家级自然保护区生物多样性保护为例. 中国人口·资源与环境, (1): 101-107.

吴勤书, 赵卓文, 张时智. 2019. 新时代测绘地理信息服务于自然资源管理的思考. 测绘通报, (S1): 168-170, 175.

吴绍华, 侯宪瑞, 彭敏学, 等. 2021. 生态调节服务产品价值实现的适宜性评价及模式分区——以浙江省丽水市为例. 中国土地科学, 35(4): 81-89.

夏雷, 张晖, 樊哲翾. 2021. 英国的"启用自然资本评估方法"及对我国的启示. 中国土地, (9): 43-45.

谢高地, 张彩霞, 张雷明, 等. 2015. 基于单位面积价值当量因子的生态系统服务价值化方法改进. 自然资源学报, 30(8): 1243-1254.

谢花林, 陈倩茹. 2022. 生态产品价值实现的内涵、目标与模式. 经济地理, 42(9): 147-154.

徐艳玲, 许晨, 杨桂山. 2022. 东南湿润丘陵区县域生态资产评估及分区研究——以溧阳市为例. 长江流域资源与环境, 31(7): 1572-1583.

薛达元, 包浩生, 李文华. 1999. 长白山自然保护区森林生态系统间接经济价值评估. 中国环境科学, 19(3): 247-252.

杨海龙, 杨艳昭, 封志明. 2015. 自然资源资产产权制度与自然资源资产负债表编制. 资源科学, 37(9): 1732-1739.

杨恒山, 曹敏建, 范富, 等. 2005. 东北农牧交错带种植苜蓿与玉米综合效益研究. 中国生态农业学报, (4): 107-109.

杨锐, 钟乐, 赵智聪. 2020. 基于消费端的自然保护地指标交易机制: 生态产品的价值实现. 生态学报, 40(18): 6687-6693.

杨筠. 2005. 生态公共产品价格构成及其实现机制. 经济体制改革, (3): 124-127.

姚鑫, 杨桂山. 2009. 自然湿地水质净化研究进展. 地理科学进展, 28(5): 825-832.

姚益平, 郁珍艳, 李正泉, 等. 2019. 浙江省空气负离子浓度分布特征. 气象科技, 47(6): 1006-1013.

游旭, 何东进, 肖燚, 等. 2020. 县域生态资产核算研究——以云南省屏边县为例. 生态学报, 40(15): 5220-5229.

于贵瑞, 杨萌. 2022. 自然生态价值、生态资产管理及价值实现的生态经济学基础研究——科学概念、基础理论及实现途径. 应用生态学报, 33(5): 1153-1165.

虞慧怡, 张林波, 李岱青, 等. 2020. 生态产品价值实现的国内外实践经验与启示. 环境科学研究, 33(3): 685-690.

喻锋, 李晓波, 王宏, 等. 2016. 基于能值分析和生态用地分类的中国生态系统生产总值核算研究. 生态学报, 36(6): 1663-1675.

喻锋, 李晓波, 张丽君, 等. 2015. 中国生态用地研究: 内涵、分类与时空格局. 生态学报, 35(14): 4931-4943.

曾贤刚, 虞慧怡, 谢芳. 2014. 生态产品的概念、分类及其市场化供给机制. 中国人口•资源与环境, 24(7): 12-17.

张波, 白丽媛. 2021. "两山理论"的实践路径——产业生态化和生态产业化协同发展研究. 北京联合大学学报(人文社会科学版), 19(1): 11-19, 38.

张捷, 谌莹, 石柳. 2020. 基于生态元核算的长江流域横向生态补偿机制及实施方案研究. 中国环境管理, 12(6): 110-119.

张丽佳, 周妍. 2021. 建立健全生态产品价值实现机制的路径探索. 生态学报, 41(19): 7893-7899.

张丽琴, 渠丽萍, 吕春艳, 等. 2018. 基于空间格局视角的武汉市土地生态系统服务价值研究.

长江流域资源与环境, 27(9): 1988-1997.

张林波, 虞慧怡, 郝超志, 等. 2021. 生态产品概念再定义及其内涵辨析. 环境科学研究, 34(3): 655-660.

张林波, 虞慧怡, 李岱青, 等. 2019. 生态产品内涵与其价值实现途径. 农业机械学报, 50(6): 173-183.

张鹏, 刘春鑫. 2010. 基于土地发展权与制度变迁视角的城乡土地地票交易探索——重庆模式分析. 经济体制改革, (5): 103-107.

张维理, Kolbe H, 张认连, 等. 2022. 世界主要国家土壤调查工作回顾. 中国农业科学, 55(18): 3565-3583.

张伟, 张宏业, 张义丰. 2009. 生态系统服务功能价值核算与地理学综合研究. 地理科学进展, 28(3): 465-470.

张文明. 2020. 完善生态产品价值实现机制——基于福建森林生态银行的调研. 宏观经济管理, (3): 73-79.

张瑶. 2013. 生态产品概念、功能和意义及其生产能力增强途径. 沈阳农业大学学报(社会科学版), 15(6): 741-744.

张英, 成杰民, 王晓凤, 等. 2016. 生态产品市场化实现路径及二元价格体系. 中国人口·资源与环境, 26(3): 171-176.

郑伟安, 孟大鹏, 郑晓亮. 2022. 基于3S技术的第三次全国国土调查技术研究与应用. 科技与创新, (23): 125-127.

中国工程院"福建省生态资产核算与生态产品价值实现战略研究"课题组. 2020. 福建省生态资产核算与生态产品价值实现战略研究. 北京: 科学出版社.

周小萍, 陈百明, 卢燕霞, 等. 2004. 中国几种生态农业产业化模式及其实施途径探讨. 农业工程学报, 20(3): 296-300.

周晓峰, 王传宽. 1997. 黑龙江流域的生态脆弱性及林业对策. 林业科学, (2): 2-11.

周重光, 沈辛作, 于建国, 等. 1989. 浙江山地森林枯落物(层)的生态水文效应. 浙江林业科技, (5): 1-8.

朱新华, 贾心蕊. 2023. 生态产品价值实现地方经验上升为国家政策的机制分析——浙江丽水案例. 资源科学, 45(1): 118-129.

朱新华, 李雪琳. 2022. 生态产品价值实现模式及形成机理——基于多类型样本的对比分析. 资源科学, 44(11): 2303-2314.

Alcock I, White M P, Wheeler B W, et al. 2014. Longitudinal effects on mental health of moving to greener and less green urban areas. Environmental Science & Technology, 48(2): 1247-1255.

Baral H, Keenan R J, Fox J C, et al. 2013. Spatial assessment of ecosystem goods and services in complex production landscapes: A case study from south-eastern Australia. Ecological Complexity, 13: 35-45.

Benayas J M R, Newton A C, Diaz A, et al. 2009. Enhancement of biodiversity and ecosystem services by ecological restoration: A meta-analysis. Science, 325(5944): 1121-1124.

Boyd J, Banzhaf S. 2007. What are ecosystem services? The need for standardized environmental accounting units. Ecological Economics, 63 (2-3): 616-626.

Braat L C, De Groot R. 2012. The ecosystem services agenda: Bridging the worlds of natural science and economics, conservation and development, and public and private policy. Ecosystem Services, 1(1): 4-15.

Burkhard B, Müller A, Müller F, et al. 2015. Land cover-based ecosystem service assessment of irrigated rice cropping systems in Southeast Asia – An explorative study. Ecosystem Services, 14: 76-87.

Cairns Jr J. 1999. Balancing ecological destruction and restoration: The only hope for sustainable use of the planet. Aquatic Ecosystem Health and Management, 2(2): 91-95.

Chomitz K M, Brenes E, Constantino L. 1999. Financing environmental services: The Costa Rican experience and its implications. Science of the Total Environment, 240(1-3): 157-169.

Costanza R, D'Arge R, De Groot R, et al. 1997. The value of the world's ecosystem services and natural capital. Nature, 387(6630): 253-260.

Croft H, Kuhn N J, Anderson K. 2012. On the use of remote sensing techniques for monitoring spatio-temporal soil organic carbon dynamics in agricultural systems. Catena, 94: 64-74.

Daily G C, Alexander S, Ehrlich P R, et al. 1997. Ecosystem services: Benefits supplied to human societies by natural ecosystems. Issues in Ecology, 1: 1-18.

Dumanski J, Pieri C. 2000. Land quality indicators: Research plan. Agriculture, Ecosystems and Environment, 81(2): 93-102.

Farley J, Costanza R. 2010. Payments for ecosystem services: From local to global. Ecological Economics, 69(11): 2060-2068.

Feng X, Fu B, Yang X, et al. 2010. Remote sensing of ecosystem services: An opportunity for spatially explicit assessment. Chinese Geographical Science, 20(6): 522-535.

Gren I M, Groth K H, Sylvén M. 1995. Economic values of Danube Floodplains. Journal of Environmental Management, 45(4): 333-345.

Groot R S, Wilson M A, Boumans R M J. 2002. A typology for the classification, description and valuation of ecosystem functions, goods and services. Ecological Economics, 41(3): 393-408.

Haines-Young R, Potschin M, Kienast F. 2012. Indicators of ecosystem service potential at European scales: Mapping marginal changes and trade-offs. Ecological Indicators, 21: 39-53.

Hanley N D, Ruffell R J. 1993. The contingent valuation of forest characteristics: Two experiments. Journal of Agricultural Economics, 44(2): 218-229.

Holdren J P, Ehrlich P R. 1974. Human population and the global environment: Population growth, rising per capita material consumption, and disruptive technologies have made civilization a global ecological force. American Scientist, 62(3): 282-292.

Jacobs S, Burkhard B, Van Daele T, et al. 2015. 'The Matrix Reloaded': A review of expert knowledge use for mapping ecosystem services. Ecological Modelling, 295: 21-30.

Jo J H, Roh T, Hwang J, et al. 2020. Factors and paths affecting payment for forest ecosystem service: Evidence from voluntary forest carbon market in South Korea. Sustainability, 12(17): 7009.

Kandziora M, Burkhard B, Müller F. 2013. Interactions of ecosystem properties, ecosystem integrity and ecosystem service indicators-A theoretical matrix exercise. Ecological Indicators, 28: 54-78.

Kienast F, Bolliger J, Potschin M, et al. 2009. Assessing landscape functions with broad-scale environmental data: Insights gained from a prototype development for Europe. Environmental Management, 44: 1099-1120.

Lal P. 2003. Economic valuation of mangroves and decision-making in the Pacific. Ocean & Coastal Management, 46(9-10): 823-844.

Lautenbach S, Kugel C, Lausch A, et al. 2011. Analysis of historic changes in regional ecosystem service provisioning using land use data. Ecological Indicators, 11(2): 676-687.

Liquete C, Kleeschulte S, Dige G, et al. 2015. Mapping green infrastructure based on ecosystem services and ecological networks: A Pan-European case study. Environmental Science & Policy, 54: 268-280.

Loomis J, Kent P, Strange L, et al. 2000. Measuring the total economic value of restoring ecosystem services in an impaired river basin: Results from a contingent valuation survey. Ecological Economics, 33(1): 103-117.

Le Maitre D C, Kotzee I M, O'Farrell P J. 2014. Impacts of land-cover change on the water flow regulation ecosystem service: Invasive alien plants, fire and their policy implications. Land Use Policy, 36: 171-181.

McCarthy S, Matthews A, Riordan B. 2003. Economic determinants of private afforestation in the Republic of Ireland. Land Use Policy, 20(1): 51-59.

Mendonca M J C, Sachsida A, Loureiro P R A. 2003. A study on the valuing of biodiversity: The case of three endangered species in Brazil. Ecological Economics, 46(1): 9-18.

Millennium Ecosystem Assessment (MA). 2005. Ecosystems and Human Well-being: Synthesis. Washington D.C.: Island Press.

Mohammed A J, Inoue M, Shivakoti G. 2017. Moving forward in collaborative forest management: Role of external actors for sustainable Forest socio-ecological systems. Forest Policy and Economics, 74: 13-19.

Norberg J. 1999. Linking nature's services to ecosystems: Some general ecological concepts. Ecological Economics, 29(2): 183-202.

Odum H T. 1896. Energy in Ecosystems. New York: John Wileys & Sons.

Ovando P, Beguería S, Campos P. 2019. Carbon sequestration or water yield? The effect of payments for ecosystem services on forest management decisions in Mediterranean forests. Water Resources and Economics, 28: 100119.

Pattanayak S K. 2004. Valuing watershed services: Concepts and empirics from Southeast Asia. Agriculture, Ecosystems & Environment, 104(1): 171-184.

Ramirez-Reyes C, Sims K R E, Potapov P, et al. 2018. Payments for ecosystem services in Mexico reduce forest fragmentation. Ecological Applications, 28(8): 1982-1997.

Schröter D, Cramer W, Leemans R, et al. 2005. Ecosystem service supply and vulnerability to global change in Europe. Science, 310(5752): 1333-1337.

Schulp C J E, Burkhard B, Maes J, et al. 2014. Uncertainties in ecosystem service maps: A comparison on the European scale. PLoS ONE, 9(10): e109643.

Sierra R, Russman E. 2006. On the efficiency of environmental service payments: A forest conservation assessment in the Osa Peninsula, Costa Rica. Ecological Economics, 59(1): 131-141.

Sutton P C, Constanza R. 2002. Global estimates of market and non-market values derived from nighttime satellite imagery, land cover, and ecosystem service valuation. Ecological Economics, 41(3): 509-527.

Tao Y, Wang H, Ou W, et al. 2018. A land-cover-based approach to assessing ecosystem services supply and demand dynamics in the rapidly urbanizing Yangtze River Delta region. Land Use Policy, 72: 250-258.

Turner R K, Van Den Bergh J, Söderqvist T, et al. 2000. Ecological-economic analysis of wetlands: Scientific integration for management and policy. Ecological Economics, 35(1): 7-23.

United Nations, European Commission, Organization for Economic Co-operation and Development, et al. 2014. System of Environmental-Economics Accounting 2012 Experimental Ecosystem Accounting (SEEA-EEA). New York: United Nations.

Wallace K J. 2007. Classification of ecosystem services: Problems and solution. Biological Conservation, 139(3-4): 235-246.

Westman W E. 1977. How much are nature's services worth? Measuring the social benefits of ecosystem functioning is both controversial and illuminating. Science, 197(4307): 960-964.

Wunder S. 2015. Revisiting the concept of payments for environmental services. Ecological Economics, 117: 234-243.

Zank B, Bagstad K J, Voigt B, et al. 2016. Modeling the effects of urban expansion on natural capital stocks and ecosystem service flows: A case study in the Puget Sound, Washington, USA. Landscape and Urban Planning, 149: 31-42.

Zhang S, Ramírez F M. 2019. Assessing and mapping ecosystem services to support urban green infrastructure: The case of Barcelona, Spain. Cities, 92: 59-70.

Zhang Z, Shen Z, Liu L, et al. 2023. Integrating ecosystem services conservation into the optimization of urban planning policies in eco-fragile areas: A scenario-based case study. Cities, 134: 104200.

Zulian G, Maes J, Paracchini M L. 2013. Linking land cover data and crop yields for mapping and assessment of pollination services in Europe. Land, 2(3): 472-492.